Chancen und Probleme der beruflichen Integration von Schulabgängern ohne Hauptschulabschluß

Kommission für wirtschaftlichen
und sozialen Wandel 29

Klaus-Peter-Klein

Chancen und Probleme der beruflichen Integration von Schulabgängern ohne Hauptschulabschluß

Verlag Otto Schwartz & Co., Göttingen

Chancen und Probleme der beruflichen Integration von Schulabgängern ohne Hauptschulabschluß

Untersuchungen zu Art, Umfang und pädagogischer Orientierung berufsfördernder Schulungsmaßnahmen für Lernbehinderte und -gestörte

von

Klaus-Peter Klein

Verlag Otto Schwartz & Co., Göttingen

ISBN 3-509-00789-1

Druck: Mintzel-Druck, 867 Hof/Saale

Die Bundesregierung hat im Jahre 1971 die Kommission für wirtschaftlichen und sozialen Wandel berufen. Die Kommission ist in ihrer Tätigkeit unabhängig und setzt sich aus Vertretern der Arbeitgeber und Arbeitnehmer sowie der Wissenschaft zusammen. Sie ist beauftragt, die mit dem technischen, wirtschaftlichen und sozialen Wandel zusammenhängenden Auswirkungen und Aufgaben im Hinblick auf eine Weiterentwicklung der Gesellschaftspolitik zu untersuchen und wirtschafts-, sozial- und bildungspolitische Gestaltungsmöglichkeiten aufzuzeigen.

Die Kommission vergibt hierzu Forschungsaufträge. Sie legt hiermit unabhängig von ihrer Stellungnahme das Ergebnis eines Forschungsauftrags vor. Auf Beschluß der Bundesregierung äußert sich die Kommission gegenüber der Öffentlichkeit nur in Form eines Schlußgutachtens.

INHALTSVERZEICHNIS

II. <u>Bestehende Einrichtungen der Berufsvorbereitung lernbehinderter und -gestörter Jugendlicher. Organisation, Inhalte, Erfahrungswerte.</u>

III. <u>Skizzierung eines Modellentwurfs zur Berufsvorbereitung und -förderung schulentlassener Lernbehinderter und -gestörter</u>

IV. Aspekte einer wünschenswerten zukünftigen Entwicklung des primaren und sekundaren Bildungsbereiches unter besonderer Berücksichtigung des Problems der Lernbehinderten und -gestörten

----

Thema und Problemstellung der Studie

Die heutige Situation der beruflichen Bildung in der Bundesrepublik ist u.a. dadurch gekennzeichnet, daß eine Vielzahl von Jugendlichen ohne eigentliche Berufsausbildung bleibt und zunehmenden Erschwernissen in bezug auf ihre Fähigkeit und Möglichkeit zur Integration ins Berufs- und Arbeitsleben ausgesetzt ist. Es liegt nahe, daß diese Gruppe von Jugendlichen zu denen gehört, deren Arbeitsplätze extrem von konjunkturellen Bewegungen abhängen. Das persönliche Beschäftigungsrisiko, das jeder Schulentlassene aus Haupt- und Sonderschule trägt, wenn er - freiwillig oder durch die "Marktlage" auf dem Ausbildungssektor gezwungen - auf eine Berufsausbildung verzichtet, ist ungleich höher einzuschätzen als dasjenige anderer Arbeitnehmergruppierungen. Nicht zuletzt haben dies die Erfahrungen der Rezessionsjahre 1966 und 1967 deutlich gezeigt.

Auf der anderen Seite klagt eine wachsende Anzahl von Betrieben über das zunehmend schlechte theoretische Fertigkeiten- und Kenntnisniveau sowie über die Unfähigkeit und Unwilligkeit vieler Auszubildenden, ihre berufliche Integration durch die dazu als erforderlich anzusehenden Anpassungsleistungen zu ermöglichen oder zu erleichtern. Als Folge davon ist eine zahlenmäßige Zunahme derer zu verzeichnen, die ein Ausbildungsverhältnis vorzeitig abbrechen, weil sie gemäß ihrem eigenen Urteil oder demjenigen des Ausbildungsbetriebes und/oder der Berufsschule den an sie gestellten Anforderungen nachzukommen nicht in der Lage sind. Dieses Faktum wiederum hat einerseits eine gewisse "Ausbildungsmüdigkeit" einer ganzen Anzahl von Betrieben zur Folge und bringt andererseits mit sich, daß das Eingangsniveau, das den zukünftigen Auszubildenden vor allem in bezug auf ihr theoretisches Leistungsvermögen abverlangt werden muß, angehoben wird; eine verschärfte Selektion bei der Auswahl der Bewerber um eine Ausbildungsstelle ist die Konsequenz.

Eine entscheidende Grundlage dieser Selektion bilden die von den jugendlichen Schulentlassenen erbrachten Schulleistungen, wie sie sich in den Zeugnisnoten niederschlagen. Letztere spielen eine umso größere Rolle, je schlechter gemäß ihren Abstufungen die Leistungen sind, die sie repräsentieren sollen. Das heißt in letzter Konsequenz nichts anderes, als daß Jugendliche, die wegen mangelhafter Schulleistungen die Schule nach Erfüllung ihrer Vollzeitschulpflicht verlassen, ohne das niedrigste Qualifikationsniveau unseres Schulsystems, nämlich den Hauptschulabschluß, erreicht zu haben, entweder in kein Ausbildungsverhältnis aufgenommen werden oder - wenn dies doch geglückt ist - am ehesten von allen Gruppierungen unter den Schulentlassenen mit der Möglichkeit rechnen müssen, das Ausbildungsverhältnis nicht die volle Ausbildungszeit durchstehen zu können. Diese Gruppe der Schulentlassenen ohne Hauptschulabschluß setzt sich zum überwiegenden Teil zusammen aus Abgängern der Sonderschule[1] und solchen aus der 8. und aus niedrigeren Klassen der Hauptschule sowie aus deren 9. Klasse, wenn diese nicht erfolgreich absolviert wurde[2]. Eine kleine Minderheit von Jugendlichen, die ohne Abschluß die Schule verlassen, kommt aus der Realschule und dem Gymnasium[3].

Die Gruppierung der schulentlassenen Jugendlichen ohne Schulabschluß stellt die größte randständige Gruppe innerhalb unseres Bildungswesens dar. Zugleich ist sie die Gruppe, für welche die Schule ihre Funktion als gesellschaftliche Selektionseinrichtung am rigorosesten ausübt: Hauptschüler ohne Abschluß und Abgänger aus Sonderschulen landen in der Regel auf der untersten Stufe der beruflich-sozialen Chancen- und Statusskala. Das bedeutet, daß diese Jugendlichen allein schon von ihren formalen Eingangsvoraussetzungen her gesehen am ehesten zur Aufnahme von ungelernten und minderqualifizierten Tätigkeiten prädestiniert sind; kaum eine realisierbare Alternative hierzu ist für sie vorhanden.

Wenn also über die Förderung der Berufsfähigkeit von Schulabsolventen nachgedacht wird, darf diese Gruppierung von

Jugendlichen ohne Schulabschluß in keinem Fall zweitrangig behandelt werden; vielmehr erscheint es - auch angesichts der großen und ständig größer werdenden Zahl dieser Jugendlichen - nötig und sinnvoll, die bisherige bildungspolitische Vernachlässigung dieses Problems durch ein nunmehr forciertes Angehen desselben wenigstens teilweise wieder wettzumachen.

Einen Beitrag hierzu will die vorliegende Studie in dem ihr möglichen Rahmen leisten. Sie wird versuchen, das Problemfeld statistisch, institutionell und inhaltlich abzustecken und Möglichkeiten einer Lösung der aufgezeigten Probleme zu ergründen. Bei diesem Versuch muß der Aufriß von Detailproblemen einzelner Förderungsmaßnahmen und -methoden zwangsläufig zugunsten einer Gesamtsicht des riesigen Fragenkomplexes zurückstehen. Soweit es um des Erreichens des vorgenannten Ziels der Studie willen nötig ist, sollen jedoch auch Detailbetrachtungen, vor allem inhaltlicher Art, mit einbezogen werden.

Dabei liegt es auf der Hand, daß der angeschnittene Themenkomplex nicht annähernd erschöpfend behandelt werden kann. Dies wird umso verständlicher, wenn man sich vor Augen hält, daß der Verfasser nur auf wenige publizierte Vorarbeiten zurückgreifen kann und in bezug auf die Zusammenfassung von schulentlassenen Hauptschülern ohne Abschluß einerseits und Sonderschülern andererseits als gleichmäßig in allgemein- und berufsbildender Hinsicht Beeinträchtigte und Minderprivilegierte nahezu bildungspolitisches und pädagogisches Neuland betreten muß. Von daher ist es als Aufgabe der vorliegenden Studie anzusehen, das Gesamtproblem in seinem Umfang und seinen Ausformungen deutlich und plastisch zu machen.

Um dies zu gewährleisten, wird die Zielgruppe der vorliegenden Untersuchung geringfügig eingeschränkt. Sie soll sich daher nicht auf alle Jugendlichen beziehen, die nach Ableistung ihrer Vollzeitschulpflicht ohne Hauptschulabschluß die Schule verlassen, sondern auf die beiden größten Gruppen darunter, die insgesamt über 90 % dieser Jugendlichen ausmachen. Es sind dies neben den Hauptschulabgängern ohne Abschluß die Abgänger aus der Sonderschule für Lernbehinderte[4]. Abgänger aus anderen Sonderschularten - etwa solchen für Körperbehinderte, Geistigbehinderte, Organgeschädigte u.ä. - sowie Schüler, welche die Realschule oder das Gymnasium verlassen, ohne ihre 9-jährige Vollzeitschulpflicht mit Erfolg abgeschlossen zu haben, bleiben in diesem Zusammenhang unberücksichtigt, da ihre berufliche Integration in der Regel anders geartete Probleme aufwirft, deren Behandlung den Rahmen dieser Studie sprengen würde.

Aus diesen Gründen werden die zur Zielgruppe der Untersuchungen gehörenden Jugendlichen ohne Abschluß aus der Haupt- und Sonderschule für Lernbehinderte unter den Termini "Lernbehinderte und -gestörte" subsumiert. Die Verwendung dieser Bezeichnungen erfolgt aus Gründen inhaltlicher wie praktischer Art; im einzelnen wird dazu im folgenden ersten Kapitel Stellung genommen.

Methodisch und inhaltlich weist diese so verstandene Gruppe der "Lernbehinderten und -gestörten" insgesamt folgende Merkmale auf, die eine eingehende Untersuchung ihrer Bildungs- und Berufssituation möglich und erforderlich machen:

- Sie ist die größte randständige und minderprivilegierte Gruppe unseres Bildungswesens.
- Ihre Mitglieder weisen in ihrer Mehrheit deutliche Merkmale dessen auf, was aufgrund der Ausbildungssituation in der Bundesrepublik als Anfälligkeit für eine mangelhafte berufliche Integration und für die Aufnahme von ungelernten und minderqualifizierten Tätigkeiten bezeichnet werden muß.
- Die Gruppe ist statistisch relativ gut zu erfassen und somit in ihren Größenordnungen deutlich markierbar.
- Es existieren bereits Einrichtungen der beruflichen Förderung, die sich genau dieser Zielgruppe von Jugendlichen annehmen. Von daher lassen sich Erfahrungswerte ermitteln.[5]
- Ein relativ großer Anteil dieser Jugendlichen ist in einem Maße förderbar, das Aufnahme und Durchstehen

einer Ausbildung in - je nach Einzelfall - einem leichten bis qualifizierten Beruf möglich macht.[6]

I. Das Problem der Lernbehinderten und -gestörten im gegenwärtigen Bildungssystem. Zahlen, Definitionen, psychologische Konstitutionen, Berufsaussichten.

1. Begriffliche und inhaltliche Eingrenzung der Gruppe der Lernbehinderten und -gestörten

1.1 Die Darstellung des Problems in der einschlägigen Literatur

Die jüngere Forschung im Bereich der Behindertenpädagogik ist bemüht, die Gruppe der behinderten Schulpflichtigen hinsichtlich der das Lernverhalten und -vermögen stark modifizierenden Hauptformen der Behinderungen zu differenzieren, u.z. in die primären Unterscheidungsgruppen der Lernbehinderten, Geistigbehinderten, Sprachbehinderten, Körperbehinderten, Sehbehinderten, Hörbehinderten, Blinden, Gehörlosen und Mehrfachbehinderten.[7] Der Anteil der Lernbehinderten an der Gesamtzahl aller Sonderschüler beträgt nach Bachmann etwa 80 %.[8] Die letzten vom Statistischen Bundesamt veröffentlichten Zahlen aus dem Jahre 1969 ergeben eine Quote von 86,4 %.[9]

Die Festlegung dessen, wer als "lernbehindert" zu gelten hat, bereitet in Theorie und Praxis enorme Schwierigkeiten. Die Einordnung mittels des eruierten IQ bietet zwar Anhaltspunkte, liefert aber naturgemäß sehr einseitige, auf den Intelligenzbereich begrenzte Daten. Daß Lernbehinderung sich in der Regel auf Intelligenzschwäche zurückführen läßt, ist inzwischen nicht nur in der psychologischen Forschung widerlegt[10], sondern widerspricht auch der praktischen Erfahrung aus der heutigen Schulsituation, in der bei einer steigenden Zahl von Jugendlichen sich Symptome von Lernbehinderung trotz normaler Intelligenzleistung zeigen.[11]
Grundsätzlich sind die Lernbehinderten nach folgenden Hauptgruppen zu differenzieren, wobei die Vielzahl der Gruppen in

einer Vielzahl der Ursachen der Lernbehinderung begründet ist:

- Jugendliche mit leichter Intelligenzschwäche (Debilität), die organisch (Hirnschädigung) oder genetisch bedingt sein kann.[12]
- Jugendliche mit starken physischen und/oder psychischen Retardierungserscheinungen, die bei nicht rechtzeitiger Therapierung auch leichte Intelligenzbeeinträchtigungen zur Folge haben können.
- Jugendliche mit normaler Intelligenz, deren Leistungsfähigkeit (also auch Lernfähigkeit) jedoch aufgrund anderweitiger Störungen erheblich beeinträchtigt ist.

  Die Publikation "Berufe für behinderte Jugendliche" nennt hierzu folgende Möglichkeiten vorhandener Störungen:

  a) Konzentrationsschwäche, Antriebsschwäche, endogene Bewegungsunruhe, erhöhte Ermüdbarkeit. Diese Störungen können organisch und psychisch bedingt sein.[14]
  b) Neurotische Fehlhaltungen aus unverarbeiteten Erlebnissen oder Konflikten, die das Lernen stören, lähmen oder bestimmte Lernakte blockieren.
  c) Verwildertes, ungeordnetes Arbeitsverhalten als Folge erzieherischer Vernachlässigung.[15]

Zur Entstehung der Mehrzahl dieser Störungen müssen neben den im Individuum liegenden Ursachen, die etwa im organischen und charakterologischen Bereich angesiedelt sind, auch sozialpsychologische Momente herangezogen werden, wie sie in den in Familie, Schule und Gesellschaft vorliegenden Sozialisationsbedingungen enthalten sind.[16]

Es liegt auf der Hand, daß in der obigen Aufzählung von typologischen Merkmalen der Lernbehinderung keine vollständige Kategorialisierung gegeben worden ist, da sich das Phänomen der Lernbehinderung als zu komplex einerseits und mit zu viellen schwimmenden Grenzen sowohl nach der Seite der "Normalität" als auch nach derjenigen der stärkeren "Abnormität"[17] hin andererseits darstellt. In vielen Fällen ist etwa zu diagnostizieren, "daß nur in seltenen Fällen eine Ursache allein die Lernbehinderung bewirkt, meistens wirken mehrere Faktoren zusammen."[18]

Hinzugefügt werden muß, daß das Auftreten eines der aufgeführten Merkmale einer Lernbehinderung gemeinhin nur dann als eine solche Behinderung erkannt und anerkannt wird, wenn sie in Verbindung mit einer Leistungsbehinderung auftritt. Das Phänomen eines "verwilderten, ungeordneten Arbeitsverhaltens"[19] ist in den verschiedensten Stufungen, vor allem in denen schwächerer Ausprägung heute nicht nur an Haupt-, Sonder- und Berufsschulen, sondern partiell auch schon an Realschulen und Gymnasien - vor allem der Ballungsgebiete - anzutreffen. Es wird wohl immer eine Leistungsminderung mit sich bringen, führt jedoch nur in bestimmten Konstellationen, die häufig von sozialen Determinanten beeinflußt sind, zu einer echten Leistungsbehinderung. Darüber hinaus muß berücksichtigt werden, daß ein Gymnasiast oder Realschüler aufgrund des relativ höheren Fertigkeitenstandes trotz herabgesetzten Leistungsvermögens wenigstens das gesellschaftlich geforderte schulische Minimalabschlußniveau, nämlich das des Hauptschulabschlusses, erreichen kann; ein Hauptschüler wird durch das Auftreten von Leistungsstörungen meist auf einen Stand unterhalb dieses Minimalniveaus zurückgeworfen.

Die neueste Literatur zum Problem der Lernbehinderten geht übereinstimmend davon aus, daß nur ein Bruchteil aller Lernbehinderten auch tatsächlich Sonderschulen besucht bzw. besuchen kann. So kommt Bachmann zu dem Ergebnis, daß 1965 nur knapp die Hälfte aller Lernbehinderten, nämlich 136.811 von insgesamt ca. 277.500 eine entsprechende Sonderschule besuchten[20]. Dabei geht er offensichtlich davon aus, daß die Lernbehinderten etwa die Hälfte aller Sonderschulfälle ausmachen[21] und dabei ca. 4 % aller Schulpflichtigen umfassen. Die Autoren der Studie "Berufe für behinderte Jugendliche" sprechen von einem Anteil von 5 %, verweisen aber auch auf Schätzungen von bis zu 8 %.[22]

Tatsächlich zeigt die Schulpraxis in fast allen Bundesländern, daß eine Vielzahl von Jugendlichen, die als vergleichsweise eindeutig lernbehindert einzustufen sind, auf der Hauptschule verbleiben und nicht umgeschult werden, da das zu geringe Platzangebot an Sonderschulen eine Umschulung unmöglich macht.[23] Die Vielzahl von Jugendlichen, die nach Ableistung der 9-jährigen Schulpflichtzeit die Hauptschule ohne Abschluß, meist aus dem 8. und 7., häufig aber auch aus dem 6. und 5. Schuljahr verlassen[24], stützt die These, daß nur ein Teil aller Lernbehinderten auch tatsächlich einer sonderpädagogischen Behandlung zugeführt wird.

Natürlich hängt die Beantwortung der Frage, ob ein Kind in einer Sonderschule für Lernbehinderte umgeschult werden soll, weitgehend von der Definition dessen ab, was als "lernbehindert" anzusehen ist. Das gleiche gilt für das Problem, wie groß man die Gruppe der Lernbehinderten insgesamt, unabhängig von der tatsächlich besuchten Schulart, annehmen soll. Gerade die inhaltliche Eingrenzung des Begriffs "Lernbehinderter" unterliegt aber in der einschlägigen Literatur gewissen Schwankungen. So möchte Klauer statt von "Lernbehinderung" lieber von "Bildungsbehinderung" sprechen[25]. Andererseits verweist Bach[26] darauf, daß die Gruppe der Jugendlichen mit Lernstörungen vorübergehender Natur von denjenigen mit einer dauerhaften Behinderung zu unterscheiden sei: "Während unter Behinderung die umfängliche, bleibende Beeinträchtigung eines Menschen zu verstehen ist, die sein seelisch-geistiges Werden (seine Lernprozesse) und seine soziale Eingliederung auf Dauer wesentlich erschwert, wird als Störung eine partielle oder vorübergehende Beeinträchtigung eines Menschen bezeichnet, die sein seelisch-geistiges Werden (seine Lernprozesse) und seine soziale Eingliederung irritiert."[27] Bachmann hingegen kommt im Zusammenhang mit der Abgrenzung der Gruppe der "lern- und leistungsbehinderten" Kinder und Jugendlichen gegenüber den "Praktisch Bildbaren" (= Imbezillen) zu der Auffassung, daß die Erstgenannten zwar "auch Ausfallserscheinungen und Minderleistungen aufzuweisen haben, jedoch mit der Maßgabe, daß bei der Beseitigung der vorliegenden Abwegigkeit überwiegend eine <u>eigenständige Rückkehr zum normalen Leistungsbereich</u> erwartet werden kann."[28]

Die so definierte Gruppe der "Lern- und Leistungsbehinderten" entspricht in etwa dem Bach'schen Terminus der "Lerngestörten". Hinsichtlich dieses Personenkreises hält Bach "eine weitgehende und für die gesamtseelische Entwicklung höchst bedeutsame Integrierung im Bereiche der regulären Bildungseinrichtungen (für) möglich (...), sofern die erforderlichen Maßnahmen der Fördererziehung angeboten werden."[29] Eine solche Differenzierung in "Lernbehinderte" und "Lerngestörte" ist durchaus sinnvoll, wenngleich die Aufstellung von objektivierbaren Kriterien zur Einordnung eines Jugendlichen in die eine oder andere Gruppe natürlich wieder auf Schwierigkeiten stößt. Bach geht davon aus, daß von allen Berufsschulpflichtigen etwa 4 - 8 % lerngestört und 2 - 4 % lernbehindert sind.[30]

1.2 Zur Terminologie der vorliegenden Studie

1.21 Der pragmatisch-operationale Aspekt

Die vorliegende Studie benützt analog Bach die Begriffe "Lernbehinderte" und "Lerngestörte", wenn es darum geht, die Zielgruppe der zu untersuchenden und vorzuschlagenden Einrichtungen und Maßnahmen der Berufsvorbereitung und -förderung zu bestimmen. Dabei wird die Gesamtheit der lernbehinderten und -gestörten Jugendlichen primär pragmatisch-operational determiniert und erst in zweiter Linie nach symptomatologischen oder gar ätiologischen Aspekten.

Die zur primären Einordnung dienenden Determinanten sind im Schulleistungsbereich angesiedelt. Es wird davon ausgegangen, daß die ganz überwiegende Mehrheit der Jugendlichen, die nach Ableistung ihrer 9-jährigen Schulpflichtzeit die Hauptschule ohne Abschluß verlassen, als zumindest tendenziell lernbehindert oder lerngestört anzusehen ist. Ähnliches gilt für die Abgänger aus der Sonderschule für Lernbehinderte. Aus diesem Vorverständnis heraus wird im folgenden die Gruppe der aus Haupt- und Sonderschule entlassenen Jugendlichen ohne Hauptschulabschluß gesamtheitlich als die Gruppe der "Lernbehinderten und -gestörten" bezeichnet.

Als Pauschalwert hinsichtlich der inneren Differenzierung dieser Gruppe kann angenommen werden, daß in der Regel Abgänger aus der 8. und aus niedrigeren Klassen der Sonderschule für Lernbehinderte und aus der 6. und aus niedrigeren Klassen der Hauptschule als lernbehindert einzustufen sind. Dabei muß mit Ausnahmen gerechnet werden, die jedoch auf maximal 10 % der betroffenen Jugendlichen zutreffen dürften. Umgekehrt muß auch ein geringer Anteil von lernbehinderten Jugendlichen unter denen, die aus der 9. Klasse Sonderschule und 7. Klasse Hauptschule entlassen werden, angenommen werden. Mehrheitlich können jedoch Abgänger aus diesen sowie aus der 8. und 9. Klasse Hauptschule ohne Abschlußzeugnis als "Lerngestörte" eingestuft werden, soweit überhaupt jeweils Lernbeeinträchtigungen vorliegen. Es ist nämlich durchaus denkbar, daß letzteres für einen Teil der Abgänger aus der 9. Klasse Hauptschule ohne Abschluß nicht zutrifft.[31]

1.22 Der Aspekt der bildungsmäßigen Beeinträchtigungen

Die vorgenommene Eingruppierung aller Schulabgänger ohne Hauptschulabschluß als "Lernbehinderte und -gestörte" ist auch in dem Sinne zu verstehen, daß alle diese Jugendlichen als bildungsmäßig beeinträchtigt anzusehen sind, da ihnen zwangsläufig nicht alle Bildungsinhalte der Pflichtschulzeit vermittelt werden konnten, die als gesellschaftliches Minimalniveau der Bildungsfähigkeit angesehen werden. Dies macht sich bei fast ausnahmslos allen Jugendlichen in dieser Gruppe im Bereich der als Kulturtechniken zu bezeichnenden Basisfertigkeiten im mathematischen und sprachlichen Sektor bemerkbar, auch wenn die Defizite in diesem Bereich und die Möglichkeit, dieselben aufzuholen, von Fall zu Fall erheblich differieren. Grundsätzlich aber besteht dieses Bildungsdefizit mit wenigen Ausnahmen bei der Gesamtheit der Schulentlassenen ohne Hauptschulabschluß und rechtfertigt von daher zunächst einmal die methodisch bedingte pauschale und an einem formalen Kriterium festgemachte Definition dessen, was als die Gruppe der "Lernbehinderten und -gestörten" anzusehen ist.

Freilich würde diesem Aspekt eher Rechnung getragen, wenn von "bildungsmäßig Beeinträchtigten" gesprochen würde. Der Hauptgrund für den Rückgriff auf die Bezeichnung "Lernbehinderter" bzw."Lerngestörter" ist jedoch in dem Bestreben des Verfassers zu suchen, bereits in der bildungspolitischen Diskussion wie in der einschlägigen Forschung vorhandene und etablierte Begriffe so weit wie möglich zu übernehmen; die Einführung neuer Termini sollte gerade auf dem Gebiet der Bildungsreform möglichst zurückhaltend gehandhabt werden. Hinzu kommt, daß die vorliegende Studie die Gruppe der eindeutig organisch Behinderten sowie die Geistigbehinderten nicht umfaßt und von daher die Bezeichnung "Lernbehinderter" als im pädagogisch-institutionellen Sprachgebrauch relativ eindeutig gegenüber den übrigen Behinderungsformen abgegrenzt erscheint. Der bislang nicht gebrauchte Terminus "bildungsmäßig Beeinträchtigter" könnte, für sich genommen, zu Mißverständnissen im Sinne der Einbeziehung auch organisch oder geistig Behinderter Anlaß geben.

1.23 Die inhaltliche Begründung

Es ist wohl nicht von der Hand zu weisen, daß ein Jugendlicher, der ohne Abschluß die Hauptschule verläßt, zumindest phasenweisen Lernstörungen unterliegt oder unterlegen ist. Die überwiegende Mehrzahl der Jugendlichen, welche die Hauptschule ohne Erreichen der Abschlußqualifikation verlassen, gehen von der 8. und 7. Klasse ab. Bei diesen Jugendlichen kann mehrheitlich davon ausgegangen werden, daß sie nicht nur bildungsmäßig minderqualifiziert sind, sondern auch mit partiellen Lernstörungen von der Schule abgehen. Hat ein solcher Jugendlicher zum ersten Mal in der Grundschule das Klassenziel nicht erreicht, so liegt die Lernstörung, die dies verursacht hat, zwar zeitlich weit entfernt vom Schulentlassungsalter; dennoch entspricht es den Erfahrungen unseres Schulalltags, daß einmal aufgetretene Lernstörungen innerhalb des Hauptschulunterrichts selten beseitigt werden können und sich meistens verfestigen, zumal dies häufig durch den psychologischen Diskriminierungseffekt des "Sitzengebliebenseins" unterstützt wird.[32] Liegt dem "Sitzenbleiben" keine eigentliche Lernstörung, sondern beispielsweise eine längere Krankheit zugrunde, so kann allein der beschriebene Diskriminierungseffekt zu Symptomen der Lernstörung wie Lustlosigkeit, Konzentrationsschwäche etc. führen.

Werden Lernstörungen im Laufe der weiteren Schulzeit wieder abgebaut und überwunden oder lag von Anfang an (etwa bei einem durch Krankheit bedingten Wiederholen einer Klasse) gar keine Lernstörung vor, so sollte dem Jugendlichen dringend empfohlen werden, eine Schulzeitverlängerung zu beantragen, um das verlorene Jahr dann endgültig aufzuholen; in einem solchen Fall sollte dem Antrag auch unbedingt stattgegeben werden. Dieser Jugendliche würde dann automatisch aus der im Sinne der vorliegenden Studie definierten Gruppe der "Lernbehinderten und -gestörten" herausfallen, und die Notwendigkeit einer Einweisung in eine Sondereinrichtung für diese Gruppe würde entfallen. In diesem Sinne ist die Eingrenzung der Gruppe der Lernbehinderten und -gestörten, wie sie zuvor rein formal vorgenommen wurde, durchaus auch inhaltlich schlüssig.[33]

1.24 Der Aspekt der beruflichen Integration

Ein weiteres Argument, das die Eingrenzung der Gruppe der Lernbehinderten und -gestörten anhand des nicht erreichten Hauptschulabschlusses sinnvoll erscheinen läßt, kann aus dem Blick auf die Berufsmöglichkeiten und die Schwierigkeiten bei der Integration ins Arbeitsleben gewonnen werden. Hier sind die Probleme für Sonderschul- und Hauptschulabgänger ohne Abschluß in etwa die gleichen, wobei Ausnahmen bezüglich eines Teils der aus der 9. Klasse Hauptschule entlassenen Jugendlichen mit Abgangszeugnis eingeräumt werden müssen. Insgesamt wird der Schulabgänger ohne Abschluß, ob ehemaliger Haupt- oder Sonderschüler, gleichermaßen vor die Schwierigkeit gestellt, nur sehr schwer einen Ausbildungsbetrieb zu finden (häufig auch gar keinen) bzw. - wenn dies doch geglückt ist - keine Genehmigung des Ausbildungsverhältnisses von der betreffenden Industrie- und Handelskammer zu bekommen. Selbst wenn dies noch alles erfolgreich verläuft, ist seine Chance

- das Ausbildungsverhältnis durchzustehen,
- es erfolgreich abzuschließen,
- in der Fachklasse der Berufsschule mitzukommen,
- von den Kollegen anerkannt zu werden,[34]
- mit der nötigen Geduld und Ausdauer im Betrieb angeleitet zu werden,

wesentlich geringer als diejenige eines Hauptschülers mit Abschlußzeugnis. Da die vorliegende Studie vor allem die Förderung der beruflichen Chancen schulentlassener, aber schlecht betrieblich integrierbarer Jugendlicher im Auge hat, liegt eine Definition und Abgrenzung dieser Gruppe von Jugendlichen auch aus dem Blickwinkel ihrer Berufsmöglichkeiten heraus nahe.

1.25 Die Unterscheidung zwischen "Lernbehinderten" und "Lerngestörten"

Die folgenden Definitionen beziehen sich auf Jugendliche im Schulentlassungsalter von etwa 15 Jahren. In dieser Altersgruppe soll in Anlehnung an Bach unter "Lernbehinderung" eine dauernde, durch Anlagen vorhandene und/oder Sozialisation erworbene Beeinträchtigung der Lernfähigkeit verstanden werden, die nicht mehr ursächlich-inhaltlich, sondern lediglich formal, d.h. durch Schulung der formalen Handhabung von theoretischen Fertigkeiten zu beheben ist oder durch besondere Förderung vorhandener Anlagen und Fähigkeitenpotentiale, wie etwa die spezielle Ausbildung mechanisch-manueller Fertigkeiten, kompensiert werden kann. Konkret heißt das beispielsweise: liegt bei einem 15-jährigen Jugendlichen eine echte Lernbehinderung vor, so wird man in der Regel Lernziele, die etwa beispielsweise mit der Fähigkeit zum abstrakten Denken verknüpft sind, in der Berufsvorbereitung dieses Jugendlichen vernachlässigen müssen.
Dagegen ist eine "Lernstörung" nicht als ein dauerndes Konstitutionsmerkmal des Jugendlichen, sondern als eine vorüber-

gehende, phasenweise und partiell auftretende Beeinträchtigung der Lernfähigkeit anzusehen. Sie tritt häufig auf in bestimmten Entwicklungsstufen des Kindes und Jugendlichen (Trotzalter, Beginn der Pubertät, Klimax der Pubertät), bringt aber zunächst keine ausgesprochene Lernschwäche in bestimmten Bereichen, wie etwa dem des abstrakten oder räumlichen Denkens, mit sich. Falsche Behandlung von seiten der Eltern wie des Lehrers, das Gefühl der Erfolgslosigkeit und der Makel des "Schulversagens" verlängern die Phase der Lernstörung jedoch häufig über das ursächlich bedingte, eigentlich lerngestörte Stadium hinaus. Symptome von echter Lernbehinderung sind dann nicht selten; zumindest verschlimmert und verfestigt sich der Zustand der Lernstörungen[35], ohne daß die Möglichkeit, den Jugendlichen zur normalen Lernfähigkeit zurückzuführen, total verschüttet wird. Mit der Dauer der Lernstörung wird aber ihre Behandlung und Behebung naturgemäß immer schwieriger und komplizierter.

1.26 Lernbehinderte und -gestörte gleich Schulversager?

Die hier vertretene Definition dessen, wie die Gruppe der Lernbehinderten und -gestörten zu determinieren ist, läuft auf eine Gleichsetzung von Lernbehinderung bzw. -störung und Schulversagen hinaus. Diese Zielgruppendefinition, in einigen Veröffentlichungen früherer Jahre bereits in die Diskussion eingeführt[36], hat natürlich Schwächen, die sich vor allem darin ausdrücken, daß zwei vom Begriff her inhaltlich determinierte Bezeichnungen - "lernbehindert" und "lerngestört" - an einem formalen Kriterium, nämlich dem des Fehlens eines formalen Abschlusses, festgemacht werden. Natürlich führt das zu Pauschalisierungen und trägt die Gefahr in sich, die Differenziertheit von Einzelfällen - vor allem im Grenzbereich - nicht angemessen zu erfassen. Man darf jedoch nicht vergessen, daß letztlich jede kategorialisierende Begriffsbildung zwangsläufig sich an Mittelwerten orientieren und von daher eine differenzierte Betrachtung von Einzelfällen sich aus der Interpretation von jeweils vorliegenden Individualfaktoren ergeben muß.

Es mag eingewendet werden, daß die Verwendung des Begriffes "Lernbehinderte und -gestörte" lediglich den Aspekt verschleiern soll, daß es hier um die Gesamtheit der "Schulversager" an Grund- und Hauptschulen geht. Dieser Einwand ist in gewissem Sinne zutreffend; denn es soll tatsächlich vermieden werden, hier mit dem harten Begriff des "Versagens" zu operieren. Nur muß man auch sehen, daß ein solcher Terminus wie der des "Schulversagens" weitaus mehr pauschalisiert als der hier verwendete und daß damit sowohl sachlich Falsches assoziiert (Versagen als "Funktionsausfall im Leistungsbereich"), als auch eine gesellschaftlich-moralische Abqualifizierung impliziert werden würde. Beides muß die Diskussion des Problems belasten und erschweren.

Der Fragenkreis kann nur dann einer Lösung zugeführt werden, wenn auch die bildungstheoretische Diskussion hier neue Ansätze und Wege einschlägt und Entscheidungshilfen zur Eingrenzung des betroffenen Personenkreises anbietet, die solch traditionelle Gruppierungskritieren infragestellen, wie sie sich in der Zuordnung von Lernbehinderten gleich Sonderschülern und Hauptschülern gleich "normal" Lernfähigen ausdrücken.[37]

Im Blick auf den Problemkreis der beruflichen Bildung ist dies umso nötiger, da sich hier aus den Erfahrungen der betrieblichen Praxis heraus die Eingrenzung des Problems lediglich auf die Sonderschulabgänger längst nicht mehr halten läßt. Maßnahmen zur besseren Berufsvorbereitung sind für beide Gruppen, also sowohl für Abgänger aus Hauptschulen ohne Abschluß als auch aus Sonderschulen für Lernbehinderte, gleichermaßen vonnöten.

1.27 Zusammenfassung

Die Gruppe der schulentlassenen lernbehinderten und -gestörten Jugendlichen umfaßt im Sprachgebrauch der vorliegenden Studie nach Ableistung der Vollzeitschulpflicht entlassene Schüler

- aus der Sonderschule für Lernbehinderte,
- aus der Hauptschule, soweit sie diese ohne Abschlußzeugnis verlassen.

Um den Differenzierungen innerhalb dieser Gruppe im methodischterminologischen Sinne wenigstens ansatzweise gerecht zu werden, wird zwischen dem Stadium der echten "Lernbehinderung" und dem der "Lernstörung" unterschieden. Dabei wird unter "Lernbehinderung" eine irreversible Intelligenzbeeinträchtigung verstanden, die kompensatorische Bildungsbemühungen auf theoretischem Gebiet als weitgehend unangemessen und für die psychische Entwicklung des Jugendlichen sogar potentiell schädlich erscheinen lassen. Ist der Jugendliche jedoch eher der Gruppe der "Lerngestörten" zuzuordnen, so ist die Möglichkeit einer Aufarbeitung von theoretischen Defiziten als gegeben anzusehen.

2. Umfang und Zusammensetzung der Gruppe der Lernbehinderten und -gestörten

2.1 Spezifische Gruppenstrukturen von Abgängern aus Sonderschulen für Lernbehinderte und aus Hauptschulen

Eine systematische Untersuchung der in der Bundesrepublik in den letzten Jahren erfolgten zahlenmäßigen Entwicklung der Gruppe der Lernbehinderten und -gestörten wird durch verschiedene Umstände erschwert. Zum einen haben die in den meisten Ländern durchgeführten Kurzschuljahre in den Jahren 1966 und 1967 zumindest für diesen Zeitraum einige Unordnung in die Statistiken gebracht, zum zweiten sind die Veröffentlichungen der Schul- und Schülerstatistiken durch das Statistische Bundesamt zum Zeitpunkt der Untersuchungen zur vorliegenden Studie erst beim Erhebungsjahr 1969 angelangt. Und drittens schließlich weisen diese Statistiken immer wieder Lücken auf, weil spezielle Daten einzelner Bundesländer nicht vorliegen. Dies führt zwar nicht dazu, daß die Interpretationsfähigkeit der

Zahlen grundsätzlich nicht mehr gewährleistet ist; immerhin wird jedoch die Vergleichbarkeit der absoluten Zahlen untereinander über einzelne Jahrgänge hinweg völlig aufgehoben.

Interessant genug bleiben aber immer noch die prozentualen Werte, die den Anteil bestimmter Schülergruppen an der Schülergesamtzahl verdeutlichen. Ein Blick auf Tabelle 1 etwa macht deutlich[38], daß der Anteil der Abgänger von Sonderschulen für Lernbehinderte einschließlich derjenigen aus Sonderschulklassen an Volksschulen an der Abgängerzahl aller Sonderschularten seit 1968 rückläufig ist. Von Beginn der Erhebung an (1956) bis 1967 war er kontinuierlich von 76 % auf über 87 % angewachsen.[39] Im zuletzt erfaßten Jahre 1970 hatten nur noch 81,5 % aller entlassenen Sonderschüler die Sonderschule für Lernbehinderte besucht.

Ein Phänomen, das für den Gesamtbereich der Lernbehinderten und -gestörten (also über die Sonderschule hinaus) typisch ist, schlägt sich in den Vergleichszahlen der von Sonderschulen abgehenden Mädchen nieder: Weibliche Schulentlassene sind unter denen, die als lernbehindert bzw. -gestört einzustufen sind, gemäß ihrem Gesamtanteil an Schulentlassenen nach Erfüllung der Vollzeitschulpflicht unterrepräsentiert. Die Jungen haben demzufolge in dieser Geuppe ein eindeutiges Übergewicht.

Betrachtet man lediglich die Zahl der abgehenden Sonderschülerinnen (Tabelle 2), so wird deutlich, daß zwischen 1956 und 1970 ohne große Abweichungen (maximal ± 1,2 %) rund 40 % aller Sonderschüler Mädchen waren. Der gleiche Anteil ergibt sich bei den Abgängern aus der Sonderschule für Lernbehinderte; auch hier betrug der Anteil der Mädchen rund 40 % (bei einer maximalen Abweichung von ± 1,6 %). Lediglich die Quote der aus der Sonderschule für Lernbehinderte Entlassenen gegenüber der Zahl der abgehenden Schüler aus allen Sonderschularten liegt bei den Mädchen regelmäßig etwas höher als bei ihren männlichen Kollegen: Während 1970 81,5 % aller aus Sonderschulen entlassenen Jugendlichen (männlich und weiblich) aus solchen für Lernbehinderte kamen, betrug diese Quote für die Mädchen allein

82,8 %. Für die davor liegenden Jahre ergibt sich ein im Schnitt gleiches Bild.

Eine Unterrepräsentation der Mädchen ergibt sich auch für die Zahl derer, die ohne Abschlußzeugnis die Hauptschule nach Erfüllung ihrer Vollzeitschulpflicht verlassen müssen (Tabelle 4). Während 1970 etwa 22,8 % aller aus der Hauptschule entlassenen Jungen ohne Abschluß blieben, betrug der Anteil der Mädchen lediglich 20,5 %. In den Jahren zuvor war der prozentuale Unterschied sogar noch etwas größer und betrug - wenn man das 1. Kurzschuljahr 66/67 ausnimmt - stets mehr als 3 %.

Betrachtet man die Zahlen zur gleichen Fragestellung für die Schulentlassenen beiderlei Geschlechts (Tabelle 3), so läßt sich erkennen, daß der prozentuale Anteil der schulentlassenen Jugendlichen ohne Abschluß - sieht man vom 1. Kurzschuljahr ab - von 1964 bis 1969 kontinuierlich leicht zugenommen hat (von 18,2 % bis 21,9 %), um dann 1970 geringfügig wieder zu sinken (21,7 %), wobei diese Zahl jedoch noch deutlich über derjenigen von 1968 (20,0 %) liegt. Gerade in den Angaben über dieses letztgenannte Jahr fehlen aber die Zahlen dreier Bundesländer (darunter diejenigen der beiden mit dem normalerweise größten zahlenmäßigen Anteil an Schulentlassenen, nämlich Nordrhein-Westfalen und Bayern), so daß sich für 1968 ein gewisser Unsicherheitsfaktor ergibt. Aufgrund von Vergleichsberechnungen ist anzunehmen, daß die Zahl, würde man Bayern, Berlin (West) und Nordrhein-Westfalen hinzunehmen, etwa auf 21,2 % bis 21,7 % ansteigen würde.[40] Während die Zahlen für 1969 auch unter Hinzunahme von Rheinland-Pfalz auf der Höhe von 21,9 % bleiben würden[41], muß man für 1970 einen etwas niedrigeren Wert annehmen, könnte man die Zahlen des Saarlandes berücksichtigen[42].
Aus diesen Ausführungen läßt sich entnehmen, daß ein Vergleich der Zahlen zwischen 1968 und 1970 bis auf eine Stelle hinter dem Komma keine eindeutig stabile Grundlage hat. Man kann allenfalls - das oben Ausgeführte berücksichtigend - feststellen, daß von 1968 bis 1970 ein Anstieg des Anteils der Hauptschulabgänger ohne Abschluß nicht festzustellen ist. Inwieweit darin eine Tendenzwende zu erkennen ist, läßt sich auf-

grund der vorliegenden Zahlen schlecht sagen. Eine solche kann zwar nicht völlig ausgeschlossen werden, erscheint aber angesichts verschiedener - noch darzulegender - Umstände nicht sehr wahrscheinlich.

Einen Anhaltspunkt für die über das Jahr 1970 hinausgehende Entwicklung bieten uns die Zahlen von Nordrhein-Westfalen (Tabelle 8), die mir bis einschließlich 1972 vorliegen.[43] Dort ist bis 1971 ein Anstieg des Anteils der Hauptschulabgänger ohne Abschluß von 23,9 % (1969) auf 26,7 % (1971) und ein darauffolgender Rückgang auf 25,2 % für 1972 zu verzeichnen.[44] Dem steht ein leichter kontinuierlicher Anstieg des Anteils der Abgänger aus Sonderschulen für Lernbehinderte an der Gesamtzahl aller aus Haupt- und Sonderschulen Entlassenen gegenüber (Tabelle 9). Hier betrug die Quote 1969 und 1970 je 8,4 %; 1971 stieg sie auf 8,8 % und 1972 auf 8,9 %.

Insgesamt kann man wohl davon ausgehen, daß in den Jahren 1968 bis 1972 ein gewisser Höhepunkt in der Entwicklung des Anteils der Hauptschulabgänger ohne Abschluß an allen aus der Hauptschule entlassenen Jugendlichen erreicht worden ist. Eine Antwort auf die Frage, ob dies als Trendumkehr zu verstehen ist oder ob dem lediglich eine Beruhigung der Entwicklung und Stabilisierung der Quote zugrundeliegt, versucht eine Publikation der Ständigen Konferenz der Kultusminister der Länder der Bundesrepublik Deutschland (Kultusministerkonferenz = KMK) zu geben, die u.a. eine Prognose hinsichtlich der Entwicklung der Schülerabsolventenzahlen der verschiedenen Schularten enthält[45]. Sie geht - auf der Basis der Ist-Zahlen von 1970 - davon aus, daß (mit einer Unterbrechung von 1975 bis 1977) der Anteil der Hauptschulabgänger ohne Abschluß bis 1982 kontinuierlich abnimmt (von 21,1 % im Jahre 1970 bis auf 16,4 % im Jahre 1982), daß aber ab 1983 wieder mit einem Anstieg gerechnet werden muß; 1985 betrüge der Anteil demnach wieder 17,4 % (vgl. Tabelle 12). Die aus dieser Kontinuität herausfallenden Zahlen von 1975 und 1976 basieren wohl auf der Annahme, daß hier die letzten Spätauswirkungen der Kurzschuljahre zu verzeichnen sein werden.

Setzt man das Basisjahr 1970 gleich 100 %, so ergibt sich in der Gesamtzahl aller Hauptschulabgänger nach der KMK-Studie der Höhepunkt von 114 % im Jahre 1978; danach sollte wieder ein Abfall erfolgen, der bis auf 88 % für das Jahr 1985 angegeben wird (Tabelle 12). Die Prognose für die Relationen hinsichtlich der Hauptschulabgänger ohne Abschlußzeugnis zeigt demgegenüber ein relativ kontinuierliches Absinken der Quote von 100 % für 1970 bis auf 70 % für 1985.

Die Gründe, die zur Annahme einer solchen Entwicklung geführt haben, werden leider nicht näher ausgeführt[46]. Ob die Prognose von grundsätzlich richtigen Trends ausgeht, mag aus dem im folgenden beschriebenen Detail abgeleitet werden, das sich aus den Tabellen 13 und 14 ergibt. Den dort angegebenen Vorausberechnungen zufolge hätte Nordrhein-Westfalen von 1970 bis 1972 folgende Zahlen von Hauptschulabgängern zu erwarten gehabt:[47]

	Abgänge aus der Hauptschule insgesamt		davon: ohne Abschlußzeugnis	
	absolut	%	absolut	%
1970	125.219	100	31.354	25,0
1971	130.200	100	29.100	22,4
1972	129.100	100	27.600	21,4

Die - inzwischen vorliegenden - tatsächlichen Zahlen sehen so aus:

	Abgänge aus der Hauptschule insgesamt		davon: ohne Abschlußzeugnis	
	absolut	%	absolut	%
1970	125.219	100	31.354	25,0
1971	127.330	100	33.954	26,7
1972	137.916	100	34.757	25,2

Daß die Entwicklung hinsichtlich des Anteils der Hauptschulabgänger ohne Abschluß durch die Arbeitsgruppe der KMK zu optimistisch eingeschätzt wurde, ist deutlich zu erkennen. Nimmt man die Autoren der KMK-Studie beim Wort und zählt als Hauptschulabgänger mit Abschluß nur die aus der 9. Klasse entlassenen Jugendlichen[48], so führen die sich daraus ergebenden Zahlen noch weiter weg von der KMK-Prognose, wenn man sich die tatsächliche Entwicklung der nordrhein-westfälischen Daten ansieht:[49]

	Abgänge aus der Hauptschule insgesamt		davon: ohne Abschlußzeugnis	
	absolut	%	absolut	%
1970	125.219	100	31.354	25,0
1971	123.996	100	33.954	27,4
1972	126.036	100	34.757	27,6

Diese für Nordrhein-Westfalen errechneten Zahlen machen deutlich, daß man die KMK-Prognose hinsichtlich der Schulabgängerentwicklung zumindest mit einem großen Fragezeichen versehen sollte, wenn man sie nicht sogar für schlechterdings verfehlt ansehen muß. Immerhin lassen die aufgeführten Zahlen für Nordrhein-Westfalen eine in der Prognose vorhandene totale Verkennung des dann tatsächlich erfolgten Trends erkennen: Statt eines prognostizierten sinkenden Anteils der Hauptschulabgänger ohne Abschluß ist eine Steigerung desselben erfolgt.[50] Darüber hinaus darf man nicht vergessen, daß rund 30 % aller Hauptschulabgänger des Bundesgebietes aus nordrhein-westfälischen Schulen entlassen werden und damit die größte Gruppierung von allen Bundesländern darstellen.

Vor diesem Hintergrund ist zu fragen, ob für die nächsten Jahre nicht doch mit einem etwas höheren Anteil von schulentlassenen Hauptschülern ohne Abschluß zu rechnen ist, als die KMK-Studie angibt. Zumindest kann davon ausgegangen werden, daß die Quote von 20 % in den nächsten 5 bis 10 Jahren wohl kaum unterschritten werden wird; etwa jeder fünfte Jugendliche, der nach Ableistung der Vollzeitschulpflicht die Hauptschule verläßt, wird also ohne Abschlußzeugnis bleiben. Dies erscheint eher zu niedrig als zu hoch gegriffen, wenn man die bildungspolitische Tendenz berücksichtigt, die Anforderungen an Schüler der Hauptschule in kognitiver und allgemein leistungsmäßiger Hinsicht anzuheben, um eine Gleichstellung der Abschlüsse der Hauptschule mit denjenigen anderer Schularten zu erreichen.[51] Es liegt auf der Hand, daß dabei nicht weniger Schüler auf der Strecke bleiben als bisher, sondern eher mehr.

Davon werden die Mädchen wohl, wenn der bisherige Trend anhält, anteilmäßig weniger betroffen sein als die Jungen. Dieses - bereits erwähnte - Phänomen der Überrepräsentation der männlichen Jugendlichen in der Gruppe der Lernbehinderten und -gestörten kann auf zwei Ursachen zurückgeführt werden. Zum einen wird die Wahrnehmung und Diagnose von Lernbehinderungen bzw. -störungen bei Mädchen wegen deren "häufig lautloser Angepaßtheit"[52] so erschwert, daß sie in einer Vielzahl von Fällen unterbleibt; diese Anpassungsbereitschaft vieler Mädchen führt auch des öfteren zu Leistungseinstufungen, die über dem eigentlichen Leistungsniveau des Mädchens liegen. Der andere Grund für die Überrepräsentation der männlichen Jugendlichen mag in der größeren Erwartung liegen, die Eltern und Lehrer in die Leistungsfähigkeit eines Jungen setzen. Dieser "Erwartungsdruck" wirkt sich bei manchem Jungen als eine psychische Belastung aus, der er nicht gewachsen ist.[53]
Fragt man nach der Aufteilung der Hauptschulabgänger ohne Abschluß auf die einzelnen Abgangsklassen, so mögen Auskünfte hierüber den statistischen Angaben des Kultusministeriums von Nordrhein-Westfalen entnommen werden, die auch als repräsentativ für das Bundesgebiet gelten können (Tabelle 10). Demnach kommt etwa die Hälfte der Jugendlichen, die ohne Abschluß die Hauptschule verlassen, aus der 8. Klasse. Gut ein Viertel von ihnen gehen nach der 7. Klasse ab, etwa der 10. Teil verläßt die Hauptschule nach der 6. Klasse. Ein relativ großer Anteil, nämlich etwa 13 %, scheitert noch an der letzten Klasse

und muß mit dem Abgangszeugnis der 9. Klasse vorliebnehmen.

2.2 Lernbehinderte und -gestörte insgesamt

Nimmt man die Abgänger der Sonderschulen für Lernbehinderte und diejenigen, welche die Hauptschule ohne Abschlußzeugnis verlassen, zusammen, so ergibt sich für das Jahr 1970 ein Anteil von 26,4 % dieser Jugendlichen an der Gesamtzahl aller aus Sonderschulen für Lernbehinderte und Hauptschulen entlassenen Jugendlichen (Tabelle 5). Auch hier zeigen sich zu den Zahlen der Hauptschulabgänger ohne Abschluß analoge Entwicklungen, allerdings auch mit den bereits dort aufgeführten Einschränkungen hinsichtlich des Fehlens von Zahlen einzelner Bundesländer versehen. Sieht man von diesen ab, so ergab sich von 1963 bis 1970 eine Steigerung von 21,3 % auf 26,4 %; das erste Kurzschuljahr 1966/67 mit 28,3 % und das Jahr 1969 mit 27,5 % brachten gegenüber dem jeweiligen Vorjahr überdurchschnittliche Steigerungsraten.

Betrachtet man die Zahlen Nordrhein-Westfalens für die Jahre 1969 bis 1972 zum gleichen Problem, so zeigt sich, daß diese Gesamtquote der Lernbehinderten und -gestörten dort um einiges höher liegen. Während der Bundesdurchschnitt für die Jahre 1969 und 1970 bei 27,5 % bzw. 26,4 % lag, betrug der Anteil der Lernbehinderten und -gestörten an der Gesamtentlassungszahl aus Haupt- und Sonderschulen für Lernbehinderte in Nordrhein-Westfalen 30,2 % bzw. 31,3 %. Für das Jahr 1971 erhöhte er sich auf 33,1 %, während das darauffolgende Jahr eine Senkung dieser Quote auf 31,8 % brachte.[54]

Für Nordrhein-Westfalen ergibt sich damit für die letzten Jahre, daß fast ein Drittel aller Abgänger aus Haupt- und Sonderschulen für Lernbehinderte ohne Hauptschulabschluß blieben und als lernbehindert bzw. -gestört anzusehen sind. Läßt man einmal die aus der Unvollständigkeit der Zahlen von 1968 - 70 resultierende potentielle Schwankungsbreite der Zahlen für die gesamte Bundesrepublik außer acht, so ergibt sich im Bundesgebiet für die zuletzt erfaßten Jahre ein Anteil an Lernbehinderten und -gestörten zusammen von etwa einem Viertel.

Die KMK-Studie enthält zwar Vorausberechnungen für die Absolventen von allen Sonderschularten zusammen, aber ohne getrennten Ausweis der Abgänger aus Sonderschulen für Lernbehinderte. Wie wir gesehen haben, kann jedoch davon ausgegangen werden, daß etwa 80 % aller Sonderschulabgänger aus der Sonderschule für Lernbehinderte kommen. Dies zugrundegelegt, ergibt sich aus den Berechnungen der KMK-Studie folgendes Bild hinsichtlich der Entwicklung des Umfangs der Gruppe der Lernbehinderten und -gestörten und ihres Anteils an den Gesamt-Absolventenzahlen von Haupt- und Sonderschulen für Lernbehinderte (vgl. Tabelle 15): Der Anteil der Lernbehinderten und -gestörten an der Gesamtzahl der Entlassungen aus Haupt- und Sonderschulen für Lernbehinderte bleibt bis ins Jahr 1985 relativ konstant und bewegt sich im Schnitt bei etwa 25 %. Ein Maximum dieser Kurve wäre in den Jahren 1975 und 1976 zu erwarten (26,6 % bzw. 27,0 %)[55], der Tiefstand (23,9 % und 23,8 %) müßte für die Jahre 1981 und 1982 angenommen werden. Dabei ist anzumerken, daß der prozentuale Anteil ab 1976 abfällt, von 1983 an aber wieder ansteigt.[56] Es ist davon auszugehen, daß diese Daten hinsichtlich des Anteils der Lernbehinderten und -gestörten eher etwas zu niedrig als zu hoch angesetzt worden sind, da in ihnen ja auch die zu optimistisch geschätzten Zahlen der Hauptschulabgänger ohne Abschluß enthalten sind.

Zu fragen ist darüber hinaus, welchen Anteil die Gruppe der Lernbehinderten und -gestörten an der Gesamtzahl der Schüler aller Schularten eines Schuljahrganges hat. Dies statistisch zu erfassen, stößt nicht nur auf die bereits geschilderten Probleme, sondern wird noch durch den zusätzlichen Umstand erschwert, daß die Entlassungen aus Volks- bzw. Haupt- und Sonderschulen teilweise und je nach Bundesland von Jahr zu Jahr unterschiedlich, nämlich entweder nach dem 8. oder 9. Schuljahr erfolgt sind und somit eine bundeseinheitliche Vergleichsmöglichkeit mit demselben Schuljahrgang in Realschule und Gymnasium entfällt.

So bleiben als mögliche Vergleichsdaten nur die Zahlen aus den Jahren 1969 und 1970 übrig (Tabelle 7), da erst seit 1969 die Vollzeitschulpflicht in allen Bundesländern einheitlich

9 Jahre betrug. Als echte Vergleichswerte entfallen die Daten für 1969 dennoch, weil die Zahl der Entlassungen aus den Haupt- und Sonderschulen Bayerns in diesem Jahr um ca. 90 % unter der normalen Durchschnittsquote lag[57]. So bleiben als halbwegs verläßliche Werte noch die von 1970, wenngleich auch hier aufgrund des Fehlens der Angaben aus dem Saarland wieder Einschränkungen zu machen sind.

Trotz dieser Einschränkungen seien hier die Zahlen für beide Jahre genannt. Für 1969 betrug demnach der Anteil der schulentlassenen Lernbehinderten und -gestörten an ihrem gesamten Schuljahrgang 14,7 %, wenn man beide Geschlechter zusammennimmt; die Mädchen allein kamen auf 13,3 %. Das Jahr 1970 brachte dann eine Steigerung auf 14,9 % bei den Mädchen und auf 15,9 % für Jungen und Mädchen zusammen. Selbst wenn man die beschriebenen Einschränkungen in Rechnung stellt, kann man dem entnehmen, daß etwa jeder 7. Jugendliche eines Jahrganges nach Erfüllung der Vollzeitschulpflicht die Schule ohne Erreichen der Abschlußqualifikation verläßt.[58]

2.3 Zusammenfassung

Die Zahlen der aus Haupt- und Sonderschulen entlassenen Jugendlichen für die vom Statistischen Bundesamt zuletzt veröffentlichten Jahre 1968 bis 1970 sind lückenhaft und daher nur eingeschränkt interpretierfähig. Auch bezüglich der Vorausberechnungen der Arbeitsgruppe "Bedarfsfeststellung" der KMK müssen Einschränkungen hinsichtlich der Richtigkeit der angenommenen Trends geltend gemacht werden.

Aus dem vorliegenden Material lassen sich aber folgende Aussagen als gut abgesicherte Annahmen herausdestillieren:

1. Etwas über 80 % aller Sonderschulabgänger kommen aus Sonderschulen für Lernbehinderte.

2. Über 20 % aller aus der Hauptschule entlassenen Jugendlichen sind in den vergangenen Jahren ohne Hauptschulabschluß geblieben.

3. Die bis 1968 ansteigende Kurve des Anteils der schulentlassenen Hauptschüler ohne Abschluß hat sich zwischen 1968 und 1970 abgeflacht und bewegte sich für diese Zeit auf einem Maximum-Plateau. Von einem generellen Rückgang dieses Anteils ab 1970 kann aber trotz der gegenüber 1969 niedrigeren Quote von 1970 (noch) nicht gesprochen werden.

4. Es steht zu erwarten, daß der Anteil der Hauptschulabgänger ohne Abschluß in den kommenden Jahren kaum unter die 20-Prozent-Grenze rutschen wird, vor allem unter Berücksichtigung der ständig steigenden schulischen Anforderungen in den oberen Klassen der Hauptschule.

5. Der Anteil der Lernbehinderten und -gestörten an der Gesamtentlassungszahl aus Haupt- und Sonderschulen für Lernbehinderte betrug in den letzten Jahren über 25 %.

6. Obwohl auch dieser prozentuale Anteil zwischen 1969 und 1970 leicht rückläufig war, kann von einer insgesamt rückläufigen Tendenz nicht gesprochen werden. Vielmehr ist für die nächsten 10 bis 15 Jahre mit einer durchschnittlichen Quote in diesem Bereich von weiterhin ca. 25 % zu rechnen.

7. Der Anteil der Lernbehinderten und -gestörten schulentlassenen Jugendlichen an der Schülergesamtzahl ihres Schuljahrgangs ist mit etwa 15 % zu veranschlagen.

8. Männliche Jugendliche sind in der Gruppe der schulentlassenen Lernbehinderten und -gestörten überrepräsentiert.

3. Das lern- und verhaltenspsychologische Handikap und kognitive Defizit der lernbehinderten und -gestörten Schulentlassenen. Zusammenhänge und Symptomatologie.

Die folgenden Ausführungen sind zu verstehen als kursorischer Überblick über Vielfalt und Tendenzen kognitiver Voraussetzungen, Verhaltensformen und Haltungen, wie sie die Gruppe der Lernbehinderten und -gestörten im "berufsfähigen" Alter, also unmittelbar nach der Schulentlassung, aufweist. Dabei ist auf einen Aufriß bestehender Theoreme mitsamt des dazu gehörigen wissenschaftlichen Apparats ebenso verzichtet worden wie auf die Entwicklung eines eigenen Theorieansatzes. Im Vordergrund soll stehen die Bemühung um eine möglichst informatorische Ausrichtung dieses Kapitels, die eine Verdeutlichung des Problemfeldes möglich macht. Dabei sollen vor allem die konkreten Probleme hervortreten, vor die sich die Jugendlichen selbst, die Betriebe und Berufsschulen und möglicherweise neu zu konzipierende Förderungsmaßnahmen bei der Vorbereitung auf und der Durchführung der Integration in die Berufswelt gestellt sehen.

3.1 Die psychologische Ausgangssituation

Die psychologische Ausgangssituation der Schulentlassenen ohne Hauptschulabschluß ist geprägt von den drei Erfahrungs- und Sozialisationsbereichen Familie, Schule und außerfamiliäre Umwelt. In der Verflechtung von bewußtseinsprägenden Elementen aus allen drei Bereichen entwickeln sich von den ersten Lebensjahren an, mit besonders intensiver Ausprägung von Beginn der Pubertät an, bewußtseinsmäßige Ausrichtungen und affektive Einstellungen zu einem vierten Bereich: dem der Arbeitswelt und des Berufes.
Versucht man, die drei primären Sozialisationsfelder näher zu untersuchen, so stößt man auf die Schwierigkeit, zwar eine Reihe von Erklärungsansätzen und Theoremen zum grundsätzlichen Zusammenhang zwischen Sozialisation und Schulerfolg in der Literatur vorzufinden, aber kaum empirische Unter-

suchungen, die Antwort auf die Frage nach dem Kausalzusammenhang zwischen familiären Sozialisationsbedingungen und Lernbehinderung bzw. -störung im Schulalter geben können. Immerhin jedoch kann festgehalten werden, daß innerhalb der Gruppe der Lernbehinderten und -gestörten tendenziell mehr Kinder und Jugendliche aus - häufig als "Unterschicht" bezeichneten - sozial minderprivеligierten Gesellschaftsschichtungen stammen als dies deren Anteil an der bundesrepublikanischen Gesamtbevölkerung entspricht. Dies kann jedoch lediglich als Trend ausgemacht werden, der sich in seinen genauen Größenordnungen bislang nicht fixieren läßt.

Darüber hinaus kann davon ausgegangen werden, daß gestörte Familienbeziehungen, wie etwa geschiedene oder getrennt lebende Eltern, Tod eines oder beider Elternteile, permanente Streitigkeiten zwischen den Elternteilen u.ä., häufig als Mitursache einer auftretenden Lernstörung zu beobachten sind.[59] Auch dies ist statistisch bislang nicht abzusichern, kann aber aus den Erfahrungen vieler Erziehungsberatungsstellen und Lehrgängen zur Erlangung und Förderung der Berufsreife Lernbehinderter und -gestörter, wie sie von der Bundesanstalt für Arbeit (BA) finanziert werden, als tendenziell gesichert angesehen werden[60]. Dieser Aspekt ist jedoch nicht unterschichtspezifisch; familiäre Sozialisationsstörungen führen häufig auch bei Kindern der "Mittelschicht" zu ähnlichen Symptomen gestörter Lernfähigkeit. Grundsätzlich sollte das Problem der Lernbehinderten und -gestörten keinesfalls als bloßes Unterschichtenphänomen angesehen werden[61]; vielmehr müssen auch Bedingungsfaktoren herangezogen werden, die völlig schichtenneutral sind und im außerfamiliären Bereich zu finden sein müssen. Hier ist vor allem an die Schule zu denken, die nicht unbedingt Primärursache für auftretende Lernstörungen sein muß, aber allzu häufig eine Katalysatoren-Funktion hinsichtlich bereits vorhandener Lernstörungsdispositionen ausübt.[62]

Betrachten wir einige für die Gruppe der Lernbehinderten und -gestörten typtische Schullaufbahnen. Greifen wir zunächst einen der am häufigsten vorkommenden Fälle auf, nämlich einen

Jugendlichen, der aus der 8. Klasse Hauptschule entlassen wird. Häufig ist in einem solchen Fall der Zeitpunkt des "Sitzenbleibens" in der Grundschulzeit angesiedelt. Schwierigkeiten mit der Erlernung der Kulturtechniken (und hier häufig der Rechtschreibung[63]) führen oft zu Nichtversetzung, meist in der 2. oder 3. Klasse. Der Jugendliche erlebt somit den größten Teil seiner Schulzeit aus der Perspektive des Repetenten. Er ist der Mehrzahl seiner Klassenkameraden altersmäßig und damit häufig auch körperlich überlegen, muß aber, mit dem Odium des Sitzengebliebenen versehen, um jedes Erfolgserlebnis mehr kämpfen als der Klassendurchschnitt. Hinzu kommt, daß er in den häufig viel zu großen Klassen nicht die nötige Zuwendung seitens des Lehrers erhalten kann, die gerade bei seiner subjektiv als diskriminierend empfundenen Situation nötig wäre.

Die Folge dieser Entwicklung ist abzusehen. Die schulischen Schwierigkeiten, deretwegen er eine Klasse wiederholen mußte, werden häufig nicht beseitigt, sondern bleiben.[64] Die Situation der Diskriminierung und Isolierung, in die er durch den Klassenwechsel geriet, der die Funktion eines sozialen Abstiegs einnimmt, läßt die Bereitschaft des Jugendlichen zur Anpassung entweder sinken oder erzeugt eine Art Überanpassung, die sich in Resignation und Passivität ausdrückt. Im ersten Fall wächst die Bereitschaft zu aggressivem Verhalten gegenüber Lehrer und Mitschüler, zum Auffallen um jeden Preis. Die Wertehierarchie des Jugendlichen im Bewußten wie Unbewußten gerät in Bewegung; häufig wird sie auf den Kopf gestellt: Zum Erfolgserlebnis werden nun schlechte Zensuren, ein den Lehrer störendes Verhalten; von Bandenmentalität und Kraftprotzerei werden die Verhaltens- und Umgangsformen gegenüber der Umwelt zunehmend geprägt (letzteres vor allem ab Beginn der Pubertät). Die körperliche Überlegenheit des Repetenten gegenüber seinen Klassenkameraden und seine vermeintlich grössere "Erfahrung" mit allem Schulischen führen darüber hinaus häufig zu einem physisch untermauerten Herrschaftsgefälle zwischen einem oder mehrerer Repetenten und dem Rest der Klasse. Die Neigung zu erethischen Überreaktionen wächst; aus ehedem vorhandenen Lernschwierigkeiten sind inzwischen Erziehungsschwierigkeiten geworden. Die schulische Überforderung tut das ihre dazu; sie verstärkt wiederum die Tendenz zur Erziehungsschwierigkeit, diese wiederum schwächt die Lernbereitschaft: ein circulus vitiosus, der nur schwer zu durchbrechen ist.

Dabei muß man sich im klaren darüber sein, daß ein Teil der Verhaltensformen zwar einerseits Folgeerscheinungen der beschriebenen schulischen Situation sind, daß sie aber andererseits durch reale Vorbilder im außerschulischen Sozialisationsbereich und vor allem durch fiktive Vorbilder aus Massenmedien und Trivialliteraturerzeugnissen den Jugendlichen förmlich aufgedrängt werden. Diese Vorbilder, dem puren Kommerz entsprungen, werden von den Jugendlichen durch ein diesen nachempfundenes Rollenverhalten mit Leben erfüllt - eine meist ungewollte, aber vorhersehbare Folge des zunehmenden Einstürmens pädagogisch unerwünschter Umweltreize auf die nachwachsende Generation. Während jedoch der "Normalschüler" dies in der Regel verarbeitet, ohne gravierende Verhaltensschäden zu erleiden, sind einschneidende Verhaltensanomalien beim "Schulversager" häufige Folgen.

Nicht selten muß der im Grundschulalter einmal hängengebliebene Jugendliche daher die 5. oder 6. Klasse ebenfalls wiederholen; die Tatsache, daß die Gruppe der aus der 7. Klasse Hauptschule entlassenen Jugendlichen die zweitgrößte aller Hauptschulabgänger ohne Abschluß ist[65], unterstreicht die Häufigkeit dieser Entwicklung. In einem solchen Fall kann mit relativ großer Sicherheit davon ausgegangen werden, daß die vorhandenen Lernstörungen zunehmend von Verhaltensstörungen begleitet werden. Häufig führt ein zweites Repetieren einer Klasse zur Potenzierung der oben aufgeführten Folgeerscheinungen. Damit verbunden, zumeist aber auch familiär und sozial bedingt, kommt es nicht selten zu Verwahrlosungserscheinungen. Diese beziehen sich zunächst auf den sozialen Kontakt zu Klassenkameraden und anderen Personen, vertiefen sich in Form von psychischen Verwahrlosungstendenzen, häufig einhergehend mit einem zunehmenden Hang zu physischer Brutalität, und schlagen sich letztlich auch geistig-mental nieder als "intelektuelle

Verwahrlosung", die zur Beeinträchtigung oder gar Lahmlegung der Ordnungsfunktionen führen kann, die der Intelligenz zugeordnet sind.

Es ist allerdings auch - wie bereits erwähnt - die umgekehrte Entwicklung möglich, die sich in Überanpassung und Resignation äußert. Sie ist bei Mädchen häufiger anzutreffen als bei männlichen Jugendlichen und wirkt sich - bei aller Problematik, die diese Reaktionsform mit sich bringt - in zweierlei Hinsicht etwas günstiger aus als die entgegengesetzte Form der Verhaltensreaktion. Zum einen ist ein solch regressives Verhalten einzelner Jugendlicher in wesentlich geringerem Umfang störend und ansteckend für die übrigen Mitglieder eines Klassenverbandes und ermöglicht von daher dem Lehrer ein grösseres Maß an Zuwendung gegenüber dem Lernbehinderten oder -gestörten; zum anderen erleichtert die Disposition des Jugendlichen selbst die Möglichkeit einer Therapierung, da personale Zuwendungs- und positive Verstärkungsmechanismen bei einer solchen Disposition wesentlich intensiver wirken können und auch Erfolge erwarten lassen, und zwar auch in einer größeren Gruppe. Dies ist besonders im Hinblick auf Jugendliche mit beispielsweise entwicklungsbedingten Lern<u>störungen</u> von Bedeutung, da diese unter solchen Bedingungen teilweise noch während der allgemeinen Schulpflichtzeit aufgearbeitet werden könnten. Aggressiv sich äußernde Verhaltensstörungen sind dagegen häufig nur in Einzel- und Kleingruppentherapie zu behandeln.

Die überwiegende Mehrzahl der Jugendlichen, welche die Hauptschule ohne Abschluß verlassen, dürfte eine der beschriebenen Schulentwicklungen hinter sich haben, wobei sich diese natürlich in den verschiedensten Stufungen und Äußerungsformen konkretisieren. Von daher erklärt es sich auch, daß bei vielen dieser Jugendlichen entwicklungsbedingte Lernstörungen, die ursprünglich nicht auf Intelligenzschwächen beruhten, sich im Laufe der Schulzeit verfestigen und aufgrund mangelnder Übung und Benutzung des Intellekts sich sogar Intelligenzbeeinträchtigungen einstellen, die einen Teil dieser Jugendlichen zum Lernbehinderten im engeren Sinn machen. In den meisten Fällen aber läßt sich zumindest eine Verfestigung der Lernstörung feststellen, die zumeist einhergeht mit spontan empfundenen Aversionen gegenüber allem Schulischen und allem theoretischen Lernen. Diese Aversion bildet eine emotionale Schranke, die bei den Überlegungen zu kompensatorischen Maßnahmen der Lernbehinderten- und Lerngestörtenbeschulung berücksichtigt werden muß.

Einen etwas anderen Verlauf nimmt der Durchschnitt der Jugendlichen, die bei auftretenden Lernbehinderungen oder sich verfestigenden Lernstörungen frühzeitig in eine Sonderschule für Lernbehinderte überwiesen werden. Emotionale Abwehrreaktionen und aggressives Fehlverhalten sind bei Abgängern aus Sonderschulen für Lernbehinderte weniger häufig anzutreffen als bei abgehenden Hauptschülern ohne Abschlußzeugnis. Anteilmäßig größer ist unter den Sonderschulabgängern die Gruppe der zu Antriebslosigkeit und regressivem Verhalten neigenden Jugendlichen. Die Chance, lern- und verhaltenspsychisch relativ stabil die Schule zu verlassen, ist für einen lernbehinderten Sonderschüler aber weitaus größer als für einen lerngestörten Hauptschulabgänger ohne Abschluß. Die Erfahrung spricht sogar eher dafür, daß eine Vielzahl von aus der Sonderschule entlassenen Jugendlichen nicht mehr als lernbehindert einzustufen ist, sondern allenfalls noch als partiell lerngestört, daß sie also - mit anderen Worten - von ihrer globalen Lernbehinderung geheilt worden sind und lediglich partielle Beeinträchtigungen behalten haben; diese bestehen häufig auch weniger in echten <u>Lern</u>beeinträchtigungen als vielmehr in Defiziten hinsichtlich der Beherrschung von Kulturtechniken. Hinzukommt die Tatsache, daß das Auftreten von Verhaltensstörungen unter Abgängern der Sonderschule für Lernbehinderte weitaus seltener ist als unter Hauptschulabgängern ohne Abschlußzeugnis. Es kann sogar gesagt werden, daß der Durchschnitt der Abgänger aus Sonderschulen für Lernbehinderte in den Bereichen Anpassungsfähigkeit, Konzentrationsleistung und Arbeitshaltung vielen Hauptschulabgängern ohne Abschluß überlegen ist.

Auch in der motivationalen Disposition zeigen sich Unterschiede zwischen der Mehrheit von Abgängern ohne Abschlußzeugnis aus der Hauptschule einerseits und der Sonderschule für Lernbehinderte andererseits. Primär motivierbar im Sinne der behavioristischen Lerntheorie, d.h. also aus der Sache heraus motivierbar, sind Abgänger aus der Sonderschule für Lernbehinderte ungleich mehr. Die Motivationsenergie des "versagenden" Hauptschülers fixiert sich spätestens mit Eintritt der Pubertät zunehmend auf die Berufs- und Arbeitswelt. Sie wird von ihm als Kompensationsfeld in jeder Hinsicht, ja als Mittel persönlicher Emanzipation empfunden. Das Arbeitsleben erscheint ihm als der Bereich der Erwachsenen, frei vom Zwang zu einer Leistung, die er entweder nicht oder nur mit Unlustgefühlen erbringen kann. Solche Leistungen werden ihm aus seiner Sicht in der Schule abverlangt; im Beruf erwartet der Jugendliche ein anderes, ihm gemäßeres Leistungsideal und Entlohnung mittels Geld, das neue Freiheitsräume entstehen zu lassen scheint.

Diese Fixierung gerade des "versagenden" Hauptschülers und auch manches Sonderschulabgängers auf das Berufsleben macht die vielfach vorhandene Neigung dieses Personenkreises verständlich, kein Ausbildungsverhältnis einzugehen, sondern sofort nach der Schulzeit eine Arbeitsstelle zu suchen, in der ohne Bildungszwänge Geld verdient werden kann. Sehr bald jedoch werden dem Jugendlichen die dort vorhandenen Zwänge deutlich, es entstehen permanente Unzufriedenheit und die Neigung zu ständigem Stellenwechsel, der die Suche nach dem erhofften bzw. erträumten, aber bislang nicht realisierten Freiraum signalisiert.

Das bisher Gesagte, wenngleich auch für einen gewissen Prozentsatz der Mädchen zutreffend, gilt primär für männliche Jugendliche. Die Mehrheit der Mädchen, soweit sie als lernbehindert oder -gestört erkannt worden sind, zeigt aufgrund ihrer Sozialisationsprägungen in der Regel Dispositionsneigungen, die von denen der männlichen Jugendlichen abweichen. So ist der Typus des passiven, antriebslosen, introvertierten

Jugendlichen unter den Mädchen ohnedies häufiger vertreten als unter männlichen Schülern; für die lernbehinderten und -gestörten Mädchen gilt die gleiche Präferenz. Aufgrund ihrer "lautlosen Überanpassung" bleiben Lernstörungen - wie bereits dargelegt - bei Mädchen überdies auch häufiger unerkannt als bei Jungen. So sind etwa signifikant schlechtere kognitive Fähigkeiten eines Mädchens gegenüber einem Jungen bei gleichem oder sogar günstigerem Zensurenniveau des Mädchens für den Praktiker, der Jugendliche aus Sonder- und Hauptschulen in berufsvorbereitenden Einrichtungen unterrichtet, keine Seltenheit[66].

Deutlich erkennbar ist aus den bisherigen Darlegungen die große Variationsbreite lernpsychologischer und verhaltenstypologischer Konstitutionen innerhalb der Gruppe der Lernbehinderten und -gestörten. Diese Vielfalt macht eine einheitliche Berufsvorbereitung im Anschluß an die Schulzeit schwierig, bietet aber auch manche Möglichkeit gegenseitiger Kompensation der Jugendlichen untereinander in bezug auf Lernhaltung und Verhaltensformen, wenn man davon ausgeht, schulentlassene Lernbehinderte und -gestörte nach ihrer Schulzeit in gesonderten Einrichtungen gemeinsam auf eine Berufstätigkeit vorzubereiten. Immerhin gibt es ja auch eine Reihe von dispositiven Merkmalen, die der überwiegenden Mehrheit aus dieser Gruppe gemeinschaftlich zu eigen sind.

Eine solche Gemeinsamkeit besteht etwa in den bei fast allen diesen Jugendlichen auftretenden Störungen im affektiv-emotionalen Bereich, durch welche die Beziehungen zu anderen Personen beeinflußt werden. Diese Störungen ziehen zumeist negative Veränderungen des sozialen Verhaltens nach sich, wie sie sich etwa in aggressiv-erethischen oder regressiv-introvertierten Reaktionen niederschlagen. Dies hat natürlich wieder Einfluß auf die individuelle Lernhaltung des Jugendlichen; denn hier ist vor allem die innere psychische Stabilität tangiert, das Selbstwertgefühl und Selbstvertrauen. Konzentrationsschwächen verschiedenen Grades, fehlende Problemlösungsorientierung, Mangel an Durchhaltevermögen, Unfähigkeit zur Selbstkontrolle und Selbstüberprüfung, völlige Fehleinschätzung der eigenen Fähigkeiten sowohl als Über- wie Unterschätzung, Ungeduld und Hang zur baldigen Resignation, fehlendes Vermögen der Verarbeitung von Kritik und Verbesserungsvorschlägen: dies alles sind potentielle Aspekte und Bestandteile der Arbeits- und Lernhaltung von jugendlichen Lernbehinderten und -gestörten, in besonderem Maße derer, die aus der Hauptschule ohne Abschluß entlassen werden. Es liegt auf der Hand, daß solche Konstitutionsmerkmale keine genuin schulischen Defizite sind, sondern grundsätzliche Fehlhaltungen, die sich in jedweder Arbeitssituation, auch im praktischen Bereich, bemerkbar machen können. Dies bedeutet, daß Lernbehinderte und -gestörte mehrheitlich nur bedingt berufsfähig oder gar ausbildungsfähig sind.

Nun wird man einwenden müssen, daß bei Anlegung eines solchen Maßstabes auch viele Hauptschulabgänger mit Abschlußzeugnis keineswegs ausbildungsfähig wären. Konzentrationsschwächen, fehlende Ausdauer, mangelnde Problemlösungsorientierung u.a.m. sind Verhaltensschwächen, die seitens der Betriebe und der Berufsschulen wie der allgemeinbildenen Schulen zunehmend an Lehrlingen und Schülern mit Bedauern diagnostiziert werden. Natürlich sind hier signifikante Unterschiede in Grad und Intensität einer solchen Beeinträchtigung zu berücksichtigen; insgesamt jedoch liegt die größere und vor allem für die Umwelt offensichtlichere Benachteiligung der Lernbehinderten und -gestörten gegenüber den "glatt" durch die Grund- und Hauptschule gelaufenen Jugendlichen eher auf dem Gebiet des theoretischen Kenntnis- und Fertigkeitenstandes als im Bereich von Verhaltensschwächen und -dysfunktionen, soweit man beides überhaupt voneinander trennen kann. Diese Ebene, die vereinfacht auch der Bereich der Schulleistung genannt werden könnte, soll im folgenden kurz beleuchtet werden.

3.2 Das kognitive Fähigkeitenniveau

Die Betrachtung des kognitiven Fähigkeitenstandes, mit dem Lernbehinderte und -gestörte aus der Schule entlassen werden, ist nicht zu trennen von dem Fertigkeitenniveau in rechnerischer und sprachlicher Hinsicht[67]. Gerade durch Defizite auf diesen letztgenannten Gebieten fallen Lernbehinderte und -gestörte im Arbeitsleben besonders häufig auf. Dies hat viele lernbehinderte oder -gestörte Jugendliche oft schon während der Schulzeit "auffällig" werden lassen und die eigentliche kognitive Leistungsfähigkeit wegen der daraus häufig folgenden Resignation und Unsicherheit beeinträchtigt, und dies in vielen Fällen auch trotz des Vorhandenseins eines Intelligenzpotentials, mit dem durchschnittliche kognitive Leistungen hätten erreicht werden können.

Die im folgenden ausgebreiteten Zahlen sollten also keineswegs zu der Vorstellung Anlaß geben, es bestünden bei der Mehrzahl der Lernbehinderten und -gestörten Intelligenzschäden, die das Erreichen eines als gesellschaftliches Minimum anzusehenden kognitiven Leistungsvermögens unmöglich machen. Vielmehr liegen die Ursachen für eine Vielzahl von Leistungsunvermögen im kognitiven Bereich in der Tatsache begründet, daß Lernmotivation ungeweckt, Lernpotentiale verschüttet, der Gebrauch der Intelligenz ungeübt und das Vertrauen in die eigene Leistungsfähigkeit verloren gegangen sind. Natürlich - dies muß ebenfalls mit allem Freimut gesagt werden - gibt es bei einem kleineren Teil der Jugendlichen auf diesem Gebiet nicht mehr viel aufzuholen, weil entweder substantielle Intelligenzbeeinträchtigungen dem entgegenstehen oder aber im Jugendlichen begründete psychologische Faktoren ein unüberwindliches Hindernis darstellen. Diese Jugendlichen dürften jedoch weniger als 20 % der Lernbehinderten ausmachen.

Die Ergebnisse zweier lokaler Erhebungen sollen eine Vorstellung von dem Stand vermitteln, mit dem Lernbehinderte und -gestörte die Schule verlassen. Eine davon umfaßt eine Gruppe von 42 Jugendlichen, die, direkt von der Schule kommend, im Sommer des Jahres 1973 als ungelernte Arbeiter in einer Nähmaschinennadelfabrik im Aachener Raum zu arbeiten begannen. Die Erhebung fand statt im Rahmen eines zweiwöchigen Einführungskurses, der für diese Gruppe unternommen wurde.[68] Sie bestand aus 25 Jungen und 17 Mädchen, die meisten aus der 9. Klasse Sonderschule für Lernbehinderte (10 Jungen, 7 Mädchen) und aus der 7. Klasse Hauptschule (10 Jungen, 2 Mädchen). Der Rest verteilte sich hinsichtlich seiner Abgangsklassen auf 9. Klasse Hauptschule mit Abschluß (2 Mädchen), 6. und 8. Klasse Hauptschule sowie 4. und 8. Klasse Sonderschule.

Zur Erfassung der Fähigkeit, simpelste logische Verknüpfungen vorzunehmen, wurden u.a. zwei Schlußrechnungsaufgaben gestellt. Der Text der einfacheren von beiden lautete:

> Aufgabe 1: Bärbel möchte im Schreibwarengeschäft einen Bleistift kaufen. Die Verkäuferin sagt ihr, daß 10 Bleistifte DM 3,50 kosten. Was muß Bärbel bezahlen?

Der Schluß, der hier gezogen werden muß, ist der von einer vorgegebenen Vielheit (10 Bleistifte ≙ 3,50 DM) auf die erfragte Einheit (1 Bleistift kostet wieviel?). Die Rechenoperation mit dem Divisor 10 ist die einfachste aller denkbaren Divisionen.

Die zweite Aufgabe lag einen Schwierigkeitsgrad höher und lautete:

> Aufgabe 2: Im Metzgerladen kosten 150 g Salamiwurst 1,71 DM. Wieviel muß Angelika bezahlen, wenn sie 500 g Salami kaufen möchte?

Hier wird verlangt der Schluß von einer Vielheit (150 g ≙ 1,71 DM) auf eine andere Vielheit (500 g kosten wieviel?). Rein denkmäßig muß hier über die Einheit, d.h. über den Preis für 1 g Wurst gegangen werden. Der Denkvorgang ist bereits als geringfügig komplex anzusehen, da eine Hilfsgröße (nämlich die Einheit) als Zwischenstation zwischen Ausgangsgröße und Endgröße anvisiert werden muß. Eine solche Aufgabe stellt nicht nur eine völlige Unterforderung an einen 15-jährigen durchschnittlich leistungsfähigen Jugendlichen dar, sondern ist darüber hinaus in ihrem Inhalt und ihrer mathematischen

Struktur alltäglich. Sie zu lösen ist demzufolge nicht nur eine Notwendigkeit hinsichtlich des jedem nicht mehr schulpflichtigen Mitglied einer Gesellschaft abzuverlangenden Denkvermögens, sondern nachgerade schon der praktischen Lebenstüchtigkeit.

Die Jugendlichen hatten zur Lösung der Aufgaben reichlich Zeit.[69] Die Auswertung ergab, daß die erste Aufgabe von 18 Jungen (= 72 %) und von 6 (= 40 %) der 15 Mädchen ohne Hauptschulabschluß ebenso gelöst wurde wie von beiden Mädchen mit Hauptschulabschluß. Insgesamt waren also 16 (= 38,1 %) der 42 Jugendlichen nicht in der Lage, Aufgabe 1 zu lösen.

Bei der Auswertung der Lösungsversuche zur Aufgabe 2 wurden auch falsche Ergebnisse bei Erkennen des richtigen Rechenweges als richtige Lösung akzeptiert; dabei war es einerlei, welche Rechenmethode gewählt wurde. Diese Aufgabe wurde von 4 Jungen (= 16 %) und einem (= 6,7 %) der Mädchen ohne Hauptschulabschluß gelöst. Von den beiden Mädchen mit Hauptschulabschluß erreichte eine die richtige Lösung. Insgesamt waren damit 36 (= 85,7 %) der 42 Jugendlichen nicht in der Lage, den Denkakt, den die Aufgabe abverlangt, zu vollziehen.

Eine zweite Erhebung wurde mit denselben Aufgaben und unter den gleichen Bedingungen mit einer Gruppe von 198 Jugendlichen (161 Jungen und 37 Mädchen) unternommen, die im Sommer 1973 in einem durch die BA finanzierten Förderungslehrgang zur Erlangung und Verbesserung der Berufsreife in Essen aufgenommen wurden.[70] Diese Gruppe unterscheidet sich von derjenigen der zuerst zitierten Erhebung vor allem dadurch, daß sie durch die Berufsberatungen verschiedener Arbeitsämter aus einer größeren Anzahl von Bewerbern ausgewählt und für eine für sie kostenlose einjährige Förderung auf theoretischem und praktischem Gebiet geeignet befunden wurden. Auch von ihrer schulischen Ausgangssituation her gesehen liegt diese Gruppe in ihrer Gesamtheit etwas anders. Die Mehrzahl dieser Jugendlichen sind Hauptschul-, ein kleinerer Teil Sonderschulabgänger: 62 Jugendliche (= 31,3 %) kamen aus der 7. Klasse, 55 (= 27,8%) aus der 8. und 12 (= 6,1 %) aus der 6. Klasse Hauptschule.

Sechs Jugendliche (= 3,0 %) sind ohne und 10 Jugendliche (= 5,1 %) sind mit Abschlußzeugnis aus der 9. Klasse Hauptschule entlassen worden. 48 Jungen und Mädchen (= 24,2 %) sind Abgänger der Sonderschule für Lernbehinderte (darunter 2 Mädchen aus der 8., der Rest aus der 9. Klasse), und 5 Jungen (= 2,5 %) hatten die Realschule nach der 7., 8. oder 9. Klasse ohne Hauptschulabschlußqualifikation verlassen.

Die Auswertung der in dieser Gruppe erzielten Ergebnisse ergab, daß insgesamt 42 Jugendliche (= 21,2 %) in der Lage waren, beide Aufgaben richtig zu lösen oder wenigstens einen richtigen Lösungsweg einzuschlagen, auch wenn das Ergebnis numerisch nicht richtig errechnet wurde; letzteres mußte bezüglich der Lösung von Aufgabe 2 eine Reihe dieser 42 Jugendlichen in Anspruch nehmen. 133 Jugendliche (= 67,2 %) lieferten lediglich Aufgabe 1 richtig gelöst ab und der Rest von 23 Jugendlichen (= 11,6) war nicht einmal dazu in der Lage. Das heißt also, zwei Drittel dieser bereits positiv selektierten Jugendlichen waren nicht fähig, eine einfache und alltägliche Schlußrechnung durchzuführen, wie sie dem Schluß vom Preis für 150 g Wurst auf den von 500 g zugrundeliegt.

Dieser Erhebung kann zwar nicht der Anspruch auf Repräsentativität für die gesamte Gruppe der Lernbehinderten und -gestörten unterlegt werden, aber sie gibt zweifellos Annäherungswerte im Hinblick auf das kognitive Leistungspotential, das von lernbehinderten und -gestörten Jugendlichen zum Zeitpunkt ihrer Schulentlassung erwartet werden darf.[71] Die Zahlen sollen hier lediglich sichtbar und bewußt machen, in welchem "geistigen Zustand" wir einerseits eine doch relativ große Anzahl von Jugendlichen aus der Schulpflicht entlassen und mit welchen Schwierigkeiten andererseits Einrichtungen der Berufsvorbereitung Lernbehinderter und -gestörter zu rechnen haben.

Untersucht man die Ergebnisse der Erhebung näher, so fällt wieder das geschlechtsspezifische Leistungsgefälle zwischen Jungen und Mädchen auf. Während immerhin noch 24,8 % der Jungen eine für beide Aufgaben richtige Lösung bzw. wenigstens Lösungsweg abgeben konnten, waren dies bei den Mädchen lediglich 5,4 %. Falsche oder gar keine Lösungen für beide Aufgaben waren bei den Mädchen entsprechend häufiger vertreten; 16,2 % der Mädchen stehen hier 10,6 % der Jungen gegenüber.

Diese beiden Erhebungen bezogen sich primär auf den Bereich des logischen Denkens und seine Realisation auf dem Gebiet der Zuordnung von verschiedenen Größen und des daraus sich ergebenden Ziehens von logisch eindeutigen Schlüssen einfachster Art. Ein anderer kognitiver Bereich, nämlich der des mit der räumlichen Vorstellungskraft verbundenen operationalen Denkens, der vor allem konkrete Alltagsbedeutung für technische Berufe hat, soll noch kurz beleuchtet werden.

Zugrundegelegt werden sollen hierzu nochmals die Ergebnisse von diesbezüglichen Tests mit den oben genannten Gruppen von 42 angehenden Jungarbeitern und diesmal 190 Teilnehmern an dem erwähnten Förderungslehrgang in Essen. Folgende 2 Aufgaben galt es zu lösen:

> Aufgabe 1: Ein rechteckiger Fußballplatz ist 120 m lang und 55 m breit. Wie groß ist die Fläche des Platzes?
>
> Aufgabe 2: Otto soll in der Metallwerkstatt ein Werkstück anfertigen. Der Meister sagt zu ihm: "Es soll ein Quader aus Metall werden mit einem Rauminhalt von 880 cm^3. Die Länge des Quaders soll 20 cm betragen, die Breite 11 cm." Welche Höhe muß der Quader haben, den Otto anfertigt?

Die 1. Aufgabe stellt die nach der Berechnung einer Quadratfläche einfachste Form der Flächenberechnung dar. Der Gegenstand der Berechnung, ein Fußballfeld, beinhaltet ein Optimum an Anschaulichkeit für die Jugendlichen. Aufgabe 2 erfordert dagegen ein komplexeres Anschauungsvermögen; dies bezieht sich sowohl auf die Dreidimensionalität des Berechnungsobjektes als auch auf die Tatsache, daß von dem gegebenen Volumen und zwei Kantenlängen des Körpers auf die dritte Kantenlänge zurückgeschlossen werden muß.

Die Auswertung des Tests für die Gruppe der 42 angehenden Jungarbeiter weist aus, daß unter ihnen insgesamt lediglich

6 (= 14,3 %) die erste Aufgabe lösen konnten und von diesen wiederum nur einer auch die zweite. Unter den Jungen waren 4, unter den Mädchen ohne Hauptschulabschluß eine und von den beiden mit Hauptschulabschluß auch nur eine, welche die 1. Aufgabe richtig gelöst hatten oder wenigstens einen richtigen Rechenweg erkennen ließen. Die 2. Aufgabe wurde also insgesamt von lediglich einem Jungen unter 42 Jugendlichen gelöst.

Die Erhebung unter den Jugendlichen, die zum Testzeitpunkt eine einjährige Schulung in einem Essener Förderungslehrgang begonnen hatten, umfaßt für die zwei genannten Geometrieaufgaben 190 Jugendliche, darunter 154 Jungen und 36 Mädchen. Von den Jungen waren 83 (= 53,9 %) in der Lage, die 1. Aufgabe zu lösen oder einen richtigen Rechenansatz erkennen zu lassen. Die Bewertung der Lösungsniederschriften wurde dabei sehr großzügig vorgenommen. Viele Lösungen waren trotz der leichten Rechenoperation, die hier notwendig ist (120 m • 55 m), mit Rechenfehlern versehen und trotzdem noch als im Sinne der Erkennung des Rechenweges richtig gewertet worden. Darüber hinaus fehlte bei über 75 % der richtigen Lösungen die Benennung, oder es wurden falsche Benennungen angegeben.

Von den Mädchen kamen 22 (= 61,1 %) zu einer in diesem eingeschränkten Sinne richtigen Lösung. Das bedeutet, daß immerhin noch 38,9 % der an der Erhebung beteiligten Mädchen und 46,1 % der Jungen überhaupt nicht in der Lage waren, eine einfache Rechteck-Flächenberechnung vorzunehmen. Die zweite Aufgabe wurde noch von 24 (= 15,6 %) der Jungen und 2 (= 5,6 %) der Mädchen gelöst.

Natürlich kann dieses Ergebnis nicht so interpretiert werden, als seien bei der Vielzahl der Jugendlichen, die beispielsweise die 1. Aufgabe nicht zu lösen vermochten, kognitive Beeinträchtigungen im Bereich der auf räumlicher Vorstellungskraft beruhenden operationalen Denkfähigkeit vorhanden, die nicht mehr kompensiert werden könnten. Der Weg zur richtigen Lösung einer einfachen Rechteck-Flächenberechnung ist nämlich auch eine Angelegenheit der Beherrschung von theoretischen Fertigkeiten. Auf diesem Gebiet aber läßt sich - bei Verwendung adäquater didaktischer und methodischer Ansätze - auch bei Lernbehinderten und -gestörten nach der Schulentlassung noch vieles von den vorhandenen Defiziten aufholen.[72] In jedem Fall zeigt das Erhebungsergebnis auch in diesem Bereich die Notwendigkeit auf, aus der Schulpflicht entlassene Jugendliche ohne Hauptschulabschlußzeugnis nicht ohne eine besondere vorberufliche Förderung ins Arbeitsleben zu entlassen.

3.3 Zur inneren Differenzierung der Gruppe der Lernbehinderten und -gestörten

Es ist schon darauf hingewiesen worden, daß die Gruppe der Lernbehinderten und -gestörten eine große Schwankungsbreite hinsichtlich des Sozial- und Lernverhaltens aufweist und keineswegs in toto als homogen bezeichnet werden kann. Das gleiche trifft auch zu im Hinblick auf die kognitive und schulisch-theoretische Leistungsfähigkeit dieser Jugendlichen. Dabei liegt es auf der Hand, daß ein Abgänger aus der 9. Klasse Hauptschule ohne Abschluß mit einem anderen Niveau der Fertigkeitenbeherrschung als etwa einer aus der 6. Klasse Hauptschule die Schule verläßt. Auch auf die rein kognitive Leistungsfähigkeit hat die Art der Abgangsklasse einen gewissen Einfluß.

Die Aufschlüsselung der Testergebnisse des Bereiches Schlußrechnung der Gruppe von 198 angehenden Teilnehmern eines Förderungslehrgangs in Essen soll uns etwas genauere Ansatzpunkte hierfür geben, auch wenn dies - wie schon dargelegt - keineswegs im für die Gesamtgruppe der Lernbehinderten und -gestörten repräsentativen Sinn gemeint sein kann. Die aufgeschlüsselten Ergebnisse sind in nebenstehender Tabelle 1a aufgeführt. Die dort angegebenen Prozentwerte sind jedoch nur im Sinne von Größenordnungen vergleichbar, da die dort nach Abgangsklassen differenzierten Gruppen von Jugendlichen von höchst unterschiedlicher Größe sind; von daher ist die Aussagekraft der einzelnen Zahlen statistisch nicht gleichmäßig fundiert. Hinzu kommt, daß der Anteil der Mädchen an der Gesamtzahl der in der Erhebung erfaßten Jugendlichen nicht

Tabelle 1a : Testergebnisse einer Erhebung unter 198 angehenden Teilnehmern an einem Förderungslehrgang in Essen, aufgeschlüsselt nach Schulabgangsklassen der Testpersonen (Testgegenstand: 2 Aufgaben zur Schlußrechnung)[73]

Abgangs-klasse	S 9		S 8		H 9 m.A.		H 9 o.A.		H 8		H 7		H 6		R 7-9	
	abs.	%	abs.	%	abs.	%	abs.	%	abs.	%	abs.	%	abs.	%	abs.	%
Zahl der Schüler insgesamt	46	100	2	100	10	100	6	100	55	100	62	100	12	100	5	100
davon: Beide Aufgaben richtig	4	8,7	0	0	3	30	3	50	19	34,6	11	17,7	0	0	2	40
Nur Aufgabe 1 richtig	30	65,2	2	100	6	60	2	33,3	34	61,8	46	74,2	10	83,3	2	40
Keine Aufgabe gelöst	12	26,1	0	0	1	10	1	16,7	2	3,6	5	8,1	2	16,7	1	20

Abkürzungen: S = Sonderschule für Lernbehinderte
H = Hauptschule
m.A. = mit Abschlußzeugnis
o.A. = ohne Abschlußzeugnis
R = Realschule

einmal 20 % ausmacht und damit unter dem Mädchenanteil innerhalb der Gruppe der Lernbehinderten und -gestörten liegt.

Immerhin lassen die Zahlen erkennen, daß die Gruppe der Abgänger aus der 9. Klasse Hauptschule mit und ohne Abschluß, derjenigen aus der 8. Klasse Hauptschule und auch die Abgänger aus der 7. - 9. Klasse Realschule größenordnungsmäßig einen gleichen Anteil derer aufweisen, die beide Aufgaben richtig gelöst haben, nämlich zwischen 30 und 50 %; der ungefähre Durchschnitt für diese Gruppe hierfür liegt bei 35 %. Die Abgänger aus der 7. Klasse Hauptschule weisen einen etwa halb so großen Anteil von 17,7 % auf, und bei den Abgängern aus der 9. Klasse Sonderschule für Lernbehinderte halbiert sich der Anteil derer, die beide Aufgaben lösten, nochmals auf 8,7 %. Aus der Gruppe der aus der 8. Klasse Sonderschule oder 6. Klasse Hauptschule entlassenen Jugendlichen war keiner in der Lage, beide Aufgaben zu lösen.

Ein Blick auf die Zahlen derjenigen, die keine der beiden Aufgaben gelöst haben, zeigt, daß einzelne Schulabgängergruppen mit zu geringer Schülerzahl in der Erhebungsgruppe vertreten sind, als daß halbwegs gesicherte repräsentative Angaben für jede Gruppe herauskommen könnten. So kann man sich schlecht vorstellen, daß 20 Prozent aller Realschulabgänger ohne Hauptschulabschluß keine der beiden genannten Aufgaben lösen können; aber die Tatsache, daß solche Fälle vorkommen, daß auch etwa aus der Hauptschule Entlassene mit Abschluß einfachste Schlußrechnungsaufgaben nicht lösen können, weist zumindest auf das Problem hin, daß eine formelle Abschlußqualifikation nicht in jedem Fall mit einem entsprechenden kognitiven Leistungsniveau verbunden ist und daß Abgänger aus Sonder- und Hauptschulen ohne Abschluß durchaus einen höheren theoretischen Fähigkeiten- und Fertigkeitenstand mitbringen können, als mancher Schulentlassene mit Hauptschulabschluß: auch dies ein Argument für die Errichtung von Förderungseinrichtungen für Schulentlassene ohne Hauptschulabschluß um einer tatsächlichen und besseren Chancengerechtigkeit für alle Schulabgänger willen.

Unter Zugrundelegung des Trends, der sich in den Zahlen der Erhebungen zum kognitiven Leistungsstand ausdrückt, und der Vorüberlegungen zur verhaltens- und lernpsychologisch differenzierten Situation der lernbehinderten und -gestörten Jugendlichen ergibt sich die bereits an anderer Stelle kurz beschriebene und als grober Orientierungswert zu verstehende innere Differenzierung der Gesamtgruppe nach solchen Jugendlichen, die als echt lernbehindert angesehen werden müssen, und solchen, die man als lerngestört bezeichnen kann[74]. Dies darf keinesfalls in dem Sinne mißverstanden werden, als sollte die Abgangsschule und -klasse das konstitutive Merkmal einer solchen Zuordnung darstellen. Dies würde auch schon im Widerspruch stehen zu dem, was sich aus den Zahlen der Tabelle 1a hinsichtlich der kognitiven Leistungsstreuung unter den Jugendlichen jeder Abgangsklasse und -schulart ergibt.

Deutlich ist jedenfalls, daß beispielsweise der Durchschnitt der Gruppe der Abgänger aus der 9. Klasse Sonderschule für Lernbehinderte zwar vom Fertigkeiten- und kognitiven Leistungsstand her gesehen etwa zwischen den Hauptschulabgängern aus der 6. und denen aus der 7. Klasse anzusiedeln ist, daß die Mehrzahl dieser Jugendlichen aber aufgrund einer günstigeren lern- und arbeitspsychologischen Ausgangslage durchaus gute Bedingungen für eine kompensatorische Bildungsbemühung zwischen Pflichtschulzeit und Berufsbeginn mitbringt. Andererseits ist es so, daß einzelne Jugendliche aus einer 7. oder 8., in wenigen Fällen auch 9. Hauptschulklasse durchaus verhaltens- und lernpsychologischen Störungen unterliegen können, die eine Schulung als nicht adäquat erscheinen lassen, die zumindest unter anderen einen theoretischen Schwerpunkt besitzt.

Darüber hinaus sollte man bei der Konzipierung von berufsvorbereitenden Einrichtungen für Lernbehinderte und -gestörte durchaus auch daran denken, diese für "abgebrochene" Realschüler oder auch Gymnasiasten offenzuhalten, auch wenn sie nur in Einzelfällen in die Gruppe der Lerngestörten einzuordnen sind. Dies macht deutlich, daß letztlich nur im Zusammenhang mit dem individuellen Fall entschieden werden kann, welcher Gruppe der bildungsmäßig beeinträchtigten Schüler ein Jugendlicher zuzuordnen ist und welche Förderungsmaßnahme für ihn adäquat erscheint. Individuell ausgerichtete Tests und Prüfungsverfahren sollten hier ebenso Entscheidungsgrundlage sein wie psychologische Gutachten und persönliche Eindrücke durch Berufsberater, Lehrer usw. Gerade auch an letzterem - das muß offen ausgesprochen werden - kommt man bei allen Versuchen der Objektivierung von Tests und Qualifikationsbeurteilungen aufgrund der Difizilität des Entscheidungsgegenstandes und der Komplexität der Beurteilungsvariablen nicht vorbei.

4. Die Integration der Lernbehinderten und -gestörten ins Berufs- und Arbeitsleben

4.1 Möglichkeiten einer Berufsausbildung für Lernbehinderte und -gestörte

Es liegt auf der Hand, daß eine Integration von lernbehinderten und -gestörten Jugendlichen aufgrund der dargelegten Konstitutionsmerkmale - auch wenn diese naturgemäß nicht auf alle als lernbehindert und -gestört einzustufenden Schulabgänger zutreffen - mit Schwierigkeiten verbunden ist. Die Aufnahme in ein dreijähriges oder gar dreieinhalbjähriges Ausbildungsverhältnis wird in der Regel von Ausbildungsbetrieben und den örtlichen Kammern abgelehnt, da das theoretische Qualifizierungsniveau als nicht ausreichend betrachtet wird. Die Publikation "Berufe für behinderte Jugendliche"[75] etwa gibt an, daß ca. 25 % der in Lehrberufe vermittelten Lernbehinderten ihr Ausbildungsverhältnis vorzeitig abbrechen, und dies "vor allem wegen der gehobenen theoretischen Anforderungen". Etwa 25 % aller Abgänger aus Sonderschulen für Lernbehinderte könnten hingegen eine dreijährige Ausbildung erfolgreich durchstehen.[76]

Als die für Lernbehinderte und -gestörte im allgemeinen am besten angemessene Ausbildungsebene wird daher häufig diejenige der Anlernberufe bezeichnet, die zwischen den ungelernten Tätigkeiten und den eigentlichen Lehrberufen anzusiedeln ist und von rund 20 % aller Abgänger aus Sonderschulen für Lernbehinderte angegangen wird.[77] Die Ausbildung dauert 1 bis 2 Jahre, ein "Anlernvertrag" sollte abgeschlossen werden. "Anstelle der Gesellen- oder Facharbeiterprüfung wird eine 'Spezialarbeiterprüfung' vor der zuständigen Kammer abgelegt. Die gewerblichen Anlernberufe werden vom Bundesminister für Wirtschaft anerkannt."[78] Die Arbeitsgebiete in den Anlernberufen sind begrenzter, "die Tätigkeit ist weniger vielseitig, die Forderung, sich auf individuelle Wünsche und auf neue Produktionsformen einzustellen, ist seltener, die Anlernzeit kürzer und die Anforderungen an das theoretische Berufswissen sind erheblich geringer."[79] Als Beispiele werden u.a. für Mädchen mit dem ursprünglichen Berufswunsch Herren- oder Damenschneiderin die Anlernberufe Krawattennäherin, Berufskleidernäherin, Schürzennäherin u.ä., für Jungen mit dem nicht realisierbaren Berufswunsch Kraftfahrzeugmechaniker die Anlernberufe Mechanikerhelfer, Nachschleifer, Tankstellenhelfer genannt. Eine vollständige Liste von Lehr- und Anlernberufen, die für Lernbehinderte geeignet sind, ist dort angefügt.[80] Sie sind folgenden Tätigkeitsfeldern zugeordnet:

- Material verarbeiten
- Zusammenbauen, montieren
- Gestalten
- Bedienen und überwachen von Maschinen und Anlagen
- Bebauen und züchten
- Untersuchen und messen
- Zeichnen und reproduzieren
- Unterstützen
- Bedienen und beraten
- Wirtschaften und verwalten
- Betreuen und pflegen
- Sichern, in Ordnung halten

Die Stufe unterhalb der Anlernberufe, im allgemeinen Sprachgebrauch meist als "ungelernte" Berufe bezeichnet, nennt die BA inzwischen "Einarbeitungsberufe", denn "die darin Arbeitenden als 'Ungelernte' zu bezeichnen, trifft nicht mehr zu, weil eine kürzere oder längere Einarbeitung zu jeder perfekt ausgeübten Tätigkeit dazugehört, auch wenn sie sich nicht immer als eigentlicher Lernabschnitt von der Phase der Produktion abhebt."[81] Als Negativum gerade dieser am wenigsten qualifizierten Arbeitsplätze ist zu vermerken, daß "sie mit am stärksten den technologischen und sozioökonomischen Wandlungen, den Auswirkungen der Technisierung und Automation ausgesetzt" sind[82]. Solchen Veränderungen ist aber gerade der Lernbehinderte und -gestörte am wenigsten gewachsen; denn geistig-psychische Flexibilität und soziale Mobilität kann gerade bei ihm nicht vorausgesetzt werden. Die Liste von möglichen Einarbeitungsberufen, wie sie die BA in alphabetischer Reihenfolge publiziert hat, reicht vom Abfüller und Ableser für Licht, Gas, Wasser bis zum Zeitungsverkäufer und Zimmermädchen.[83] Eine zweite Aufstellung mit etwas anspruchsvolleren Einarbeitungsberufen[84] enthält Berufe wie Bibliothekshilfskraft, Kranführer, Telefonist u.a.m.

Diese Listen und der Gebrauch des Begriffes "Einarbeitungsberuf" können jedoch nicht darüber hinwegtäuschen, daß eine Vielzahl von schulentlassenen Lernbehinderten und -gestörten schlichtweg als ungelernte Arbeiter in Industriebetrieben beschäftigt werden. Natürlich setzt dies eine gewisse Einarbeitungszeit voraus; diese erfüllt aber weitgehend lediglich die Funktion, Fertigkeiten in der manuellen Handhabung von Maschinen, Werkzeugen und Produktbestandteilen zu vermitteln. Theoretische Einsichten in technische Zusammenhänge, Produktionsabläufe oder gar Berufs- und Berufsfeldprobleme wird ein jugendlicher Arbeiter, der sofort bei Aufnahme in den Betrieb in der Produktion arbeiten muß, wohl kaum erlangen können. Vielmehr wird er zum Spezialisten für eine Maschine oder für bestimmte Handgriffe gemacht und ist dann in relativ hohem Maße von dem ihm einmal zugewiesenen Arbeitsplatz bzw. der ihm somit vertrauten Fertigungsphase abhängig. Rationalisierungsmaßnahmen oder Änderungen des Produktionsablaufes wird er aufgrund der fehlenden beruflichen Grundbildung und der dadurch mangelhaften Flexibilität zumeist nur durch einen Arbeitsplatzwechsel begegnen können, der einem beruflichen wie sozialen Abstieg gleichkommt. Bringt eine betriebliche Veränderung, etwa durch Rationalisierungen verursacht, Entlassungen mit sich, ist der zum einseitigen Spezialisten ohne Grundlagenbildung gemachte Lernbehinderte oder -gestörte am ehesten in Gefahr, seinen Arbeitsplatz zu verlieren, zumal bei steigendem Alter.

Vor dieser Realität sollte man nicht die Augen schließen. Vielmehr sind hier Staat und Wirtschaft aufgerufen, Modelle zu entwickeln und zu testen[85], die nicht nur eine terminologische Verbesserung der Einordnung lernbehinderter oder -gestörter Jugendlicher in die berufliche Qualifizierungshierarchie mit sich bringen, sondern tatsächlich inhaltlich-qualitative Veränderungen der beruflichen Chancen Lernbehinderter und -gestörter ermöglichen.

4.2 Das Jungarbeiterproblem

4.21 Zur schulischen Vorbildung der Jungarbeiter

Die Frage, inwieweit das Jungarbeiterproblem[86] als Lernbehindertenproblem angesehen werden muß, ist in jüngster Zeit heftig diskutiert worden.[87] Da der Beantwortung dieser Frage eine nicht unerhebliche Bedeutung im Hinblick auf die Abschätzung der Berufschancen Lernbehinderter und -gestörter zukommt, soll dieser Problemkreis hier kurz gestreift werden.

Von ihren Tätigkeitsbereichen, Rechten und Pflichten her gesehen ist die Personengruppe der Jungarbeiter keineswegs eine einheitliche Gruppierung. Vielmehr sind unter diesem Begriff die vier Gruppen der Jungangestellten, mithelfenden Familienangehörigen, ungelernten Arbeiter und der Berufs- und Arbeitslosen zusammengefaßt. Es liegt auf der Hand, daß die persönliche und gesellschaftlich-allgemeine Problemlage sich für jede dieser Gruppen anders darstellt. Rechtlich stehen sich alle vier Gruppen in etwa gleich, da alle eben ohne Ausbildungsvertrag bleiben. Die faktischen Berufschancen sind aber insbesondere bei den Jungangestellten um einiges besser als bei den Jugendlichen der anderen Gruppen.

Von den Größenordnungen her gesehen stellen die Jungangestellten, die mithelfenden Familienangehörigen und die Berufs- und Arbeitslosen relativ kleine Gruppen unter den Jungarbeitern dar. 1970 etwa waren 77,2 % aller Jungarbeiter als ungelernte Arbeitskräfte beschäftigt, dagegen nur 6,3 % als mithelfende Familienangehörige, 8,8 % als Jungangestellte, und 7,7 % waren berufs- bzw. arbeitslos.[88]

Der Versuch, die Zahl der Abgänger aus Sonderschulen für Lernbehinderte und aus der Hauptschule ohne Abschluß unter den Jungarbeitern zu eruieren, scheitert für die Jahre nach 1965 am Fehlen entsprechender statistischer Veröffentlichungen. Lediglich für den Zeitraum von 1958 bis 1965 existieren publizierte statistische Erhebungen zur schulischen Vorbildung von Lehrlingen und Jungarbeitern. Allerdings differenzieren diese lediglich nach Abgängern aus Sonderschulen einerseits und Volksschulen andererseits; die Volksschulabgänger ohne Abschlußzeugnis sind nicht extra ausgewiesen. Dies schränkt die Brauchbarkeit der Zahlen zur Beantwortung der Frage nach den Berufschancen Lernbehinderter und -gestörter in ihrer Gesamtheit sehr ein, da - wie wir gesehen haben - die Gruppe der Hauptschulabgänger ohne Abschluß den größten zahlenmäßigen Anteil unter den Lernbehinderten und -gestörten einnimmt.

Weil diese Erhebungen jedoch die einzigen verfügbaren Zahlen zu diesem Problemkreis überhaupt enthalten, sei hier kurz auf sie eingegangen. Gemäß Tabelle 18 gingen im Erhebungszeitraum - also von 1958 bis 1965 - jährlich zwischen 81,9 % und 83,7 % aller aus den allgemeinbildenden Schulen ins Erwerbsleben wechselnden Jugendlichen ein Lehr- bzw. Ausbildungsverhältnis ein.[89] Von diesen Lehrlingen kamen jährlich etwa 75 % aus Volksschulen, ca. 1 % aus Sonderschulen, der Rest aus Mittelschulen und Gymnasien. Während unter den mithelfenden Familienangehörigen praktisch nur Volksschulabgänger vertreten waren, betrug der Anteil der Sonderschüler an der Gruppe der ungelernten Arbeiter durchschnittlich bereits knapp 20 %. Abgänger aus

Mittelschulen und Gymnasien waren in dieser Gruppe ebensowenig vertreten wie unter den Jugendlichen, die nach der Schulentlassung berufs- bzw. arbeitslos blieben; hier betrug der Anteil der Sonderschüler zwischen 1963 und 1965 bereits über 50 %. Betrachtet man die Gesamtheit der Jungarbeiter zusammengenommen[90], so ergibt sich unter ihnen ein von 1958 bis 1965 kontinuierlich von 15,1 % auf 19,6 % ansteigender Anteil an Sonderschülern.

Untersuchen wir einmal aufgrund des Zahlenmaterials für die Jahre 1958 bis 1965, wie es mit den Chancen der Sonderschulabgänger bestellt ist, überhaupt einen Anlern- oder Lehrvertrag zu bekommen (Tabelle 21). Während in den genannten Jahren über 80 % aller Volksschulabgänger ein Ausbildungsverhältnis eingehen konnten, gelang dies bis 1964 höchstens 20 % und im Jahre 1965 23,1 % der Sonderschulabgänger. Dabei ist unberücksichtigt geblieben, um welche Art von Ausbildungsverhältnis es sich jeweils handelt. Es erscheint nämlich durchaus wahrscheinlich, daß ein wesentlich größerer Teil der Sonderschulabgänger, die ein Ausbildungsverhältnis beginnen konnten, lediglich einen Anlernvertrag für eine zweijährige Ausbildung bekamen als dies unter den Volksschulabgängern der Fall war.

Dem kann entnommen werden, daß das Problem der Sonderschulabgänger weitgehend mit dem Jungarbeiterproblem korreliert. Besonders bedenklich ist dabei, daß im Erhebungszeitraum unter den Abgängern aus der Sonderschule nach der Schulzeit zunächst zwischen 19,2 % und 27,8 % berufs- bzw. arbeitslos geblieben sind, während dies bei nur 0,9 - 2,1 % der Volksschulabgänger der Fall war. Auch wenn diese zunächst ohne Tätigkeit gebliebenen Jugendlichen nicht alle auf Jahre hinaus ohne Beschäftigung bleiben bzw. geblieben sind, so machen diese Zahlen doch das ungleich höhere Beschäftigungsrisiko der Sonderschulabgänger deutlich.

Eine Untersuchung, welche die Gruppe der Jungarbeiter nach ihrer schulischen Vorbildung genauer differenziert, liegt aus dem Jahre 1964 vor.[91] Sie umfaßte 1.459 Jungen und Mädchen aus der gesamten Bundesrepublik und kann in etwa als repräsentativ für großstädtische Regionen angesehen werden[92]. Dieser Erhebung zufolge ergab sich, nach Geschlechtern differenziert, folgende Aufteilung der Jungarbeiter hinsichtlich ihrer Abgangsklassen aus der damals nach 8-klassigen Volksschule und der sog. "Hilfsschule"[93]:

Abgegangen aus:	Jungen	Mädchen
Hilfsschule	38%	15%
Früher als ein Jahr vor dem Volksschulabschluß	14%	16%
Ein Jahr vorzeitig aus der Volksschule entlassen	24%	27%
Ziel der Volksschule erreicht	24%	40%
Realschule	0	1%

Die männlichen Jungarbeiter haben nach dieser Erhebung einen etwa so großen Mehranteil an Hilfsschulabgängern, wie die weiblichen an Abgängern aus der letzten Volksschulklasse.[94] Bei den Jungen müßten also insgesamt etwa drei Viertel aller Jungarbeiter als lernbehindert bzw. -gestört bezeichnet werden, bei den Mädchen über die Hälfte (58 %). Dabei sind die aus der letzten Volksschulklasse ohne Abschluß entlassenen Jugendlichen noch unberücksichtigt geblieben, da sie offenbar in die Rubrik "Ziel der Volksschule erreicht" eingereiht worden sind.

4.22 Das Problem der Ausbildungsabbrecher

Ein großer Ungewißheitsfaktor in der Bestimmung von Korrelationen hinsichtlich der schulischen Vorbildung der ins Erwerbsleben überwechselnden Jugendlichen und ihrem dort eingenommenen rechtlichen und faktischen Status liegt in der Tatsache begründet, daß eine Reihe von Jungarbeitern nicht im direkten Anschluß an die Schulzeit Jungarbeiter werden, sondern zunächst ein Ausbildungsverhältnis eingehen, dieses aber vorzeitig abbrechen und dann als ungelernte Arbeiter ihr Geld verdienen. 1970 etwa sind 27.731 Ausbildungsverhältnisse vorzeitig abgebrochen worden; das sind 6,6 % aller in der BRD aufgenommenen Anlern- und Lehrverhältnisse.[95] In den offiziellen Statistiken sind Jungarbeiter, die eine abgebrochene Lehre hinter sich haben, aber nicht gesondert ausgewiesen.

Zur Frage der schulischen Vorbildung der Lehrabbrecher liegt eine Erhebung vor, die zwar schon 10 Jahre alt und nicht unbedingt repräsentativ ist, aber doch einige Aufschlüsse hierüber gibt. Sie umfaßt alle berufsschulpflichtigen Jungarbeiter Essens, die zwischen 1958 und 1960 von einer allgemeinbildenden Schule ins Erwerbsleben gewechselt sind. Von diesen insgesamt 910 Jugendlichen besuchte genau die Hälfte, also 455, eine von 29 Hilfsberufsschulklassen und die andere Hälfte eine der 22 Jungarbeiterklassen für Volksschulentlassene.[96] Von den befragten Jungarbeitern, die aus der 7. oder 8. Klasse Volksschule entlassen worden waren, hatten 42,8 % bereits eine abgebrochene Lehre hinter sich, von den Abgängern aus der 5. und 6. Klasse 20,3 %. Unter den Hilfsschulabgängern, welche aus dem letzten Jahrgang der damaligen Hilfsschule, nämlich der 6. Klasse, entlassen wurden, waren 16 % ehemalige Lehrlinge, unter den übrigen ehemaligen Hilfsschülern waren es noch 8 %. Interessant dabei ist, daß vor allem unter den Abgängern aus der Volksschule ein relativ hoher Teil (12,5 % bzw. 5,8 %) erst im 2. Lehrjahr eine Lehre abgebrochen hatte, während dies bei den Hilfsschulabgängern nur bei 2,1 % bzw. 0,6 % der Fall war.

Der Anteil der Lehrabbrecher an ihrer durch die gemeinsame Abgangsklasse determinierten Gruppe wächst also mit "höher" werdender schulischen Vorbildung, wenn man die Sonderschule einmal als "niedrigste" Bildungsstufe ansetzt. Dies ist erklärbar aus der Tatsache, daß ohne Zweifel viele Jugendliche aus der Gruppe der Lernbehinderten und -gestörten, die aus der Volks- bzw. Hauptschule abgehen, sich eher als viele Sonderschulabgänger ein Ausbildungsverhältnis zutrauen und ein solches auch genehmigt bekommen, weil aufgrund ihres Verbleibens in der Volks- bzw. Hauptschule ihre Behinderung oder Störung nicht in dem Maße manifest geworden ist, wie dies bei einer Überweisung in die Sonderschule der Fall gewesen wäre. Die Zahl der Lehrabbrecher mit Hauptschulbildung ohne Abschlußzeugnis liegt daher zwangsläufig relativ hoch.

Je niedriger hingegen der Bildungsstatus von Jugendlichen ist, desto geringer wird der Anteil derer unter ihnen sein, die ein Ausbildungsverhältnis beginnen. Vielmehr wird ein umso größerer Teil von ihnen ohnehin sofort Jungarbeiter, so daß der Anteil der Ausbildungsabbrecher unter ihnen wesentlich niedriger liegt. Auch die relativ hohe Zahl von Abbrechern während des 2. Lehrjahres[97] weist auf das Phänomen hin, daß eine Neigung zur Überschätzung der Fähigkeiten von Volksschulabgängern sowohl durch die Jugendlichen selbst als auch durch ihre Umwelt im Vergleich zur Einschätzung von Hilfs- bzw. Sonderschulabgängern besteht.

Obwohl keine in größerem Rahmen durchgeführte Erhebung hierzu vorliegt, kann davon ausgegangen werden, daß das Problem der Ausbildungsabbrecher auch mit dem Problem der Lernbehinderung und -störung zusammenhängt. Das Argument, daß die Vielzahl von ehemaligen Lehrlingen in den Jungarbeiterklassen der Berufsschulen ein Indiz dafür sei, daß das Jungarbeiterproblem kein Lernbehindertenproblem darstelle[98], erscheint mir daher einigermaßen verfehlt plaziert.

4.23 Die weiblichen Jungarbeiter

Wenn gesagt wird, daß die große Anzahl von Jungarbeitern in der Bundesrepublik kein ausschließliches Problem von Lernbehinderungen oder -störungen darstellt, so gilt dies primär für die weiblichen Jungarbeiter, bei denen etwa der Anteil der Sonderschulabgänger wesentlich geringer ist als bei ihren männlichen Kollegen. Für 1965 ergab sich unter den weiblichen Jungarbeitern ein Anteil von 86,8 % Volksschulabgängern und 13,2 % Abgängern aus der Sonderschule (Tabelle 20). Bei den Jungen hingegen war das Verhältnis Volks- zu Sonderschulabgänger 67,6 % zu 32,4 % (Tabelle 19). 1958 noch betrug dieses Verhältnis bei den männlichen Jungarbeitern 74,3 % zu 25,7 % und bei den Mädchen 90,1 % zu 9,9 %; in beiden Gruppen wurde der Anteil der Sonderschulabgänger im Laufe der Jahre also etwas größer.

Der geringere Anteil von Sonderschulabgängern unter den weiblichen Jungarbeitern erklärt sich zum Teil wohl aus der ohnehin gegenüber den Jungen kleineren Zahl von weiblichen Sonderschulabsolventen. Wenn man davon ausgeht, daß mehr Mädchen als Jungen trotz eines Hauptschulabschlusses kein Ausbildungsverhältnis eingehen[99], so liegt es nahe, hierfür Ursachen in den geschlechtsspezifischen Sozialisationsbedingungen zu vermuten, die vor allem in der Unterschicht, aber auch zu größten Teilen in Familien virulent sind, die der Mittelschicht zugeordnet werden. Diesen spezifisch weiblichen Sozialisationsbedingungen liegt nach wie vor die Fixierung des Mädchens auf eine spätere Hausfrau-, Ehefrau- und Mutterrolle zugrunde; Beruf und Arbeit werden als Übergangsphänomen und notwendiges Übel dargestellt und empfunden. Fehlendes Interesse vieler Mädchen für Fragen der Arbeitswelt und Berufswahl sind die von den Eltern häufig nicht in ihrer Problematik erkannten Folgen einer so erfolgten Bewußtseinsbildung.[100]

Die Situation der weiblichen Abgänger aus Sonderschulen ist noch etwas ungünstiger als diejenige ihrer männlichen Pendants. Während bei den Jungen 1965 noch 26,7 % aller Sonderschulabgänger einen Ausbildungsberuf ergreifen konnten (Tabelle 22), waren dies bei den Mädchen nur 18,2 % (Tabelle 23). Immerhin liegt diese Zahl noch höher als in den Jahren davor, in denen lediglich zwischen 10,0 und 14,3 % aller ehemaligen Sonderschülerinnen ein Lehr- oder Anlernverhältnis beginnen konnten.

Bei Überlegungen zur Errichtung von schulkompensatorischen und berufsvorbereitenden Bildungsmaßnahmen für Lernbehinderte und -gestörte sollte das Problem der weiblichen Jungarbeiter mitbedacht werden. Hier sind auch Maßnahmen zu ergreifen, die über die Gruppe der lernbehinderten und -gestörten Jugendlichen hinausgehen, um die speziellen sozialisationsbedingten Probleme hinsichtlich der Mädchen ohne Berufsausbildung trotz Hauptschulabschluß anzugehen. Immerhin waren 1970 65,1 %, also fast zwei Drittel aller Jungarbeiter weiblichen Geschlechts.

4.24 Das Problem der Arbeitsplatzfluktuation

Naturgemäß ist die Quote der Arbeitsplatzwechsel unter den Jungarbeitern relativ hoch, da sie ja in keinem sie bindenden Vertragsverhältnis stehen. So ergab die Untersuchung der die zitierten drei Jahrgänge von Essener Jungarbeitern umfassenden Erhebung von D. v. Laak, daß - je nach schulischer Vorbildung - zwischen 60,8 % und 89,1 aller Jungarbeiter in der Oberstufe der Berufsschule mindestens einmal den Arbeitsplatz gewechselt haben.[101] Nimmt man einmal nur die Oberstufenberufsschüler unter den Jungarbeitern, so ergeben sich hinsichtlich der Abgangsschulart und -klasse folgende Anteile von Jugendlichen, die während ihrer bisherigen Berufsschulzeit einmal oder öfter den Arbeitsplatz gewechselt haben:

	Abgangsklassen			
	7./8. V	5./6. V	Hi A.k.	Hi übrige
Häufigkeit des Arbeitsplatzwechsels: 1 x	46,8%	28,9%	31,7%	19,6%
2 x	19,8%	18,4%	10,9%	15,7%
3 x	15,3%	2,6%	13,4%	9,8%
öfter	7,2%	15,8%	13,4%	15,7%
insgesamt	89,1%	65,7%	69,4%	60,8%

<u>Abkürzungen</u>: V = Volksschule
Hi = Hilfsschule; A.k. = Abschlußklasse

Die Jungarbeiter, die aus den beiden letzten Volksschulklassen entlassen wurden, wechselten also insgesamt zu fast 90 % wenigstens einmal ihren Arbeitsplatz im Laufe ihrer dreijährigen Berufsschulpflicht. Sie sind wohl unter subjektiver Berücksichtigung ihres "Bildungsniveaus" am unzufriedensten mit den Bedingungen, unter denen sie als Ungelernte zumeist arbeiten müssen. Die Abgänger aus den niedrigeren Volksschulklassen und aus der Hilfsschule lagen bezüglich ihres Anteils an Arbeitsplatzwechslern in einer angenähert gemeinsamen Größenordnung und wiesen immerhin noch etwa zwei Drittel Arbeitsplatzwechsler auf. Auffallend ist der hohe Anteil dieser beiden Gruppen an Jugendlichen, die öfter als dreimal ihren Arbeitsplatz wechselten. In diesen Zahlen drückt sich wohl die völlige Unfähigkeit zu sinnvoller Anpassung aus, der ein Teil dieser Jugendlichen unterliegt. Diese Disposition ist besonders bei Abgängern aus niedrigen Volks- bzw. Hauptschul- und ebensolchen Hilfs- bzw. Sonderschulklassen zu beobachten.

4.25 Zusammenfassung

Aus den dargelegten Zahlen und Angaben ergibt sich:

1. Das Problem der großen Anzahl von Jungarbeitern ist bei den Jungen überwiegend ein Lernbehinderten- und Lerngestörtenproblem; bei den Mädchen hingegen sind darüber hinaus auch spezifische Sozialisationsfaktoren, unabhängig von der schulischen Vorbildung, als Ursache zur Aufnahme einer ungelernten Tätigkeit heranzuziehen. In jedem Fall aber kann gesagt werden, daß Lernbehinderte und -gestörte in ihren Berufsmöglichkeiten weitgehend auf den Bereich der ungelernten Tätigkeiten angewiesen sind.

2. Eine große Anzahl von Jungarbeitern hat ein abgebrochenes Ausbildungsverhältnis hinter sich. Sie ist anteilsmäßig umso größer anzunehmen, je "höher" die schulische Vorbildung ist.

3. Die Gruppe der Jungarbeiter weist eine hohe Arbeitsplatzfluktuationsquote auf. Es kann angenommen werden, daß eine Minderheit von bis zu 10 - 15 %, besonders unter den Jugendlichen mit "niedrigem" schulischem

Vorbildungsstand, wegen völliger Unfähigkeit zu sinnvoller Anpassung als nahezu permanente Arbeitsplatzwechsler einzustufen sind.

5. Der sozialpolitische, volkswirtschaftliche und staatsbürgerliche Aspekt des Problems der Lernbehinderten und -gestörten

Oberstes Ziel aller sozialpolitischen Bemühungen muß es sein, Gleichheit der Lebenschancen in dem Sinne zu erreichen, daß jedem einzelnen die ihm angemessene Möglichkeit optimaler individueller Entwicklung gegeben wird. Dies bezieht sich vor allem auf den Bereich der Bildung, u.z. auf den der allgemeinen wie beruflichen Bildung gleichermaßen.

Erforderlich wäre demnach ein Bildungssystem, das dem Prinzip der Individualisierung und Differenzierung folgt und dies mit einer möglichst günstigen Lehrer-Schüler-Relation realisieren kann. Das Schulwesen der Bundesrepublik ist jedoch, wie wir wissen, erst im Aufbruch dahin begriffen. Auf der anderen Seite werden die leistungsmäßigen Mindestanforderungen, die an die zukünftigen Berufstätigen gestellt werden, immer höher. Die Leistungsanforderungen der Schule, dem Rechnung tragend, wurden und werden angehoben: Die Mindestschulpflichtzeit wurde von 8 auf 9 Jahre verlängert, die Anhebung auf 10 Jahre steht ins Haus. Die inhaltlichen Anforderungen sind gewachsen und werden wachsen.

Hier noch längst nicht optimale äußere Voraussetzungen, dort ständige an Lehrer wie Schüler gerichtete Anhebung der Leistungsanforderungen: in dieser widersprüchlichen Situation bleibt mancher Schüler auf der Strecke, kommt den gesellschaftlichen und familiären Erwartungen im Hinblick auf die Schulleistungen nicht mehr nach, scheitert, wird zum "drop-out". Natürlich kann nicht für jeden Fall von Lernbehinderung und -störung das Bildungssystem bzw. die von ihm geschaffenen und in ihm vorhandenen Bedingungen verantwortlich gemacht werden; die Tatsache, daß viele Lernstörungen zunächst nur in familiären oder sozialen Umweltfaktoren ihre Ursache haben oder auch entwicklungsbedingt sind, ist ja bereits aufgewiesen worden. Häufig genug werden solche Lernstörungen jedoch mit der Zeit zu sekundären Lernbehinderungen, weil die Schule nicht in der Lage ist, sich flexibel und individuell auf eine momentan eingetretene Lernbeeinträchtigung einzustellen.

Von dieser Voraussetzung der Schaffung von Chancengleichheit ausgehend, muß eine spezielle Förderungsmöglichkeit von schulisch als lernbehindert oder -gestört einzustufenden Jugendlichen im Anschluß an den Besuch der Haupt- oder Sonderschule geschaffen werden. Jugendliche, die aufgrund ihrer mental-intellektuellen Voraussetzungen eigentlich ein Ausbildungsverhältnis eingehen könnten, aber aufgrund von Verhaltensstörungen, Konzentrationsschwächen und mangelhaftem Fertigkeitenniveau im Hinblick auf die Beherrschung von Kulturtechniken im direkten Anschluß an ihre Schulzeit lediglich für ungelernte Tätigkeiten oder maximal für Anlernberufe infragekommen, muß die Möglichkeit eingeräumt werden, in besonderen Einrichtungen die Ausbildungsreife nachträglich zu erwerben.

Dies setzt jedoch die Erfüllung dreier Bedingungen hinsichtlich der Arbeit solcher Einrichtungen voraus: Zum einen dürfen keine unangemessen hohen Kosten entstehen (finanziell-ökonomische Bedingung); zweitens darf es sich hinsichtlich der Förderungsinhalte und -methoden nicht um eine bloße Fortsetzung der Schulzeit handeln (didaktisch-methodische Bedingung); und drittens muß der angestrebte Erfolg für einen Großteil der betroffenen Zielgruppe auch erreichbar sein (Effektivitätsbedingung). Im folgenden Kapitel sollen bestehende Einrichtungen, die in einer solchen Richtung arbeiten, u.a. auf diese Bedingungen hin untersucht werden.

Die Frage nach der Angemessenheit der Kosten für solche Maßnahmen ist natürlich nur sehr schwer exakt zu beantworten. In jedem Fall muß dabei berücksichtigt werden, daß es volkswirtschaftlich sicher teurer kommt, die lernbehinderten und -gestörten Jugendlichen sich selbst, dem Arbeitsamt und dem freien Arbeitsmarkt zu überlassen als ihnen Hilfestellungen zu geben, die ihr berufliches Qualifizierungsniveau grundlegend steigern. Sicher wird unsere Volkswirtschaft auch weiterhin eine Reihe von Arbeitskräften benötigen, die einfachere Anlernberufe ausüben. Ebenso sicher ist jedoch auch, daß eine technologisch hochentwickelte und stark arbeitsteilige Volkswirtschaft, die dem einzelnen Arbeitnehmer ein Höchstmaß an Selbständigkeit und Zuverlässigkeit abfordert, sich auf die Dauer die Existenz einer relativ großen Gruppe von in diesem Sinne Funktionsuntüchtigen nicht leisten kann.

Nicht zuletzt bilden Lernbehinderte und -gestörte, die als ungelernte Arbeitskräfte eingesetzt werden bzw. werden müssen, einen ständigen arbeitsmarktpolitischen Risikofaktor. Sie gehören zu potentiellen Arbeitslosen der ersten Stunde, d.h. bei leichten Konjunkturschwankungen geraten ihre Arbeitsplätze am ehesten in Gefahr. Diese Erfahrung vor allem aus den Rezessionsjahren 1966/67 und die zunehmend sinkende Bereitschaft der Betriebe, die Belastung einer Anstellung und Einarbeitung von Lernbehinderten und -gestörten in ungelernten Tätigkeiten auf sich zu nehmen, haben den Gesetzgeber und die BA dazu veranlaßt, Berufsvorbereitungseinrichtungen für diese Jugendlichen zu ermöglichen und zu finanzieren.[102]

Schließlich sollte man auch berücksichtigen, welcher Zündstoff im Lernbehinderten- und Lerngestörtenproblem hinsichtlich der allerseits immer stärker geforderten Erziehung zum mündigen Staats- und Wirtschaftsbürger enthalten ist. Bedenkt man das beschriebene Fertigkeiten- und kognitive Fähigkeitenniveau der Mehrheit dieser Jugendlichen[103], so erscheint - auf diese Gruppe bezogen - das beschworene Bild eines in Staat und Wirtschaft mitverantwortlichen und mitbestimmenden Bürgers kaum zu verwirklichen, wenn man die Jugendlichen mit dem Zeitpunkt ihrer Schulentlassung sich selbst, den überforderten Betrieben und den Teilzeitberufsschulen überläßt, die kaum echt kompensatorisch wirksam werden können.

Vergegenwärtigt man sich, daß alle diese Jugendlichen drei Jahre nach ihrer Entlassung aus Haupt- und Sonderschulen wahlberechtigt und aufgerufen sind, politische Programme abzuwägen und allgemein bedeutsame Grundsatzentscheidungen mitzufällen, so liegt der Gedanke nahe, ob hier nicht das Grundrecht auf Entscheidungsfreiheit und freie Meinungsäußerung für eine bildungsmäßig determinierte Minderheit in unserer Gesellschaftsordnung indirekt dadurch eingeschränkt wird, daß der betroffene Personenkreis gar nicht das nötige kognitive Rüstzeug mitbekommt, das zur Wahrnehmung dieses Grundrechts Voraussetzung ist. Der Gedanke mag in dieser Form etwas überpointiert klingen; er entbehrt gleichwohl keineswegs einer sachlichen Grundlage.

Das soziale Verantwortungsgefühl aller mit diesem Problemfeld befaßten Beteiligten ist angesprochen, Möglichkeiten der Hilfe für diesen Personenkreis zu entwerfen und entwickeln, gleich ob sie nun als Praktiker in dem Bereich der allgemeinen und beruflichen Bildung oder in der Verwaltung und Legislative stehen. Das Problem ist nicht neu und sollte nun endlich gründlich angepackt werden.

T A B E L L E N T E I L

(Tabellen 1-23)

Quellenangaben zu den Tabellen 1 - 23 (S. 72 ff):

Tabellen 1 - 7:
Statistisches Bundesamt (Hg.), Fachserie A: Bevölkerung und Kultur. Reihe 10 (Bildungswesen), I. Allgemeinbildende Schulen. Stuttgart - Mainz 1964 - 1972.

Tabellen 8 - 10:
Statistisches Landesamt Nordrhein-Westfalen (Hg.), Beiträge zur Statistik des Landes Nordrhein-Westfalen. Heft 259 und 274: Das Bildungswesen in Nordrhein-Westfalen 1969 und 1970, Teil 1: Allgemeinbildende Schulen, Düsseldorf 1970 und 1971.
Die noch unveröffentlichten Zahlen für 1971 und 1972 sind mir von der statistischen Abteilung des nordrhein-westfälischen Kultusministeriums zur Verfügung gestellt worden.

Tabellen 11 - 15:
Ständige Konferenz der Kultusminister der Länder der Bundesrepublik Deutschland (Hg.), Vierter Bericht der Arbeitsgruppe Bedarfsfeststellung: I. Vorausberechnung der Schüler- und Absolventenzahlen 1970 bis 1985 (vervielfältigt), März 1972 (Dokumentation Nr. 34).

Tabellen 16 - 18:
Statistisches Bundesamt (Hg.), Fachserie A: Bevölkerung und Kultur. Reihe 10 (Bildungswesen), II. Berufsbildende Schulen. Stuttgart - Mainz 1967 - 1973.

Tabellen 19 - 23:
Statistisches Bundesamt (Hg.), Fachserie A: Bevölkerung und Kultur. Reihe 6 (Erwerbstätigkeit), Sonderbeitrag: Berufsnachwuchs - Übergänge aus Schulen in das Erwerbsleben 1958 bis 1965. Stuttgart - Mainz 1970.

Tabelle 1 : Abgänger aus Sonderschulen und Sonderschulklassen an Volksschulen: Prozentualer Anteil der Lernbehinderten an der Gesamtzahl der Sonderschüler (insgesamt)

	Abgänge aus allen Sonderschularten nach Beendigung d. Vollzeitschulpflicht einschl. d. Sonderschulkl. an Volkssch.	darunter:		Gesamtzahl der Abgänger von Sonderschulen f. Lernbeh. und Sonderschulklassen an Volksschulen	
		Abgänge aus d. Sonderschule f. Lernbeh.[f]	Abgänge aus Sonderschulklassen an Volksschulen[g]	abs.	% (Sp. 1 = 100 %)
	1	2	3	4	5
1956[h]	20.258	15.403	---	15.403	76,0
1957	18.780	14.694	---	14.694	78,2
1958	18.473	14.216	---	14.216	77,0
1959	16.491	13.191	---	13.191	80,0
1960	16.508	13.292	---	13.292	80,5
1961	19.105	15.589	---	15.589	81,6
1962	20.334	16.789	496	17.285	85,0
1963	23.551	19.170	865	20.035	85,1
1964	25.695	20.866	1.028	21.894	85,2
1965	27.400	22.188	968	23.156	84,5
1966	28.655	23.812	751	24.563	85,7
66/67[a]	7.940	6.319	456	6.775	85,3
1967	28.539	24.205	435	24.639	86,3
1968[i]	29.593	25.511	254	25.765	87,1
1969	29.610	25.410	162	25.572	86,4
1970[b]	33.244	27.091	---	27.091	81,5

Anmerkungen siehe S. 95.

Tabelle 2 : Abgänger aus Sonderschulen und Sonderschulklassen an Volksschulen: Prozentualer Anteil der Lernbehinderten an der Gesamtzahl der Sonderschüler (Mädchen)

	Abgänge aus allen Sonderschularten nach Beendigung der Vollzeitschulpflicht einschl. d. Sonderschulkl. an Volkssch. (insgesamt)	davon Mädchen		darunter Lernbeh.			Prozentualer Anteil der Lernbehinderten an den aus allen Sonderschularten entlassenen Mädchen (Spalte 2 = 100%)
		abs.	proz. (Sp.1 =100%)	insgesamt	davon Mädchen abs.	davon Mädchen proz. (Sp.4 =100%)	
	1	2	3	4	5	6	7
1956[h]	20.258	7.856	38,8	15.403	6.063	39,4	77,2
1957	18.780	7.299	38,9	14.694	5.851	39,8	80,2
1958	18.473	7.391	40,0	14.216	5.799	40,8	78,5
1959	16.491	6.539	39,7	13.191	5.300	40,2	81,1
1960	16.508	6.512	39,4	13.292	5.326	40,1	81,8
1961	19.105	7.719	40,4	15.589	6.360	40,8	82,4
1962	20.334	8.268	40,7	16.789	6.859	40,9	83,0
1963	23.551	9.402	39,9	20.035	8.070	40,3	85,5
1964	25.695	10.437	40,6	21.894	8.993	41,1	86,2
1965	27.400	11.102	40,5	23.156	9.564	41,3	86,2
1966	28.655	11.650	40,7	24.563	10.179	41,5	87,4
66/67[a]	7.940	3.156	39,8	6.775	2.771	40,9	87,8
1967	28.539	11.594	40,6	24.639	10.191	41,4	87,9
1968[i]	29.593	12.011	40,6	25.765	10.619	41,2	88,4
1969	29.610	11.880	40,1	25.572	10.381	40,6	87,4
1970[b]	33.244	13.565	40,8	27.091	11.232	41,5	82,8

Tabelle 3 : Anteil der Volks- bzw. Hauptschulabgänger mit und ohne Abschlußzeugnis (insgesamt) an der Gesamtzahl der Entlassenen aus Volks- und Hauptschule

	Schulentlassungen aus Volks- bzw. Hauptschulen nach Beendigung der Vollzeitschulpflicht		d a r u n t e r :			
			mit Abschlußzeugnis d. Volks- bzw. Hauptsch.		mit Abgangszeugnis	
	abs.	%	abs.	%	abs.	%
1963	514.052	100	420.295	81,8	93.757	18,2
1964	517.911	100	423.755	81,8	94.156	18,2
1965	509.590	100	413.291	81,1	96.299	18,9
1966	479.118	100	386.851	80,7	92.267	19,3
66/67[a]	90.914	100	70.073	77,1	20.841	22,9
1967	462.024	100	371.395	80,4	90.629	19,6
1968[c]	234.350	100	187.450	80,0	46.900	20,0
1969[d]	317.614	100	248.068	78,1	69.546	21,9
1970[e]	413.970	100	324.143	78,3	89.827	21,7

Anmerkungen siehe S. 95.

<u>Tabelle 4</u> : Anteil der Volks- bzw. Hauptschulabgänger mit und ohne Abschlußzeugnis an der Gesamtzahl der Entlassenen aus Volks- bzw. Hauptschule (geschlechtsspezifisch)

		Schulentlassungen aus Volks- bzw. Hauptschulen nach Beendigung der Vollzeitschulpflicht (m = männlich, w = weiblich)		d a r u n t e r :			
				mit Abschlußzeugnis d. Volks- bzw. Hauptsch.		mit Abgangszeugnis	
		abs.	%	abs.	%	abs.	%
63	m	258.176	100	206.553	80,0	51.623	20,0
	w	255.876	100	213.742	83,5	42.134	16,5
64	m	260.471	100	208.983	80,2	51.488	19,8
	w	257.440	100	214.772	83,4	42.668	16,6
65	m	257.074	100	203.986	79,4	53.088	20,6
	w	252.516	100	209.305	82,9	43.211	17,1
66	m	242.141	100	191.599	79,1	50.542	20,9
	w	236.977	100	195.252	82,4	41.725	17,6
66/67	m[a]	48.930	100	37.355	76,3	11.575	23,7
	w[a]	41.984	100	32.718	77,9	9.266	22,1
67	m	232.677	100	183.195	78,7	49.482	21,3
	w	229.347	100	188.200	82,1	41.147	17,9
68[c]	m	118.146	100	92.096	78,0	26.050	22,0
	w	116.204	100	95.354	82,1	20.850	17,9
69[d]	m	160.380	100	122.254	76,2	38.126	23,8
	w	157.234	100	125.814	80,0	31.420	20,0
70[e]	m	211.250	100	163.038	77,2	48.212	22,8
	w	202.720	100	161.105	79,5	41.615	20,5

Tabelle 5 : Anteil der "Lernbehinderten und -gestörten" an der Gesamtheit der aus Volks- bzw. Haupt- und Sonderschulen für Lernbehinderte entlassenen Jugendlichen (insgesamt)

	Schulentlassungen nach Beendigung der Vollzeitschulpflicht aus Volks- bzw. Hauptschulen und Sonderschulen für Lernbehinderte		d a r u n t e r :				Summe der Abgänger aus Volks- bzw. Hauptschulen, aus Sondersch. f. Lernbeh. u. Sondersch. klassen an Volksschulen	
			Volks- bzw. Hauptschulabgänger ohne Abschlußzeugnis		Abgänger aus Sonderschulen f. Lernbehinderte u. Sondersch.kl. an Vsch.			
	abs.	%	abs.	%	abs.	%	abs.	%
1963	534.087	100	93.757	17,6	20.035	3,8	113.792	21,3
1964	539.805	100	94.156	17,4	21.894	4,1	116.050	21,5
1965	532.746	100	96.299	18,1	23.156	4,4	119.455	22,5
1966	503.681	100	92.267	18,3	24.563	4,9	116.830	23,2
66/67[a]	97.689	100	20.841	21,3	6.775	6,9	27.616	28,3
1967	486.663	100	90.629	18,6	24.639	5,1	115.268	23,7
1968[c]	245.499	100	46.900	19,1	11.149	4,5	58.049	23,7
1969[d]	342.181	100	69.546	20,3	24.567	7,2	94.113	27,5
1970[e]	440.520	100	89.827	20,4	26.550	6,0	116.377	26,4

Anmerkungen siehe S. 95.

<u>Tabelle 6</u> : Anteil der "Lernbehinderten und -gestörten" an der Gesamtheit der aus Volks- bzw. Haupt- und Sonderschulen für Lernbehinderte entlassenen Jugendlichen (nach Geschlechtern differenziert)

		Schulentlassungen nach Beendigung der Schulpflicht aus Volks- bzw. Hauptschulen sowie Sonderschulen für Lernbehinderte		d a r u n t e r :				Summe der Abgänger aus Volks- bzw. Hauptschulen, aus Sondersch. f. Lernbeh. u. Sondersch.-klassen an Volksschulen	
				Volks- bzw. Hauptschulabgänger ohne Abschlußzeugnis		Abgänger aus Sondersch. f. Lernbehinderte u. Sondersch.kl. an Vo.sch.			
		abs.	%	abs.	%	abs.	%	abs.	%
63	m	270.141	100	51.623	19,1	11.965	4,4	63.588	23,5
	w	263.946	100	42.134	16,0	8.070	3,1	50.204	19,0
64	m	273.372	100	51.488	18,8	12.901	4,7	64.389	23,6
	w	266.433	100	42.668	16,0	8.993	3,4	51.661	19,4
65	m	270.666	100	53.088	19,6	13.592	5,0	66.680	24,6
	w	262.080	100	43.211	16,5	9.564	3,7	52.775	20,1
66	m	256.525	100	50.542	19,7	14.384	5,6	64.926	25,3
	w	247.156	100	41.725	16,9	10.179	4,1	51.904	21,0
66/67	m[a]	52.934	100	11.575	21,9	4.004	7,6	15.579	29,4
	w[a]	44.755	100	9.266	20,7	2.771	6,2	12.037	26,9
67	m	247.125	100	49.482	20,0	14.448	5,9	63.930	25,9
	w	239.538	100	41.147	17,2	10.191	4,3	51.338	21,4
68[c]	m	124.686	100	26.050	20,9	6.540	5,3	32.590	26,1
	w	120.813	100	20.850	17,3	4.609	3,8	25.459	21,1
69[d]	m	174.976	100	38.126	21,8	14.596	8,3	52.722	30,1
	w	167.205	100	31.420	18,8	9.971	6,0	41.391	24,8
70[e]	m	226.789	100	48.212	21,3	15.539	6,9	63.751	28,1
	w	213.731	100	41.615	19,5	11.011	5,2	52.626	24,6

Tabelle 7 : Gesamtzahl der Schüler des 9. Schuljahres aller Schularten im Verhältnis zu der Gesamtzahl der Lernbehinderten und -gestörten (differenziert nach i = insgesamt und w = weiblich)[j]

		Schüler des 9. Schuljahres an Mittel-bzw. Realschulen[1]	Schüler des 9. Schuljahres an Gymnasien[1]	Schulentlassene nach Beendigung der 9-jährigen Schulpflicht aus allen Sonderschularten zusammen	Schulentlassene nach Beendigung der 9-jährigen Schulpflicht aus Volks- bzw. Hauptschulen	Summe aller Schüler eines Schuljahrgangs am Ende des 9. Schuljahres (Summe aus Sp. 1-4)	Anteil der schulentlassenen Lernbehinderten u. -gestörten an der Gesamtzahl der Schüler des 9.Schuljahres aller Schularten	
							abs.	%
		1	2	3	4	5	6	7
1969[d]	i	123.928	134.546	28.190	354.511	641.175	94.113	14,7
	w	64.513	59.141	11.317	175.634	310.605	41.391	13,3
1970[e]	i	136.220	149.325	32.651	413.970	732.166	116.377	15,9
	w	71.381	66.617	13.317	202.720	354.035	52.626	14,9

Anmerkungen siehe S. 95 f.

Tabelle 8 : Anteil der Volks- bzw. Hauptschulabgänger ohne Abschlußzeugnis an der Gesamtzahl der Entlassenen aus Volks- bzw. Hauptschulen in Nordrhein-Westfalen

	Entlassungen aus öffentlichen und privaten Hauptschulen nach Erfüllung der 9-jährigen Schulpflicht	Entlassungen aus noch nicht in die Neuordnung einbezogenen Volksschulen nach Erfüllung der 9-jährigen Schulpflicht	Entlassungen aus der Aufbauklasse (10. Klasse)	Summe der Entlassungen aus Haupt- u.Volksschulen nach Erfüllung der mindestens 9-jährigen Schulpflicht		d a v o n entlassen mit Abgangszeugnis	
				abs.	%	abs.	%
1969	107.017	4.949	---	111.966	100	26.722	23,9
1970	121.274	3.945	---	125.219	100	31.354	25,0
1971	121.818	2.298	3.334	127.330	100	33.954	26,7
1972	124.382	1.681	11.853	137.916	100	34.757	25,2

Tabelle 9 : Anteil der "Lernbehinderten und -gestörten" an der Gesamtheit der aus Volks- bzw. Haupt- und Sonderschulen für Lernbehinderte entlassenen Jugendlichen in Nordrhein-Westfalen

	Entlassungen aus Haupt- bzw. Volks- und Sonderschulen nach Erfüllung der mindestens 9-jährigen Schulpflicht		darunter:				Gesamtheit der Lernbehinderten und -gestörten (Summe der Spalten 3 und 5)	
			Abgänger aus Haupt- bzw. Volksschulen ohne Abschluß		Abgänger aus Sonderschulen für Lernbehinderte			
	abs.	%	abs.	%	abs.	%	abs.	%
	1	2	3	4	5	6	7	8
1969	122.167	100	26.722	21,9	10.201	8,4	36.923	30,2
1970	136.678	100	31.354	22,9	11.459	8,4	42.813	31,3
1971	139.612	100	33.954	24,3	12.282	8,8	46.236	33,1
1972	151.352	100	34.757	23,0	13.436	8,9	48.193	31,8

Tabelle 10 : Abgänger aus Volks- bzw. Hauptschulen nach Erfüllung der Pflichtschulzeit ohne Abschluß in Nordrhein-Westfalen, nach Abgangsklassen differenziert

	Abgänger aus Volks- bzw. Hauptschulen ohne Abschluß insgesamt	Zahl der Abgänger aus den einzelnen Abgangsklassen:											
		5.Klasse		6. Klasse		7. Klasse		8.Klasse		9.KKlasse		o.J.	
		abs.	%	abs.	%	abs.	%	abs.	%	abs.	%	abs.	%
1970	31.354	555	1,8	2.792	8,9	8.530	27,2	17.126	54,6	2.409	7,7	42	0,1
1971	33.954	486	1,4	2.998	8,8	9.186	27,1	16.764	49,4	4.455	13,1	65	0,2
1972	34.757	381	1,1	3.661	10,5	9.713	28,0	16.175	46,5	4.712	13,6	115	0,3

Tabelle 11 : Prognose der Kultusministerkonferenz hinsichtlich der Zahl der Abgänger aus Sonderschulen (insgesamt) bis 1985, nach Bundesländern differenziert (Basis: 1970 als Ist-Wert)

	Bundesgebiet	Baden-Württemberg	Bayern	Berlin	Bremen	Hamburg	Hessen	Niedersachsen	Nordrhein-Westfalen	Rheinland-Pfalz	Saarland	Schleswig-Holstein
1970	33.859	4.737	2.937	1.380	497	1.169	2.239	3.926	12.669	1.431	841	2.033
1971	36.800	5.500	3.700	1.400	530	1.200	2.800	3.900	13.100	1.600	790	2.300
1972	39.600	6.300	4.300	1.600	550	1.300	3.100	4.200	13.300	1.700	730	2.500
1973	43.400	7.000	5.000	1.800	570	1.300	3.500	4.500	14.300	2.000	700	2.700
1974	46.800	7.800	5.300	1.900	580	1.300	3.900	4.800	15.300	2.300	800	2.800
1975	49.200	8.500	6.000	1.800	590	1.400	3.600	5.000	16.300	2.200	800	3.000
1976	50.500	9.200	6.800	1.800	590	1.400	3.400	5.000	16.300	2.000	700	3.100
1977	52.100	9.200	7.000	1.800	580	1.400	4.300	5.300	16.500	2.200	700	3.200
1978	54.100	9.100	7.500	1.800	570	1.400	5.300	5.600	16.400	2.500	600	3.300
1979	53.500	9.100	7.500	1.800	540	1.400	5.300	5.700	16.300	2.100	600	3.200
1980	52.100	8.900	7.300	1.700	520	1.400	4.200	6.000	16.200	2.100	600	3.200
1981	52.500	8.800	7.300	1.700	500	1.400	4.000	6.300	16.200	2.600	600	3.100
1982	52.400	8.600	7.200	1.700	480	1.300	4.000	6.300	16.200	2.900	600	3.100
1983	51.900	8.400	7.000	1.700	470	1.300	3.900	6.300	16.200	3.000	600	3.000
1984	51.300	8.400	6.900	1.600	450	1.200	3.700	6.300	16.300	2.900	600	2.900
1985	50.300	8.300	6.700	1.600	440	1.100	3.500	6.000	16.300	2.900	600	2.900

<u>Tabelle 12</u> : Prognose der Kultusministerkonferenz über die Zahl der Abgänger aus Hauptschulen ohne Abschlußzeugnis (insgesamt) bis 1985 (Basis: 1970 als Ist-Wert)

	Hauptschulabgänger insgesamt		davon ohne Abschlußzeugnis:		
	abs.	Entwicklung in % (1970=100%)	abs.	in % (Sp.1=100%)	Entwicklung in % (1970=100%)
	1	2	3	4	5
1970	421.282	100	88.988	21,1	100
1971	431.700	105	86.600	20,1	97
1972	441.800	107	84.200	19,1	95
1973	449.900	109	81.900	18,2	92
1974	440.400	107	80.000	18,2	90
1975	388.500	94	74.200	19,1	83
1976	399.700	97	78.500	19,6	88
1977	453.200	110	83.200	18,4	94
1978	469.000	114	83.100	17,7	93
1979	465.400	113	80.500	17,3	90
1980	454.200	110	78.400	17,3	88
1981	446.900	108	74.900	16,8	84
1982	433.600	105	71.300	16,4	80
1983	408.200	99	67.700	16,6	76
1984	382.400	93	64.800	16,9	73
1985	360.700	88	62.600	17,4	70

<u>Tabelle 13</u> : Prognose der Kultusministerkonferenz über die Zahl der Abgänger aus Hauptschulen mit Abschlußzeugnis (insgesamt) bis 1985, nach Bundesländern differenziert (Basis: 1970 als Ist-Wert)

	Bundesgebiet	Baden-Württemberg	Bayern	Berlin	Bremen	Hamburg	Hessen	Niedersachsen	Nordrhein-Westfalen	Rheinland-Pfalz	Saarland	Schleswig-Holstein
1970	332.294	56.252	60.657	4.209	3.496	7.062	17.339	39.875	93.865	28.700	8.960	11.879
1971	345.100	57.600	63.200	4.200	3.410	5.900	20.100	40.000	101.100	29.200	8.900	11.500
1972	357.600	60.900	68.400	4.800	3.410	5.800	20.500	43.000	101.500	28.800	9.100	11.400
1973	368.000	61.900	70.100	5.200	3.610	5.900	19.400	44.100	106.500	30.100	8.900	12.300
1974	360.400	59.600	71.100	4.900	4.000	6.100	20.000	45.000	101.800	28.500	6.400	13.000
1975	314.300	41.400	71.300	5.100	2.500	6.800	14.800	60.000	72.800	21.500	6.600	11.500
1976	321.200	53.000	71.000	5.400	2.980	8.000	14.900	50.000	77.200	20.400	7.900	10.400
1977	370.000	60.300	75.900	5.600	3.760	7.400	19.800	56.000	100.700	27.600	8.300	12.600
1978	385.900	61.000	72.200	5.400	3.920	6.900	19.800	56.000	111.500	27.400	8.400	13.400
1979	384.900	61.300	73.800	5.400	3.990	6.300	19.600	53.500	112.100	27.300	7.800	13.800
1980	375.800	61.000	72.600	5.500	4.030	6.300	18.700	53.500	106.900	25.900	7.500	13.900
1981	372.000	60.000	72.000	5.500	4.120	6.400	18.200	53.000	106.800	24.800	7.300	13.900
1982	362.300	59.400	70.600	5.400	4.040	6.200	17.500	51.500	103.600	23.500	6.800	13.800
1983	340.500	56.500	67.700	5.400	3.780	5.700	16.500	45.000	98.100	22.100	6.400	13.300
1984	317.600	52.400	63.900	5.300	3.420	4.900	15.100	42.500	91.600	20.700	5.400	12.400
1984	298.100	53.000	59.400	5.300	3.130	4.300	13.600	38.000	86.100	19.000	5.000	11.300

Tabelle 14 : Prognose der Kultusministerkonferenz über die Zahl der Abgänger aus Hauptschulen ohne Abschlußzeugnis (insgesamt) bis 1985, nach Bundesländern differenziert (Basis: 1970 als Ist-Wert)

	Bundesgebiet	Baden-Württemberg	Bayern	Berlin	Bremen	Hamburg	Hessen	Niedersachsen	Nordrhein-Westfalen	Rheinland-Pfalz	Saarland	Schleswig-Holstein
1970	88.988	8.487	9.245	2.377	778	1.721	5.336	15.402	31.354	8.154	2.218	3.916
1971	86.600	8.500	8.100	2.350	700	1.700	6.300	15.800	29.100	8.000	2.200	3.800
1972	84.200	8.800	7.800	2.300	750	1.700	6.500	14.800	27.600	7.900	2.200	3.800
1973	81.900	8.900	7.500	2.300	610	1.800	6.100	13.200	27.800	7.400	2.200	4.100
1974	80.000	8.600	7.100	2.550	530	1.900	6.300	12.200	28.500	6.400	1.600	4.300
1975	74.200	6.000	6.700	2.600	650	2.100	4.700	10.000	29.600	6.300	1.700	3.800
1976	78.500	8.200	6.300	2.600	730	2.000	4.700	10.000	31.400	7.200	2.000	3.400
1977	83.200	9.300	5.800	2.600	750	1.800	6.200	10.000	32.900	7.500	2.100	4.200
1978	83.100	9.400	5.700	2.650	750	1.500	6.300	10.000	32.800	7.400	2.100	4.500
1979	80.500	9.600	5.100	2.650	770	1.500	6.200	9.000	32.000	7.100	2.000	4.600
1980	78.400	9.600	5.000	2.700	770	1.500	5.900	9.000	30.700	6.700	1.900	4.600
1981	74.900	9.600	4.700	2.700	730	1.500	5.700	8.000	29.300	6.300	1.800	4.600
1982	71.300	9.500	4.500	2.650	670	1.200	5.500	7.000	28.100	5.900	1.700	4.600
1983	67.700	9.000	4.400	2.650	610	1.000	5.200	6.000	27.200	5.600	1.600	4.400
1984	64.800	8.400	4.300	2.600	570	900	4.800	6.000	26.600	5.200	1.300	4.100
1985	62.600	8.400	4.300	2.600	540	900	4.300	5.000	26.500	5.000	1.300	3.800

Tabelle 15 : Prognose der Kultusministerkonferenz über die Zahl der "Lernbehinderten und -gestörten" (insgesamt) bis 1985 (Basis: 1970 als Ist-Wert)[m]

	Abgänger aus allen Sonderschularten zusammen	d a v o n: Abgänger aus Sonderschulen f. Lernbeh.	Hauptschulabgänger ohne Abschlußzeugnis	Abgänger aus Haupt- und Sonderschulen f. Lernbeh. zusammen		Lernbehinderte und -gestörte zusammen	
				abs.	%	abs.	%
1971	36.800	29.440	86.600	461.140	100	116.040	25,2
1972	39.600	31.680	84.200	473.480	100	115.880	24,5
1973	43.400	34.720	81.900	484.620	100	116.620	24,1
1974	46.800	37.440	80.000	477.840	100	117.440	24,6
1975	49.200	39.360	74.200	427.860	100	113.560	26,6
1976	50.500	40.400	78.500	440.100	100	118.900	27,0
1977	52.100	41.680	83.200	494.880	100	124.880	25,2
1978	54.100	43.280	83.100	512.280	100	126.380	24,7
1979	53.500	42.800	80.500	508.200	100	123.300	24,3
1980	52.100	41.680	78.400	495.880	100	120.080	24,2
1981	52.500	42.000	74.900	488.900	100	116.900	23,9
1982	52.400	41.920	71.300	475.520	100	113.220	23,8
1983	51.900	41.520	67.700	449.720	100	109.220	24,3
1984	51.300	41.040	64.800	423.440	100	105.840	25,0
1985	50.300	40.240	62.600	400.940	100	102.840	25,7

Anmerkungen siehe S. 95 f.

Tabelle 16 : Schüler an Berufsschulen (insgesamt), nach Berufsgruppen differenziert

	insgesamt	Lehr- und Anlernlinge		Jungangestellte		Mithelfende Familienangehörige		Ungelernte Arbeiter		Berufs- und Arbeitslose		Summe der Jungarbeiter	
		abs.	%	abs.	%	abs.	%	abs.	%	abs.	%	abs.	%
1958°	2.009.017	1.556.769	77,5	-ⁿ	-	92.843	4,6	299.312	14,9	60.093	3,0	452.248	22,5
1959	1.830.187	1.449.914	79,2	-ⁿ	-	80.610	4,4	265.120	14,5	34.543	1,9	380.273	20,8
1960	1.661.911	1.340.866	80,7	11.597	0,7	63.168	3,8	223.769	13,4	23.511	1,4	321.045	19,3
1961ᵖ	-	-	-	-	-	-	-	-	-	-	-	-	-
1962	1.614.035	1.315.281	81,6	12.950	0,8	65.105	4,0	199.125	12,3	21.574	1,3	296.754	18,4
1963	1.699.002	1.377.029	81,1	15.417	0,9	71.623	4,2	212.604	12,5	22.329	1,3	321.973	18,9
1964	1.741.889	1.417.561	81,4	17.104	1,0	68.700	3,9	217.691	12,5	20.833	1,2	324.328	18,6
1965	1.780.044	1.450.168	81,5	18.762	1,0	63.866	3,6	229.002	12,9	18.246	1,0	329.876	18,5
1966	1.747.444	1.438.079	82,3	19.649	1,1	54.111	3,1	215.467	12,3	20.138	1,2	309.365	17,6
1967	1.780.205	1.489.017	83,6	18.275	1,0	42.027	2,4	202.521	11,4	28.365	1,6	291.188	16,4
1968	1.754.765	1.484.802	84,6	15.947	0,9	32.365	1,9	197.018	11,2	24.663	1,4	269.963	15,4
1969	1.631.920	1.387.437	85,1	17.133	1,0	20.944	1,3	186.129	11,4	20.277	1,2	244.483	14,9
1970	1.593.207	1.360.392	85,4	20.532	1,3	14.651	0,9	179.813	11,3	17.819	1,1	232.815	14,6

Anmerkungen siehe S. 95 f.

Tabelle 17 : Das Verhältnis von männlichen und weiblichen Berufsschülern in den verschiedenen Berufsgruppen (in Prozent)

	insgesamt		Lehr- und Anlernlinge		Jungangestellte		Mithelfende Familienangehörige		Ungelernte Arbeiter		Berufs- und Arbeitslose		Summe der Jungarbeiter	
	m	w	m	w	m	w	m	w	m	w	m	w	m	w
1958[o]	56,0	44,0	63,5	36,5	-[n]	-	41,0	59,0	29,9	70,1	14,5	85,5	30,2	69,8
1959	55,8	44,2	62,3	37,7	-[n]	-	40,8	59,2	30,5	69,5	15,0	85,0	31,2	68,8
1960	55,9	44,1	62,9	37,1	2,4	97,6	41,0	59,0	30,6	69,4	14,6	85,4	30,4	69,9
1961[p]	--	--	--	--	-	--	--	--	--	--	--	--	--	--
1962	56,2	43,8	62,2	37,8	2,5	97,5	42,0	58,0	29,1	70,9	18,4	81,6	29,6	70,4
1963	55,7	44,3	61,8	38,2	1,9	98,1	41,8	58,2	28,6	71,4	17,7	82,3	29,5	70,5
1964	55,8	44,2	61,9	38,1	2,5	97,5	41,4	58,6	28,7	71,3	16,6	83,4	29,2	70,8
1965	55,9	44,1	61,9	38,1	4,3	95,7	41,8	58,2	29,0	71,0	19,9	80,1	29,6	70,4
1966	56,1	43,9	61,8	38,2	3,6	96,4	40,4	59,6	30,0	70,0	22,4	77,6	29,6	70,4
1967	55,9	44,1	61,0	39,0	5,4	94,6	41,9	58,1	28,9	71,1	30,0	70,0	29,4	70,6
1968	55,9	44,1	60,7	39,3	5,6	94,4	39,6	60,4	30,2	69,8	28,3	71,7	29,7	70,3
1969	56,7	43,3	61,3	38,7	5,5	94,5	37,3	62,7	32,5	67,5	32,1	67,9	31,0	69,0
1970	58,1	41,9	62,6	37,4	4,5	95,5	33,4	66,6	34,7	65,3	31,3	68,7	31,7	68,3

Anmerkungen siehe S. 95 f.

Tabelle 18 : Einmündungen der Abgänger von allgemeinbildenden Schulen ins Erwerbsleben, nach Art der Abgangsschule differenziert (insgesamt) in 1000[9]

		insgesamt	L	davon aus: VS	SS	MS	G	MF	davon aus: VS	SS	UA	davon aus: VS	SS	BAL	davon aus: VS	SS	JA	davon aus: VS	SS
1958	abs.	608	502	383	4	63	52	19	19	--	72	61	11	15	10	5	106	90	16
	%	100	82,5	76,3	0,8	12,5	10,4	3,1	100	--	11,9	84,7	15,3	2,5	66,7	33,3	17,5	84,9	15,1
1959	abs.	531	442	318	3	68	53	15	15	--	61	51	10	13	8	5	89	74	15
	%	100	83,2	71,9	0,7	15,4	12,0	2,8	100	--	11,5	83,6	16,4	2,5	61,5	38,5	16,8	83,1	16,9
1960	abs.	479	400	277	3	65	55	14	14	--	54	44	10	11	7	4	79	65	14
	%	100	83,5	69,3	0,8	16,3	13,6	2,9	100	--	11,3	81,5	18,5	2,3	63,6	36,4	16,5	82,3	17,7
1961	abs.	563	471	349	4	63	55	17	17	--	67	55	12	8	4	4	92	76	16
	%	100	83,7	74,1	0,8	13,4	11,7	3,0	100	--	11,9	82,1	17,9	1,4	50,0	50,0	16,3	82,6	17,4
1962	abs.	528	441	331	4	55	51	16	16	--	61	49	12	10	6	4	87	71	16
	%	100	83,5	75,1	0,9	12,5	11,5	3,0	100	--	11,6	80,3	19,7	1,9	60,0	40,0	16,5	81,6	18,4
1963	abs.	573	470	358	4	64	44	19	19	--	72	59	13	12	6	6	103	84	19
	%	100	82,0	76,2	0,9	13,6	9,3	3,3	100	--	13,6	82,0	18,0	2,1	50,0	50,0	18,0	81,6	18,4
1964	abs.	577	475	362	5	67	41	17	17	--	74	60	14	11	5	6	102	82	20
	%	100	82,3	76,2	1,1	14,1	8,6	3,0	100	--	12,8	81,1	18,9	1,9	45,5	54,5	17,7	80,4	19,6
1965	abs.	565	463	347	6	66	44	17	17	--	76	61	15	9	4	5	102	82	20
	%	100	81,9	74,9	1,3	14,3	9,5	3,0	100	--	13,5	80,3	19,7	1,6	44,4	55,6	18,1	80,4	19,6

Anmerkungen siehe S. 95 f

Tabelle 19 : Einmündungen der Abgänger von allgemeinbildenden Schulen ins Erwerbsleben, nach Art der Abgangsschule differenziert (männlich) in 1000[q]

		insgesamt	L	davon aus:				MF	davon aus:		UA	davon aus:		BAL	davon aus:		JA	davon aus:	
				VS	SS	MS	G		VS	SS		VS	SS		VS	SS		VS	SS
1958	abs.	327	292	226	3	32	31	7	7	--	21	15	6	7	4	3	35	26	9
	%	100	89,3	77,4	1,0	11,0	10,6	2,1	100	--	6,4	71,4	28,6	2,2	57,1	42,9	10,7	74,3	25,7
1959	abs.	289	257	191	2	33	31	6	6	--	20	14	6	6	3	3	32	23	9
	%	100	88,9	74,3	0,8	12,8	12,1	2,1	100	--	6,9	70,0	30,0	2,1	50,0	50,0	11,1	71,9	28,1
1960	abs.	258	231	165	2	31	33	6	6	--	17	11	6	4	2	2	27	19	8
	%	100	89,5	71,4	0,9	13,4	14,3	2,3	100	--	6,6	64,7	35,3	1,6	50,0	50,0	10,5	70,4	29,6
1961	abs.	302	272	205	3	30	34	6	6	--	21	14	7	3	1	2	30	21	9
	%	100	90,0	75,4	1,1	11,0	12,5	2,0	100	--	7,0	66,7	33,3	1,0	33,3	66,7	10,0	70,0	30,0
1962	abs.	283	256	195	3	27	31	6	6	--	19	12	7	2	1	1	27	19	8
	%	100	90,5	76,2	1,2	10,5	12,1	2,1	100	--	6,7	63,2	36,8	0,7	50,0	50,0	9,5	70,4	29,6
1963	abs.	307	274	214	3	31	26	8	8	--	21	13	8	4	1	3	33	22	11
	%	100	89,3	78,1	1,1	11,3	9,5	2,6	100	--	6,8	61,9	38,1	1,3	25,0	75,0	10,7	66,7	33,3
1964	abs.	309	277	216	4	33	24	6	6	--	22	14	8	4	1	3	32	21	11
	%	100	89,6	78,0	1,4	11,9	8,7	2,0	100	--	7,1	63,8	36,4	1,3	25,0	75,0	10,4	65,6	34,4
1965	abs.	303	269	210	4	32	23	7	7	--	25	16	9	2	0	2	34	23	11
	%	100	88,8	78,1	1,5	11,9	8,5	2,3	100	--	8,2	64,0	36,0	0,7	0	100	11,2	67,6	32,4

Anmerkungen siehe S. 95 f.

Tabelle 20 : Einmündungen der Abgänger von allgemeinbildenden Schulen ins Erwerbsleben, nach Art der Abgangsschule differenziert (weiblich) in 1000[q]

		insgesamt	L	davon aus:				MF	davon aus:		UA	davon aus:		BAL	davon aus:		JA	davon aus:	
				VS	SS	MS	G		VS	SS		VS	SS		VS	SS		VS	SS
1958	abs.	281	210	157	1	31	21	12	12	--	51	46	5	8	6	2	71	64	7
	%	100	74,7	74,8	0,5	14,7	10,0	4,3	100	--	18,1	90,2	9,8	2,9	75,0	25,0	25,3	90,1	9,9
1959	abs.	242	185	127	1	35	22	9	9	--	41	37	4	7	5	2	57	51	6
	%	100	76,5	68,7	0,5	18,9	11,9	3,7	100	--	16,9	90,2	9,8	2,9	71,4	28,6	23,5	89,5	10,5
1960	abs.	221	169	112	1	34	22	8	8	--	37	33	4	7	5	2	52	46	6
	%	100	76,5	66,3	0,6	20,1	13,0	3,6	100	--	16,7	89,2	10,8	3,2	71,4	28,6	23,5	88,5	11,5
1961	abs.	261	199	144	1	33	21	11	11	--	46	41	5	5	3	2	62	55	7
	%	100	76,3	72,4	0,5	16,6	10,5	4,2	100	--	17,6	89,1	10,9	1,9	60,0	40,0	23,7	88,7	11,3
1962	abs.	245	185	136	1	28	20	10	10	--	42	37	5	8	5	3	60	52	8
	%	100	75,5	73,5	0,6	15,1	10,8	4,1	100	--	17,1	88,1	11,9	3,3	62,5	37,5	24,5	86,7	13,3
1963	abs.	266	196	144	1	33	18	11	11	--	51	46	5	8	5	3	70	62	8
	%	100	73,7	73,5	0,5	16,8	9,2	4,1	100	--	19,2	90,2	9,8	3,0	62,5	37,5	26,3	88,6	11,4
1964	abs.	268	198	146	1	34	17	11	11	--	52	46	6	7	4	3	70	61	9
	%	100	73,9	73,7	0,5	17,2	8,6	4,1	100	--	19,4	88,5	11,5	2,6	57,2	42,8	26,1	87,1	12,9
1965	abs.	262	194	137	2	34	21	10	10	--	51	45	6	7	4	3	68	59	9
	%	100	74,0	70,6	1,0	17,6	10,8	3,8	100	--	19,5	88,2	11,8	2,7	57,1	42,9	26,0	86,8	13,2

Anmerkungen siehe S. 95 f.

Tabelle 21 : Einmündungen der Abgänger von allgemeinbildenden Schulen ins Erwerbsleben, nach Volksschul-/Sonderschulabgängern differenziert (insgesamt)[K]

		Entlassene aus der Volkssch. (in 1000)						Entlassene aus d. Sondersch. (in 1000)					
		insges.	L	MF	UA	BAL	JA	insges.	L	MF	UA	BAL	JA
1958	abs.	473	383	19	61	10	90	20	4	--	11	5	16
	%	100	81,0	4,0	12,9	2,1	19,0	100	20,0	--	55,0	25,0	80,0
1959	abs.	392	318	15	51	8	74	18	3	--	10	5	15
	%	100	81,1	3,8	13,0	2,1	18,9	100	16,7	--	55,5	27,8	83,3
1960	abs.	342	277	14	44	7	65	17	3	--	10	4	14
	%	100	81,0	4,1	12,9	2,0	19,0	100	17,7	--	58,8	23,5	82,4
1961	abs.	425	349	17	55	4	76	20	4	--	12	4	16
	%	100	82,1	4,0	12,9	1,0	17,9	100	20,0	--	60,0	20,0	80,0
1962	abs.	402	331	16	49	6	71	20	4	--	12	4	16
	%	100	82,3	4,0	12,2	1,5	17,7	100	20,0	--	60,0	20,0	80,0
1963	abs.	442	358	19	59	6	84	23	4	--	13	6	19
	%	100	81,0	4,3	13,3	1,4	19,0	100	17,4	--	56,5	26,1	82,6
1964	abs.	444	362	17	60	5	82	25	5	--	14	6	20
	%	100	81,6	3,8	13,5	1,1	18,5	100	20,0	--	56,0	24,0	80,0
1965	abs.	429	347	17	61	4	82	26	6	--	15	5	20
	%	100	80,9	4,0	14,2	0,9	19,1	100	23,1	--	57,7	19,2	76,9

Anmerkungen siehe S. 95 f.

Tabelle 22 : Einmündungen der Abgänger von allgemeinbildenden Schulen in Erwerbsleben, nach Volksschul-/Sonderschulabgängern differenziert (männlich)k

		Entlassene aus der Volkssch. (in 1000)						Entlassene aus d. Sondersch. (in 1000)					
		insges.	L	MF	UA	BAL	JA	insges.	L	MF	UA	BAL	JA
1958	abs.	252	226	7	15	4	26	12	3	--	6	3	9
	%	100	89,7	2,8	5,9	1,6	10,3	100	25,3	--	50,0	25,0	75,0
1959	abs.	214	191	6	14	3	23	11	2	--	6	3	9
	%	100	89,3	2,8	6,5	1,4	10,8	100	18,2	--	54,5	27,3	81,8
1960	abs.	184	165	6	11	2	19	10	2	--	6	2	8
	%	100	89,7	3,2	6,0	1,1	10,3	100	20,0	--	60,0	20,0	80,0
1961	abs.	226	205	6	14	1	21	12	3	--	7	2	9
	%	100	90,7	2,7	6,2	0,4	9,3	100	25,0	--	58,3	16,7	75,0
1962	abs.	214	195	6	12	1	19	11	3	--	7	1	8
	%	100	91,1	2,8	5,6	0,5	8,9	100	27,3	--	63,6	9,1	72,7
1963	abs.	236	214	8	13	1	22	14	3	--	8	3	11
	%	100	90,7	3,4	5,5	0,4	9,3	100	21,4	--	57,2	21,4	78,6
1964	abs.	237	216	6	14	1	21	15	4	--	8	3	11
	%	100	91,2	2,5	5,9	0,4	8,9	100	26,7	--	53,3	20,0	73,3
1965	abs.	233	210	7	16	0	23	15	4	--	9	2	11
	%	100	90,1	3,0	6,9	0	9,9	100	26,7	--	60,0	13,3	73,3

Anmerkungen siehe S.95 f.

Tabelle 23 : Einmündungen der Abgänger von allgemeinbildenden Schulen ins Erwerbsleben, nach Volksschul-/Sonderschulabgängern differenziert (weiblich)[k]

		Entlassene aus der Volkssch. (in 1000)						Entlassene aus d. Sondersch. (in 1000)					
		insges.	L	MF	UA	BAL	JA	insges.	L	MF	UA	BAL	JA
1958	abs.	221	157	12	46	6	64	8	1	--	5	2	7
	%	100	71,1	4,5	20,8	2,7	29,0	100	12,5	--	62,5	25,0	87,5
1959	abs.	178	127	9	37	5	51	7	1	--	4	2	6
	%	100	71,3	5,1	20,8	2,8	28,7	100	14,3	--	57,1	28,6	85,7
1960	abs.	158	112	8	33	5	46	7	1	--	4	2	6
	%	100	70,9	5,0	20,9	3,2	29,1	100	14,3	--	57,1	28,6	85,7
1961	abs.	199	144	11	41	3	55	8	1	--	5	2	7
	%	100	72,4	5,5	20,6	1,5	27,6	100	12,5	--	62,5	25,0	87,5
1962	abs.	188	136	10	37	5	52	9	1	--	5	3	8
	%	100	72,3	5,3	19,7	2,7	27,7	100	11,1	--	55,6	33,3	88,9
1963	abs.	206	144	11	46	5	62	9	1	--	5	3	8
	%	100	69,9	5,4	22,3	2,4	30,1	100	11,1	--	55,6	33,3	88,9
1964	abs.	207	146	11	46	4	61	10	1	--	6	3	9
	%	100	70,6	5,3	22,2	1,9	29,5	100	10,0	--	60,0	30,0	90,0
1965	abs.	196	137	10	45	4	59	11	2	--	6	3	9
	%	100	69,9	5,1	23,0	2,0	30,1	100	18,2	--	54,5	27,3	81,8

Anmerkungen siehe S. 95 f.

A N M E R K U N G E N

zu den Tabellen 1 - 23

[a] Die Zahlen beziehen sich auf das 1. Kurzschuljahr und sind nur bedingt mit denen anderer Jahre vergleichbar, da sie sich lediglich auf 7 Bundesländer beziehen (Schleswig-Holstein, Bremen, Nordrhein-Westfalen, Hessen, Rheinland-Pfalz, Baden-Württemberg, Saarland).

[b] Die Zahlen für 1970 sind noch unveröffentlicht und wurden mir vom Statistischen Bundesamt übermittelt.

[c] Es fehlen die Zahlen aus Nordrhein-Westfalen, Berlin (West) und Bayern. Von Bayern liegen zwar die Gesamtzahlen aller Schulentlassenen nach Beendigung der Vollzeitschulpflicht vor (insgesamt 80.877), aber ohne Differenzierung in solche mit Abschlußzeugnis und solche mit Abgangszeugnis.

[d] Es fehlen die Zahlen von Rheinland-Pfalz. Auch hier liegt die Zahl aller nach Beendigung der Vollzeitschulpflicht aus der Volks- bzw. Hauptschule Entlassenen vor (insgesamt 36.897), aber ohne weitere Differenzierung.
Darüber hinaus weist Bayern für 1969 Entlassungszahlen auf, die nur rund 5 % der normalen Entlassungsrate ausmachen. (Einführung des 9. Schuljahres).

[e] Vgl. Anmerkung b.
Darüber hinaus fehlen hier die Zahlen des Saarlandes.

[f] Bis 1964 unter der Bezeichnung "Hilfsschule" laufend.

[g] Die Zahlen dieser Rubrik sind in den Statistiken erst ab 1963 ausgewiesen.
Für 1970 ist die Zahl in der Spalte 2 enthalten.

[h] Ohne Saarland.

[i] Ohne Berlin.

[j] Wegen des Fehlens einer Reihe von Zahlen einzelner Länder ist auf die Aufführung der vor 1969 liegenden Jahre verzichtet worden.

[k] Die Abkürzungen bedeuten:
L = Lehr- und Anlernlinge
MF = Mithelfende Familienangehörige
UA = Ungelernte Arbeiter
BAL = Berufs- und Arbeitslose
JA = Jungarbeiter

[l] Da es sich bei den Angaben über die Schüler an Gymnasien nicht um Zahlen von Schulabgängern handelt, beziehen sich diese immer auf den Herbst des Erhebungsjahres (Beispiel: in der Statistik für 1969 sind die Schülerzahlen des Herbstes 1969 enthalten). Die Zahlen der Schulabgänger hingegen erfassen den Frühsommer des entsprechenden Jahres, beziehen sich also auf das vorhergehende Schuljahr. Aus diesem Grunde wurden die Zahlen der Realschüler und Gymnasiasten im 9. Schuljahr des Schuljahres 1968/69 der Statistik für 1968, diejenigen des Schuljahres 1969/70 der Statistik für 1969 entnommen.

[m] Die Zahlen der Abgänger aus Sonderschulen für Lernbehinderte sind in der Prognose der Kultusministerkonferenz nicht enthalten. Sie sind jeweils errechnet worden auf der Basis, daß etwa 80 % eines Jahrgangs von Sonderschülern eine Sonderschule für Lernbehinderte besuchen.

[n] Die Jungangestellten sind für 1958 und 1959 in der Zahl der "ungelernten Arbeiter" enthalten.

[o] In den Zahlen der mithelfenden Familienangehörigen für 1958 fehlen diejenigen für Nordrhein-Westfalen.

[p] Da die Zahlenangaben des Statistischen Bundesamtes für 1961 unvollständig sind, wurden sie hier weggelassen.

[q] Zu einem Teil der Abkürzungen vgl. Anmerkung k.
Außerdem:
VS = Volksschule
SS = Sonderschule
MS = Mittelschule
G = Gymnasium.

II. Bestehende Einrichtungen der Berufsvorbereitung lernbehinderter und -gestörter Jugendlicher. Organisation, Inhalte, Erfahrungswerte.

1. Einrichtungen der Kultusverwaltungen der Bundesländer

1.1 Das Berufsgrundschuljahr für Lernbehinderte

Obwohl das allgemeine Berufsgrundschuljahr (BGJ) in seiner Realisierung noch allenthalben in den Anfängen steckt, gibt es bereits erste Versuche zum Berufsgrundschuljahr für Lernbehinderte. Die Bundesländer Rheinland-Pfalz und Baden-Württemberg sind hier vorangegangen und haben die Errichtung diesbezüglicher Schulversuche 1972 bzw. 1973 eingeleitet. In einer Veröffentlichung des Kultusministeriums von Rheinland-Pfalz heißt es dazu, daß die an solchen Versuchseinrichtungen unterrichtenden Lehrer "(...) bisher sehr positive Erfahrungen mit dem Berufsgrundschuljahr (für Lernbehinderte) gemacht" haben[104]. Genauere Daten hierüber liegen jedoch bislang weder aus diesem noch aus anderen Bundesländern vor.

Man wird aber davon ausgehen können, daß die Erfahrungen, die man macht, nicht die schlechtesten sein werden, allein schon wegen der Begünstigung solcher Versuche durch die Möglichkeit der Auswahl der Jugendlichen seitens der Schule bzw. durch eine automatische Selbstselektion der Schülerschaft, die durch die Freiwilligkeit des Schulbesuches bedingt ist und sich so auswirkt, daß die noch relativ bildungsbewußten Gruppierungen der Elternschaft der lernbehinderten Jugendlichen auf die Möglichkeit eines zusätzlichen Berufsgrundbildungsjahres stärker ansprechen als die eigentlich problematischen und zahlenmäßig größeren bildungsindifferenten Teile dieser Elternschaft.

In Nordrhein-Westfalen laufen erste Versuche zu einer ähnlichen Einrichtung, die gemäß den dort gültigen "Richtlinien zum Berufsgrundschuljahr"[105] unter der Bezeichnung "Vollzeitschuljahr zur Erlangung der Berufsbefähigung" geführt werden. In den Modellversuchen hierzu werden offenbar zwei Konzeptionen parallel zueinander erprobt, nämlich einmal eine Art Berufsgrundschuljahr für Sonderschüler bzw. -schülerinnen in einem Berufsfeld[106] und zum anderen ein berufsfeldübergreifendes Vollzeitschuljahr, das auch Hauptschülern ohne Abschluß sowie Realschülern und Gymnasiasten ohne Hauptschulabschlußqualifikation offensteht[107].

Diese Schulversuche und die Absicht, Berufsgrundschuljahre für Lernbehinderte generell einzurichten, sind sehr zu begrüßen und eigentlich schon seit einigen Jahren überfällig, wenn man sich die aufgezeigten Größenordnungen der Gruppe der Lernbehinderten und -gestörten vor Augen hält. In anderen Bundesländern ist die Einführung einer ähnlichen Einrichtung geplant, so etwa im Saarland, wo laut Empfehlung der Berufsbildungskommission[108] die Einführung eines sog. BGJ-F (Berufsgrundbildungsjahr - Förderzweig) vorgeschlagen wird, ohne daß bislang inhaltliche Details hierzu veröffentlicht worden sind.

Die bestehenden Richtlinien zur Durchführung des Berufsgrundschuljahres sehen in einigen Bundesländern die Integration von Schulabgängern ohne Hauptschulabschluß in die allgemeine Berufsgrundschulförderung vor. Als Beispiel hierfür seien die detaillierten Regelungen des Landes Schleswig-Holstein genannt, welche die Einrichtung von über das normale Unterrichtsprogramm hinausgehenden zusätzlichen Förderkursen in Deutsch, Mathematik und Sachkunde vorsehen, die speziell für Berufsgrundschüler ohne Hauptschulabschluß gedacht sind und seiner Erlangung dienen sollen. Offenbar ist dabei geplant, das erfolgreiche Absolvieren dieser Förderkurse, die 6 Wochenstunden umfassen sollen, mit der automatischen Zuerkennung des Hauptschulabschlusses zu verbinden.

Dieser Aspekt der Zuerkennung der Hauptschulabschlußqualifikation ist einer der neuralgischen Punkte in der Berufsgrundschulkonzeption für Lernbehinderte. So wird etwa in Nordrhein-Westfalen in einem mir bekannten Modellversuch zum Berufsgrundschuljahr für weibliche Lernbehinderte der Versuch gemacht, einen Teil der teilnehmenden Mädchen auf die externe Volksschulabschlußprüfung vorzubereiten. In anderen Einrichtungen ähnlicher Art im selben Bundesland geht man davon aus, daß Absolventen eines Vollzeitschuljahres, die einen gut ausreichenden theoretischen Leistungsstand erreichen, anschließend das "normale" BGJ mitmachen und dort laut Richtlinien bei erfolgreichem Besuch "einen dem Hauptschulabschluß gleichwertigen Abschluß"[109] erreichen können. Ganz gleich, welche überhaupt denkbare Lösung man favorisiert: die Frage des Hauptschulabschlusses muß, wenn das Bildungsangebot für Lernbehinderte und -gestörte attraktiv sein soll, in einer klaren und befriedigenden Form geregelt werden.

Die gesamte Entwicklung im Bereich des Berufsgrundschuljahres für Lernbehinderte leidet - wie in der Bundesrepublik stets bei Fragen der Bildungsreform - unter der föderalistisch bedingten Konzeptions- und Begriffsvielfalt. Will man die curriculare Forschung auf dem Gebiet der Berufsbildung für Lernbehinderte und -gestörte in der nächsten Zeit die nötigen Schritte weiterbringen, so müßte hier eine bundeseinheitliche Bestimmung der Zielgruppe und der inhaltlichen Rahmenkonzeption erfolgen.

Bisher werden aus den Richtlinien der einzelnen Bundesländer zur Berufsgrundbildung von Lernbehinderten und - soweit diese überhaupt hier mit einbezogen werden - der Lerngestörten zwei verschiedene mögliche Konzeptionen deutlich. Zum einen besteht, wie dies etwa in der beschriebenen Form in Schleswig-Holstein der Fall ist, die Intention, Lernbehinderte und -gestörte, die von allgemeinbildenden Schulen abgehen, in das "normale" Berufsgrundschulwesen zu integrieren und mit Stütz- und Förderkursen ein für diesen Kreis zusätzliches Bildungsangebot im Rahmen des BGJ zu schaffen. Die andere Konzeption, wie sie etwa in Rheinland-Pfalz, Baden-Württemberg und auch in Nordrhein-Westfalen verfolgt wird, geht von der Notwendigkeit von Sondereinrichtungen für diesen Personenkreis aus und sieht die Errichtung von eigenen Berufsgrundschuljahren für Lernbehinderte und -gestörte vor.

Im folgenden sollen Vor- und Nachteile dieser beiden Konzeptionen gegenübergestellt werden:[110]

1. Die Integration der Lernbehinderten und -gestörten in das allgemeine BGJ

   a) Vorteile:

   - Die Errichtung von speziellen BGJ für Lernbehinderte entfiele, dadurch Kostenersparnis.
   - Die Isolierung und Abkapselung der Lernbehinderten durch ihre Zusammenfassung in Sondereinrichtungen wäre im beruflichen Bildungssektor beseitigt.
   - Der Lernbehinderte kann in einem Jahr den Hauptschulabschluß erwerben und zugleich eine berufliche Grundlagenausbildung in Vorwegnahme des 1. Ausbildungsjahres machen und verliert dadurch keine Zeit gegenüber Jugendlichen mit Hauptschulabschluß.

   b) Nachteile:

   - Der Unterricht des BGJ kann nicht immer auf die speziellen didaktischen und methodischen Erfordernisse der Förderung Lernbehinderter Rücksicht nehmen.
   - Die überwiegende Mehrzahl der Lernbehinderten ist hoffnungslos darin überfordert, in Förderkursen von einigen wenigen Wochenstunden ihre enormen schulischen Defizite aufzuholen, selbst wenn man nur die grundlegenden Basisfertigkeiten in Rechnen, Raumlehre und Deutsch in Rechnung stellen würde.
   - Die meisten Lernbehinderten sind auch mit Hilfe von Förderkursen nicht in der Lage, dem allgemeinen theoretischen und fachtheoretischen Unterricht des "normalen" Förderungsprogramms wegen des mangelnden Unterbaus zu folgen.
   - Die Symptome der Verhaltensstörungen und Lernbehinderungen würden durch den enormen Leistungsdruck und die Überforderung eher potenziert als abgebaut.

2. Die Errichtung von gesonderten Berufsgrundschuljahren für Lernbehinderte und -gestörte

   a) Vorteile:
      - Methodik und Didaktik des Unterrichts können auf den spezifischen Personenkreis der Lernbehinderten zugeschnitten werden.
      - Der allgemeinbildende theoretische Unterricht kann als Hinführung auf das Niveau des Hauptschulabschlusses konzipiert werden.
      - Kann der Status des Hauptschulabschlusses erreicht werden und zugleich Berufsgrundbildung in einer Weise vermittelt werden, daß das BGJ als 1. Ausbildungsjahr anerkannt werden kann, so hat der Jugendliche gegenüber dem Hauptschulabgänger mit Abschluß keine Zeit verloren.

   b) Nachteile:
      - Die Lernbehinderten bleiben unter sich; der notwendige Kontakt mit "normal" Lernfähigen unterbleibt.
      - Für die Mehrheit der Lernbehinderten ist es nicht möglich, in einem Jahr neben einer umfassenden Berufsgrundbildung das Niveau des Hauptschulabschlusses zu erreichen, auch wenn die Gesamtförderung auf die Lernvoraussetzungen dieses Personenkreises ausgerichtet wird.
      - Die Zahl derer, die den Hauptschulabschluß auch hier nicht schaffen, würde von beträchtlicher Größenordnung sein und wiederum die Errichtung von Einrichtungen nötig machen, die solche im BGJ gescheiterte Jugendliche auffangen und zur theoretisch wie praktisch fundierten Ausbildungsreife bringen.

Aus dem letztgenannten Punkt ergibt sich, daß keiner der beiden Lösungsansätze den Notwendigkeiten einer Verbindung von schulkompensatorischer und werkpraktischer Förderung von schulentlassenen Lernbehinderten und -gestörten gerecht wird, solange die Frage des dafür nötigen Zeitaufwandes nicht mitreflektiert wird. Denn nach den Erfahrungen, die besonders in den nachfolgend beschriebenen Einrichtungen der BA seit deren Bestehen gemacht worden sind, stellt es eine starke Überforderung für die Mehrzahl der betroffenen Jugendlichen dar, sich Kenntnisse und Fertigkeiten aus mehreren Schuljahren auf 1 Jahr komprimiert anzueignen. Es ist ja nicht so, daß lediglich ein bestimmtes Quantum an Unterrichtsstoff angeboten werden muß, um Lernbehinderte und -gestörte an das "normale" Hauptschulabschlußniveau heranzuführen; vielmehr hängt es sehr von dem Wie dieses Vorgangs, also den äußeren Umständen der Lernsituation ab, ob eine weitgehende Kompensierung der Lernstörungen und -behinderungen erreicht werden kann.

Ein weiterer Nachteil der bisherigen Planungen besteht in der eindimensionalen Berufsfeldkonzeption der Berufsgrundbildungsjahre im allgemeinen und demjenigen für Lernbehinderte im besonderen. Eines der Probleme des Übergangs von der Schule in den Beruf besteht ja in dem Mangel gerade der Lernbehinderten und -gestörten an fundierten Kenntnissen über Berufsmöglichkeiten und Berufsbilder. Nicht zuletzt liegt hier einer der Gründe für die Vielzahl von Jugendlichen, die ein Ausbildungsverhältnis abbrechen. Nun legt zwar die Förderung in einem BGJ einen Jugendlichen auf kein spezielles Berufsbild fest, engt seinen Gesichtskreis aber erheblich ein, indem es ihm lediglich den Einblick und die aktive Betätigung in einem von vielen Berufsfeldern ermöglicht. Eine die Berufswahl stark determinierende Entscheidung ist damit für den Jugendlichen bereits vor Eintritt in ein BGJ gefallen, zu einem Zeitpunkt also, wo besonders der Lernbehinderte in der Regel nicht nur zur Aufnahme eines Berufes, sondern auch zur Entscheidung für einen solchen selbst bei intensiver Beratung völlig überfordert ist. Dies soll nicht heißen, daß auch die Wahl des Berufsfeldes immer zur Überforderung führen muß, aber ein problematischer Punkt in der Konzeption des BGJ besonders für Lernbehinderte und -gestörte bleibt es doch.

Ein Vorzug der bisherigen BGJ-Konzeptionen ist es zweifellos, daß sie von einer Wechselbeziehung zwischen theoretischem und praktischem Unterricht ausgehen. Gerade für Lernbehinderte und -gestörte kann der Weg zur Kompensation schulisch-theoretischer Schwächen - wie bereits dargelegt - zumeist nur über die Freilegung verschütteten Motivationspotentials mittels manuell-praktischer Betätigung und der Beschäftigung mit fachtheoretischen Grundlagen gefunden werden.

1.2 Das 10. Sonderschuljahr zur Vermittlung des Hauptschulabschlusses

Einige Versuche, besonders befähigte Sonderschüler in einem 10. Sonderschuljahr zum Hauptschulabschluß zu führen, laufen seit Beginn des Schuljahres 1973/74 in Nordrhein-Westfalen. Detaillierte Pläne zu den Inhalten liegen seitens des Kultusministeriums noch nicht vor. Aus den genehmigten Stoffverteilungsplänen einer der Schulen, die an dem Versuch beteiligt sind[111], geht jedoch hervor, daß sich die Lernziele des Unterrichts an denjenigen der 9. Klasse Hauptschule, Leistungsgruppe B, orientieren, daß der zeitliche Ablauf und der Aufwand für einzelne Lernabschnitte aber gegenüber demjenigen der Hauptschule stark modifiziert wurden.[112] Darüber hinaus wurden Kürzungen am Lernzielkatalog der 9. Klasse Hauptschule auch sinnvollerweise dort vorgenommen, wo die lebenspraktische Bedeutung des Lernabschnitts in Zweifel steht (Beispiel: Logarithmen im Fach Mathematik).

Über den Erfolg dieses erst vor einigen Monaten in Angriff genommenen Schulversuches läßt sich jetzt naturgemäß noch nichts sagen. Seine Würdigung muß jedoch den Aspekt mit einbeziehen, daß hier schulische Lücken von enormem Ausmaß zwar mit sonderpädagogischen Verfahrensweisen gefüllt werden sollen, daß aber die therapeutische Wechselbeziehung zwischen theoretischem und praktischem Lernen ebenso wegfällt wie der psychische Stabilisierungseffekt, den die praktische und theoretische Grundbildung in einem oder mehreren Berufsfeldern mit sich bringen kann. Trotz dieser Bedenken ist der Versuch aber insgesamt begrüßenswert und sollte unbedingt weitergeführt werden. Jede Maßnahme, die den Lernbehinderten und -gestörten die Möglichkeit einer Statusverbesserung und der Kompensation ihrer Bildungslücken eröffnet, muß zu einem Zeitpunkt, da eben kaum solche Chancen geboten werden, als Schritt nach vorne angesehen werden.

Von einem Schulversuch in Berlin, der als 10. Klasse einer Sonderschule konzipiert ist, aber Theorie und Praxis in seinem Programm verbindet, liegt ein Bericht von zwei dort mitarbeitenden Pädagogen publiziert vor.[113] Der dort unterrichtete Fächerkatalog umfaßt in der allgemeinbildenden Abteilung Physik, Chemie, Rechnen, Geometrie, Sozial- und Gesellschaftskunde (+ Berufskunde), Englisch und Sport bzw. Musik. Die fachtheoretische Förderung geschieht in den Fächern Fachrechnen, Fachzeichnen, Fachkunde, Berufskunde sowie Verkehrs- und Kfz-Unterricht. Daneben sind bei einer gesamten Wochenstundenzahl von 33 noch 8 Stunden Werken (Holz, Metall, Industrienähen) vorgesehen.

Aus dem Bericht geht die Existenz und Durchführung eines wohldurchdachten Programms und Konzepts hervor, das alle gruppendynamischen sowie lern- und verhaltenspsychologischen Momente einer kompensatorischen Förderung, ja eines durchaus notwendigen "Trainingsprogramms" im Hinblick auf die Belange der zukünftigen Bewährung der Jugendlichen im Beruf berücksichtigt. Auch bei diesem Versuch erwies sich, daß eine einjährige Schulungszeit für viele Jugendliche das Erreichen der gesteckten Ziele noch nicht möglich macht, daß vielmehr zwei Jahre dafür angesetzt werden müssen[114]. Aufgrund der bisherigen Erfolge dieses Versuches wird einem Teil seiner Absolventen seit 1973 die Hauptschulabschlußqualifikation zuerkannt.

2. Einrichtungen der Arbeitsverwaltung (finanziert durch die Bundesanstalt für Arbeit)

2.1 Das Arbeitsförderungsgesetz (AFG)

Mit dem Arbeitsförderungsgesetz (AFG) vom 25. Juli 1969[115] ist die Aufgabenstellung der vormaligen Bundesanstalt für Arbeitsvermittlung und Arbeitslosenversicherung und nunmehrigen Bundesanstalt für Arbeit (BA) erheblich erweitert worden. Durch das AFG erhielt die BA u.a. zwei neue Aufgabenbereiche, die in § 3 des Gesetzes mit "Förderung der beruflichen Bildung" und "Arbeits- und Berufsförderung Behinderter (berufliche Rehabilitation)" umschrieben werden. § 33 ermöglicht der BA die Durchführung von Maßnahmen zur Förderung u.a. der beruflichen Ausbildung in eigener Regie oder in Zusammenarbeit mit anderen Trägern; darüber hinaus wird auch die Möglichkeit eingeräumt, anderen Trägern die Durchführung allein zu überlassen.

2.11 Die individuelle Förderung

Die BA wird in § 39 ermächtigt, "durch Anordnung das Nähere über Voraussetzungen, Art und Umfang der Förderung der beruflichen Bildung" zu bestimmen[116]. Gemäß solchen Anordnungen erfolgt die Förderung auf zwei verschiedenen Ebenen: Zum einen kann dem einzelnen Jugendlichen, der an einer Förderungsmaßnahme teilnimmt, individuelle finanzielle Förderung gewährt werden, die sogenannte "Berufsausbildungsbeihilfe"; sie soll die Kosten der beruflichen Förderung, die dem Jugendlichen durch Teilnahme an einer Förderungseinrichtung entstehen würden, voll decken, soweit das Einkommen der Erziehungsberechtigten nicht den relativ hoch bemessenen Freibetrag übersteigt. Zum anderen kann der Träger der Förderungseinrichtung im Rahmen der "institutionellen Förderung" finanzielle Mittel für Investitionen erhalten, die im Zusammenhang mit seinen Schulungsmaßnahmen stehen.

Die Verordnung der Bundesanstalt, durch welche die individuelle Förderung geregelt wird[117], umschreibt die Zielsetzung der

Förderung als Prophylaxe hinsichtlich "der Gefahr häufiger Arbeitslosigkeit, unterwertiger Beschäftigung oder eines Mangels an Arbeitskräften" sowie der Sicherung und Verbesserung der "berufliche(n) Beweglichkeit der Erwerbstätigen".[118] Paragraph 7 der Anordnung fordert die Zweckmäßigkeit der Förderung wie der (nach Ablauf der Förderung) angestrebten Berufstätigkeit. Letzteres ist nach dem Text der Anordnung gewährleistet, "wenn

1. nicht nach Abschluß der Ausbildung mit baldigem Berufswechsel gerechnet werden muß,
2. eine ausreichende berufliche Beweglichkeit erwartet werden kann."[119]

Für die Teilnahme an den 1972 beendeten Lehrgängen etwa zahlte die BA an Berufsausbildungsbeihilfe 33,4 Mill. DM; ein Jahr vorher waren es noch 22 Mill. DM[120]. Diese Summen "setzen sich aus Lehrgangskosten und Kosten für die Heimunterbringung bei Internatsmaßnahmen zusammen."[121] Die durchschnittlichen Kosten pro Tag und Lehrgangsteilnehmer betrugen dabei 1972 bei Internatsmaßnahmen 25,25 DM (Vorjahr: 21,30 DM), bei offenen Lehrgängen 11,60 DM (Vorjahr: 9,80 DM).[122]

2.12 Die institutionelle Förderung

Zuschüsse und Darlehen zum Bau von Werkstätten und Schulungsgebäuden für Einrichtungen der beruflichen Förderung nach Maßgabe des AFG werden im Rahmen der "institutionellen Förderung" geregelt. Während durch die individuelle Förderung zwar auch Lehrgänge finanziert werden[123], diese Förderung aber personengebunden, d.h. dem Lehrgangsteilnehmer ausbezahlt wird, betrifft die institutionelle Förderung die Träger der Förderungsmaßnahmen. U.a. können damit "bereits bestehende sowie neu zu errichtende, notwendige (...) überbetriebliche Lehrwerkstätten, sonstige Einrichtungen der überbetrieblichen Berufsausbildung sowie Einrichtungen, die Grundausbildungs- und Förderungslehrgänge und andere berufsvorbereitende Maßnahmen durchführen (...)" bezuschußt bzw. mit Darlehen versehen werden[124].

Als mögliche Träger solcher Einrichtungen nennt die Verordnung u.a. Kammern, Innungen, Arbeitgeber- und Arbeitnehmerorganisationen, Zweckgemeinschaften von Unternehmen und Unternehmensorganisationen, Gemeinden, Verbände der freien Wohlfahrtspflege, Stiftungen, Vereine etc.[125] Ein Rechtsanspruch auf Förderung wird ausgeschlossen (§ 4, Abs. 1); als Voraussetzung für Gewährung der Förderung wird "ein besonderes arbeitsmarkt- oder bildungspolitisches Interesse" hinsichtlich der zu fördernden Einrichtungen gefordert[126]

2.13 Die Rehabilitation Behinderter

Das AFG sieht in § 56 ff die Einrichtung von Maßnahmen vor, die "zur beruflichen Eingliederung der Behinderten" geeignet und erforderlich sind, "um die Erwerbsfähigkeit zu erhalten, zu bessern oder herzustellen." Dies betrifft die "körperlich, geistig und seelisch Behinderten" und diejenigen, "denen eine solche Behinderung droht".

Die entsprechende Anordnung des Verwaltungsrates der BA[127] präzisiert dies dahingehend, daß unter Behinderten im Sinne des Gesetzes Personen zu verstehen sind, "deren Aussichten, beruflich eingegliedert zu werden oder zu bleiben, infolge der Behinderung nicht nur vorübergehend wesentlich gemindert sind und die deshalb besonderer Hilfen bedürfen." (§ 2, Abs. 1) Mit dem Ziel der "Förderung von Einrichtungen der beruflichen Bildung Behinderter" soll angestrebt werden, "ein ausreichendes Angebot an Bildungseinrichtungen zu schaffen, das der Lage und Entwicklung des Arbeitsmarktes und der Berufe gerecht wird und zugleich die besonderen Belange der Behinderten berücksichtigt."[128]

Als mögliche Förderungsmaßnahmen werden u.a. Grundausbildungs- und Förderungslehrgänge sowie "Lehrgänge zur Verbesserung der Eingliederungsmöglichkeiten" genannt (§ 10, Abs. 3-5). Als die für den Personenkreis der echt lernbehinderten Jugendlichen adäquate Einrichtung hat sich in der Praxis der letztgenannte Lehrgang zur Verbesserung der Eingliederungsmöglichkeiten herausgeschält, der Teilnehmern offenstehen soll, "die den

Anforderungen eines anerkannten Ausbildungsberufes nicht und einer Arbeitsaufnahme oder einer Tätigkeit in einer Werkstatt für Behinderte noch nicht gewachsen sind."[129] Die Regelungen für die individuelle Förderung, also die Gewährung von Berufsausbildungsbeihilfe, sowie für die institutionelle Förderung gelten für die Förderung von Behinderten gemäß den oben zitierten gesetzlichen Grundlagen.

2.14 Die Einrichtungen der Arbeitsverwaltung und die Gruppe der schulentlassenen Lernbehinderten und -gestörten

Zusammengefaßt sehen das AFG und die einschlägigen Anordnungen des Verwaltungsrates der BA für den Bereich der Berufsförderung und -vorbereitung von Schulentlassenen, die als noch nicht berufsreif einzustufen sind, folgende zu fördernde Einrichtungen vor:

a) überbetriebliche Lehrwerkstätten
b) Grundausbildungslehrgänge[130]
c) Förderungslehrgänge
d) Lehrgänge zur Verbesserung der Eingliederungsmöglichkeiten.

Von diesen Einrichtungen interessieren im Zusammenhang der Problemstellung der vorliegenden Studie vor allem die beiden letztgenannten, die speziell für die Zielgruppe der Lernbehinderten und -gestörten konzipiert wurden. Aus den mehrjährigen Erfahrungen mit solchen Einrichtungen hat sich in der Arbeitsverwaltung die Praxis herausgebildet, daß in etwa Förderungslehrgänge Jugendliche aus der Gruppe der Lerngestörten aufnehmen und die Lehrgänge zur Verbesserung der Eingliederungsmöglichkeiten den Lernbehinderten offenstehen.
Wie dieser Differenzierung inhaltlich entsprochen wird, soll im folgenden untersucht werden.

2.2 Die Förderungslehrgänge (F-Lehrgänge)

2.21 Organisation und Teilnehmerkreis

Die Förderungslehrgänge der BA sind aufgrund der zuvor ausgebreiteten gesetzlichen Grundlagen errichtet und konzipiert worden und stellen als solches einen Bestandteil der Förderung der Berufsausbildung durch die Bundesanstalt dar. Sie dienen laut Definition der BA dem Ziel, "schulentlassenen Jugendlichen die fehlende Berufsreife zu vermitteln und eine anschließende Ausbildung in einem anerkannten Ausbildungsberuf zu ermöglichen."[131]

In der Praxis haben sich als Zielgruppe der Förderungslehrgänge Schulabgänger aus der Sonderschule (6. - 9. Abgangsklasse) und Hauptschüler ohne Abschluß (6. - 9. Abgangsklasse) herausgebildet. In seltenen Fällen werden auch Hauptschulabgänger mit Abschluß, meist aus Gründen physischer Unter- oder leichter Fehlentwicklung aufgenommen.[132] Der Kreis der Jugendlichen, die in F-Lehrgänge aufgenommen werden, rekrutiert sich also fast ausschließlich aus Lernbehinderten und -gestörten im Sinne der im I. Kapitel vorgenommenen Definition.

In jedem Fall haben alle Jugendlichen die Schulpflicht erfüllt und werden aufgrund ihrer Einstufung "noch nicht berufsreif" durch die Berufsberatung des örtlichen Arbeitsamtes vor dem Einstieg ins Berufsleben an einen Förderungslehrgang verwiesen. Der Lehrgang dauert 1 Jahr, wobei sich der Zeitablauf in etwa an 1 Schuljahr anlehnt. Nach Beendigung des Lehrgangsjahres, in dem - gemäß der Zielsetzung - die Berufsreife überhaupt erst hergestellt oder zumindest gefördert werden soll, wird der Jugendliche, abermals von der Berufsberatung seines Arbeitsamtes begleitet, in ein Arbeitsverhältnis vermittelt; in der Mehrheit der Fälle wird jedoch auf die Einweisung in ein Ausbildungsverhältnis abgezielt.

Über die genaue Differenzierung aller Lehrgangsteilnehmer im Bundesgebiet nach ihrer schulischen Vorbildung existiert kein Zahlenmaterial. Anhaltspunkte zu dieser Frage können jedoch

die Angaben eines großen F-Lehrgangs des Christlichen Jugenddorfwerks Deutschlands (CJD) in Essen liefern, der in den bisherigen 5 Jahren seiner Existenz 931 Jugendliche geschult hat.[133] Die Verteilung dieser Jugendlichen aus 5 Jahrgängen nach Abgangsklassen ergibt folgendes Bild:
643 Jugendliche (= 69,1 %) waren ehemalige Hauptschüler,
285 Jugendliche (= 30,6 %) kamen aus der Sonderschule für Lernbehinderte, die restlichen 3 Jugendlichen (= 0,3 %) hatten ihre Realschul- oder Gymnasialzeit vorzeitig abgebrochen.

Die Abgangsklassen der Hauptschüler in ihrer prozentualen Aufteilung (die Gesamtzahl der Hauptschulabgänger ≙ 100 %):

9. Klasse:	14,6 %
8. Klasse:	47,8 %
7. Klasse:	33,7 %
6. Klasse:	3,9 %

Die Sonderschüler kamen aus (die Gesamtzahl der Sonderschüler ≙ 100 %):

9. Klasse:	90,9 %
8. Klasse:	7,7 %
7. Klasse:	0,7 %
6. Klasse:	0,7 %

Die Schwerpunkte, nämlich die Abgänger aus der 7. und 8. Klasse Hauptschule und diejenigen aus der 9. Klasse Sonderschule für Lernbehinderte, sind deutlich zu erkennen.

Zur Frage der soziologischen Struktur der in F-Lehrgängen zusammengefaßten Klientel existieren keine umfassenden oder völlig repräsentativen Zahlen. Immerhin sind sich die größeren Träger und die Arbeitsverwaltung darin einig, daß ein relativ hoher Anteil an Jugendlichen aus sozialen Brennpunkten und gestörten Familienverhältnissen kommt.

Genauere - wenn auch knapp gehaltene und wenig differenzierte - Angaben hierüber veröffentlichte das CJD in bezug auf die in seinen 10 Lehrgängen des Schuljahres 1972/73 geförderten 1.419 Jugendlichen. Diese Lehrgänge waren verteilt auf die Bundesländer Baden-Württemberg, Rheinland-Pfalz, Nordrhein-Westfalen und Niedersachsen und geben einen guten Einblick in die familiären Hintergründe der Klientel von F-Lehrgängen, zumal das CJD unter den mit der BA zusammenarbeitenden Bildungsträgern derjenige mit der größten Teilnehmerzahl an solchen Lehrgängen ist.[134]

Den Angaben zufolge[135] hatten von den Jugendlichen männlichen Geschlechts 28,08 % die Sonderschule für Lernbehinderte besucht und 71,92 % waren Schulentlassene aus der Hauptschule ohne Abschluß, wobei die Abgangsklassen zwischen der 6. und 9. Klasse lagen. Der Anteil der ehemaligen Sonderschülerinnen[136] betrug 41,48 %, derjenige der Hauptschülerinnen ohne Abschluß 52,52 %. Die Berufsgruppen der Väter der Lehrgangsteilnehmer waren so verteilt:

46,0 %	Facharbeiter
19,5 %	Hilfsarbeiter
19,2 %	Angestellte
5,0 %	Rentner
5,5 %	Selbständige
4,1 %	verstorben
0,7 %	Beruf des Vaters war nicht zu erheben

Von Bedeutung ist die Zusatzbemerkung, daß "49 % aller Lehrgangsteilnehmer (...) aus gestörten Familienverhältnissen (kamen), d.h. ein Elternteil war verstorben oder die Eltern geschieden, oder die Lehrgangsteilnehmer kamen aus Kinderheimen usw."[137] Ergänzend hierzu sei erwähnt, daß etwa in den drei F-Lehrgängen des CJD in Essen, die in den Jahren 1970/71, 1971/72 und 1972/73 mit jeweils zwischen 202 und 205 Teilnehmern (davon zwischen 41 und 42 Mädchen) stattgefunden haben, 10,46 % der Teilnehmer beiderlei Geschlechts Einzelkinder waren, 25,18 % 1 Bruder oder Schwester und 23,69 % 2 Geschwister hatten. Das heißt also, rund zwei Drittel aller dieser Lehrgangsteilnehmer entstammten einer Familie mit mehr als 2 Kindern, rund 40 % kamen gar aus Familien mit mehr als 3 Kindern. 32,35 % aller Teilnehmer hatten zwischen 3 und 5, der Rest in Einzelfällen bis zu 11 Geschwister. Bei solchen Zahlen überrascht es nicht, daß nur 11,6 % aller Mütter der Jugendlichen aus den Lehrgängen des gleichen Zeitraums berufstätig waren.[138]

Es existieren zweierlei Formen der Lehrgangsdurchführung. Die Mehrzahl der Lehrgangsteilnehmer besucht Lehrgänge mit Internat; die Zahl dieser sog. "Internen" betrug im Lehrgangsjahr 1971/72, aus dem die jüngsten bekanntgewordenen Daten über die F-Lehrgänge der BA vorliegen[139], im gesamten Bundesgebiet 2.978 Jugendliche, das sind 60,1 % aller Teilnehmer an Förderungslehrgängen. Die restlichen 39,9 %, mit einem absoluten Zahlenanteil von 1.974 Jugendlichen, wurden extern gefördert, d.h. die Lehrgangsteilnehmer wohnen wie zu Zeiten ihrer Schulpflicht bei ihren Eltern, Angehörigen oder in Kinderheimen und besuchen den F-Lehrgang als Tageseinrichtung.

Die nebenstehende Tabelle 2a verdeutlicht die zahlenmäßige Entwicklung der Förderungslehrgänge seit 1968 und läßt den rapiden Anstieg der Lehrgangs- und Teilnehmerzahlen in diesem Zeitraum erkennen. Erfreulich ist der kontinuierliche Anstieg des prozentualen Anteils der Mädchen an den Lehrgangsteilnehmern. Für sie standen 1971/72 allerdings trotz dieses Trends nur etwa ein Drittel aller Lehrgangsplätze zur Verfügung. Daß der prozentuale Anteil an Internatsplätzen für Jugendliche beiden Geschlechts seit 1969 ständig abnahm, erklärt sich aus dem rapiden Wachstum der Zahl der Lehrgangsplätze insgesamt und aus der Tatsache, daß insbesondere viele kommunale Träger keine sozialpädagogische Betreuung im Rahmen eines Internatsbetriebes gewährleisten können und wollen. Die anfängliche Benachteiligung hinsichtlich der den Mädchen angebotenen internen Lehrgangsplätzen ist seit 1969 behoben und ausgeglichen (Tabelle 3a)[140].

2.22 Die Träger

Zu Beginn des Lehrgangsjahres 1972/73 finanzierte die BA 157 F-Lehrgänge im Bundesgebiet und in Berlin. Diese Lehrgänge wurden von insgesamt 124 Trägern durchgeführt. Dieses Zahlenverhältnis macht die Zersplitterung und Vereinzelung der Lehr-

Tabelle 2a : Förderungslehrgänge der Bundesanstalt für Arbeit und deren Teilnehmer[139]

Lehrgangsjahr		1968/69	1969/70	1970/71	1971/72	72/73[141]
Zahl der Förderungslehrgänge		20	55	88	119	157
Zahl der Teilnehmer insges.		1121	2456	3708	4952	6100
darunter Mädchen	abs.	155	598	1036	1591	--
	%	13,8	24,3	27,9	32,1	--
Zahl der internen Teilnehmer insg.	abs.	614	1698	2311	2978	--
	%	54,8	69,1	62,3	60,1	--

Tabelle 3a : Teilnehmer an Förderungslehrgängen der Bundesanstalt für Arbeit, differenziert nach Geschlechtern und Internen/Externen[139]

Lehrgangsjahr		1968/69	1969/70	1970/71	1971/72
Teilnehmer weiblichen Geschlechts insgesamt		155	598	1036	1591
darunter Interne	abs.	64	429	699	945
	%	41,3	71,8	67,5	59,4
Teilnehmer männlichen Geschlechts insgesamt		966	1858	2672	3361
darunter Interne	abs.	550	1269	1612	2033
	%	57,0	68,3	60,3	60,5

gangskonzeptionen deutlich, eine Folge der vom AFG ausgehenden und von der BA inhaltlich gefüllten Intention, lokale und punktuelle Hilfsmaßnahmen für den betroffenen Kreis von Jugendlichen durchzuführen, ohne daß diese einem Gesamtkonzept unterstellt werden. Zudem bleibt es völlig der Initiative der örtlichen Arbeitsämter, der Landesarbeitsämter und potentieller Trägerorganisationen überlassen, ob, wo, mit welchem Platzangebot und mit welchen Förderungsinhalten ein Lehrgang eröffnet wird.

Lediglich zwei Trägerorganisationen führen mehrere Lehrgänge über die Grenzen eines Bundeslandes hinaus durch. Es sind dies der Internationale Bund für Sozialarbeit (Jugendsozialwerk e.V.)[142], der zu Beginn des Lehrgangsjahres 1973/74 insgesamt 563 Jugendliche in seinen Lehrgängen fördert, und das Christliche Jugenddorfwerk Deutschlands e.V. (CJD)[143], das im Lehrgangsjahr 1972/73 - wie bereits erwähnt - 1.419 Jugendliche in 10 Lehrgängen zusammengefaßt hatte. Als überregional tätige Trägerorganisation kann darüber hinaus noch das Bildungswerk der Deutschen Kolpingsfamilie angesehen werden, wenngleich dort die Betreuung der Lehrgänge nicht einheitlich von einer Zentrale aus erfolgt, sondern nach Diözesanverbänden gegliedert ist. Die übrigen Träger sind in der Regel kommunale Instanzen (Städte, Magistrate, Landkreise), Kammern, berufliche Schulen, Volkshochschulen sowie diverse Verbände sozialer und kirchlicher Provenienz.

Die bisher gehandhabte Praxis der Durchführung von Lehrgängen bringt den einzelnen Trägern in vielerlei Hinsicht einen enormen Spielraum, der so weit gehen kann, daß unter dem gleichen Titel der "Förderungslehrgänge" laufende Einrichtungen signifikant unterschiedliche inhaltliche Zielvorstellungen und Durchführungsmodalitäten zu eigen sein können. So differiert etwa die pädagogische Konzeption der verschiedensten Träger erheblich, ohne daß dem im einzelnen aufgrund der Vielzahl und Verstreutheit an Trägern nachgegangen werden kann. Um dies deutlich zu machen, sei paradigmatisch die Situation der großen Trägerorganisationen in einem Teilbereich beleuchtet. Während diese drei Organisationen, das Jugendsozialwerk, das

CJD und das Kolpings-Bildungswerk alle die Bedeutung der sozialpädagogischen Betreuung im Rahmen der Internatsunterbringung hervorheben, setzt lediglich das CJD diesen Gedanken konsequent in die Praxis um, indem es alle seine Lehrgänge in der von ihm entwickelten "Jugenddorf"-Form, also mit Internatsunterbringung durchführt.[144] Die beiden anderen Träger hingegen fördern einen Teil ihrer Lehrgangsteilnehmer in externen Einrichtungen, wobei man dort durch andere Maßnahmen dieses sozialpädagogische Defizit zu kompensieren sucht, so etwa durch Wochenendseminare mit Lehrgangsteilnehmern und deren Eltern in Ferienheimen der Kolpingsfamilie, wie sie in einzelnen Diözesanverbänden des Kolpingwerkes durchgeführt werden.

2.23 Die Inhalte der werkpraktischen Unterweisung

Die Schulung in F-Lehrgängen erfolgt in der Regel auf den zwei Ebenen der "werkpraktischen" und der "fachtheoretischen (schulischen) Unterweisung". Beide sollten etwa je die Hälfte der für die Förderung zur Verfügung stehenden Zeit in Anspruch nehmen; ein Überwiegen des Fachtheoretischen muß nach den Vorstellungen der BA in jedem Fall vermieden werden. Bei Trägern mit sozialpädagogischer Konzeption und Internatsunterbringung kommt als dritte Ebene die sozialpädagogisch intendierte Freizeitarbeit durch Sozialarbeiter, Sozialpädagogen, Jugendleiter u.ä. hinzu. Dabei wird von der These ausgegangen, daß Lern- und Verhaltensstörungen, denen häufig familienbedingte Sozialisationsschäden als wesentliche Ursache zugrundeliegen, nur dann reparabel werden, wenn der Jugendliche völlig neuen, den Therapiebemühungen adäquaten und deutlich pädagogisch intendierten Sozialisationsbedingungen unterliegt.

Die werkpraktische Förderung folgt in der Regel der Konzeption der Berufsfindung. Das bedeutet, daß keine Ausbildung in einem Berufsfeld, vergleichbar mit dem Konzept des BGJ, erfolgt, sondern dem Jugendlichen die Möglichkeit gegeben wird, in verschiedenen Berufsfeldern Grundfertigkeiten und -kenntnisse zu erwerben und dabei die eigenen Fähigkeiten, Wünsche und beruflichen Zielvorstellungen zu präzisieren und zu überprüfen. Im allgemeinen gibt es zwei Formen der Durchführung dieser Berufsfindung. Bei Lehrgängen mit relativ niedrigen Teilnehmerzahlen werden die Jugendlichen in einem bestimmten Rhythmus in verschiedenen Betrieben unterwiesen, d.h. die werkpraktische Förderung findet außerhalb des eigentlichen Lehrgangs in Betrieben der Umgebung statt. Die andere Möglichkeit, insbesondere von Lehrgängen mit größeren Teilnehmerzahlen durchgeführt, beinhaltet die werkpraktische Schulung in lehrgangseigenen Lehrwerkstätten[145].

Am Beispiel zweier größerer Lehrgänge im Ruhrgebiet sei die mögliche Breite des Berufsfeldangebotes exemplarisch aufgewiesen. Die Teilnehmer des Lehrgangs des Kolping-Bildungswerkes in Bochum, 60 männliche Jugendliche, sind im Lehrgangsjahr 1972/73 in Werkstätten der Fried. Krupp Hüttenwerke AG, Werk Bochum, in folgenden Bereichen unterwiesen worden:[146]

- Schlosserei
- Schmiede
- Schweißerei
- Dreherei
- Elektroabteilung
- Maurerwerkstatt
- Zimmerei
- Schreinerei
- Kfz-Werkstatt
- Stahlbauwerkstatt
- Stahlformgießerei
- Metallschreinerei
- Gärtnerei
- Klempnerei
- Vervielfältigungsbetrieb

Diese Angaben des Trägers entsprechen ungefähr der Einführung in folgende an Industrieproduktionsformen orientierten Berufsfelder:

- Metall/Stahl/Kfz
- Elektro
- Bau

- Holz
- Gärtnerei

Als zweites Beispiel sei der Förderungslehrgang des CJD in Essen aufgeführt, in dem 1972/73 205 Jugendliche, davon 163 männlichen und 42 weiblichen Geschlechts, in eigenen Werkstätten und in folgenden Berufsfeldern unterwiesen wurden:

- Metall
- Holz
- Elektro
- Gartenbau
- Kunsthandwerk
- Malerei und Anstreicherei
- Bürotechnik
- Foto
- Hauswirtschaft
- Textil[147]

Im Falle dieses Essener Lehrgangs bleiben die Jugendlichen 6 Wochen in der Werkstatt eines Berufsfeldes, mit Ausnahme von Foto und Bürotechnik, wo die Unterweisungsperiode je 3 Wochen umfaßt.

2.24 Inhalte und Probleme der theoretischen Schulung

Die Inhalte der schulischen bzw. sogenannten "fachtheoretischen" Förderung in F-Lehrgängen, die in den meisten Lehrgängen in eigenen Unterrichtsräumen und zumeist von nebenberuflichen Lehrkräften durchgeführt wird, sind in den einschlägigen gesetzlichen Bestimmungen nirgendwo auch nur in Form von groben Lernzielangaben erwähnt. Die von der BA und den Landesarbeitsämtern intendierte Praxis hat sich jedoch in der Weise entwickelt, daß der schulischen Förderung die Aufgabe zukommt, das berufliche Qualifizierungsniveau der Jugendlichen anzuheben (wenn möglich auf die Ebene der Ausbildungsreife), die theoretischen Grundlagen für technisches, gewerbliches und kaufmännisches Denken und Handeln herzustellen bzw. zu verbreitern und das Anschlußniveau an die Fachklasse der Berufsschule, welche die Mehrzahl der Jugendlichen nach Lehrgangsende besuchen, im Hinblick auf die Basisfertigkeiten im Bereich der Kulturtechniken herzustellen.

Berücksichtigt man, daß hierfür höchstens 20 Wochenstunden, häufig sogar weniger, zur Verfügung stehen, und bedenkt man ferner, daß schließlich zumindest Lerngestörte, manchmal auch -behinderte den Teilnehmerkreis an F-Lehrgängen ausmachen, so muß die beschriebene Zielintention der theoretischen Schulung als wesentlich zu hoch gegriffen erscheinen. Hinzu kommt, daß diese Ziele nur dann erreicht werden können, wenn allgemeinbildende Grundlagen vor allem in den Fächern Mathematik und Deutsch, aber auch etwa in Gemeinschaftskunde, Geschichte und Physik, freilich mit einem heilpädagogisch-therapeutischen Akzent versehen, gelehrt werden. Zur Finanzierung des "Füllens von schulischen Lücken" sieht sich die BA aber aufgrund der gesetzlichen Bestimmungen und der Tatsache, daß die Finanzierung der Lehrgänge aus Mitteln der Arbeitslosenversicherung bestritten wird, nicht in der Lage. Diese Aufgabe verweist die BA - juristisch augenscheinlich richtig - an die Kultusverwaltungen der Länder, wenngleich sie inzwischen auch einen gewissen Anteil an allgemeinbildenden Fächern im Angebot der schulischen Abteilung eines F-Lehrgangs konzediert.[148]

Eine zusätzliche Erschwernis kommt hinzu: Die örtlichen Berufsberatungen werben häufig für ortsansässige F-Lehrgänge bei Jugendlichen, die zur Schulentlassung ohne Hauptschulabschluß anstehen, mit dem Versprechen, dort könne der Volksschul- bzw. Hauptschulabschluß nachgeholt werden.[149] Darüber hinaus werden die Träger von F-Lehrgängen von den Berufsberatungen häufig dazu gedrängt, möglichst viele Jugendliche zum Hauptschulabschluß zu führen, weil Jugendliche mit Abschluß natürlich eher und wesentlich einfacher als solche ohne Abschluß in Ausbildungsverhältnisse vermittelt werden können.[150]

Diesem Tatbestand haben inzwischen alle großen und viele kleinere Träger Rechnung getragen und bereiten die Jugendlichen im Rahmen der schulischen Unterweisung auf die vom örtlichen Schulamt durchgeführte externe Prüfung ("Fremdenprüfung") zur

Erlangung des Abschlußzeugnisses der Hauptschule[151] vor. So heißt es etwa in einer Broschüre des Kolping-Bildungswerkes über die Durchführung von F-Lehrgängen: "In den letzten Monaten des Lehrgangs wird mit diesen Jugendlichen gezielt auf diese Prüfung hingearbeitet."[152] Ähnliches gilt auch für Lehrgänge des CJD und des Jugendsozialwerkes[153].

Diese Praxis aber, von den Berufsberatungen gefordert und von der ausbildungspolitischen Realität erzwungen, steht in eklatantem Widerspruch zu den Aussagen des Finanziers der Lehrgänge, also der BA. Diese vertritt expressis verbis die Position: "Nachholen des Hauptschulabschlusses kann aus Mitteln der Bundesanstalt <u>nicht</u> gefördert werden!"[154] Dessen ungeachtet lassen sich die meisten Träger Fächerkanon und -inhalte von dem diktieren, was die Bestimmungen zur Durchführung der Hauptschulabschlußprüfung den potentiellen Prüflingen in dem jeweiligen Bundesland abverlangen. Will man einen Querschnitt durch die Prüfungsanforderungen der meisten Länder hinsichtlich der geprüften Fächer ziehen, so ergibt sich folgender Fächerkanon, wie er etwa in den dem CJD zugehörigen F-Lehrgängen über die Ländergrenzen hinweg einheitlich angeboten wird:[155]

- Deutsch (Aufsatzlehre, Spracherziehung, Rechtschreibung)
- Mathematik (Rechnen, Algebra, Geometrie)
- Geschichte
- Gemeinschaftskunde / politische Bildung
- Erdkunde
- Biologie / Gesundheitserziehung
- Physik
- Sport

Dieser Fächerkanon macht deutlich, daß die von der BA hartnäckig verwendete Bezeichnung der "fachtheoretischen" Förderung für diesen Schulungsteil völlig verfehlt ist, da es sich vorwiegend um allgemeinbildende Fächer und Inhalte handelt.

Um die mögliche Variationsbreite zwischen Lehrgängen verschiedener Träger in unterschiedlichen Bundesländern aufzuzeigen, sei der Fächerkanon eines F-Lehrgangs des Jugendsozialwerkes in Saarbrücken aufgeführt:

- Technische Unterweisung
- Berufskunde
- Rechnen
- Wirtschaftskunde/Gemeinschaftskunde
- Fachzeichnen/Fachkunde
- Sport

In diesem Lehrgang wird in Sonderkursen auf das Erreichen des Hauptschulabschlusses hingearbeitet; dort erscheint dann ein ähnliches Fächerangebot wie im ersten Fall.

2.25 Ergebnisse der Lehrgänge

Das bisher einzige Erfolgskriterium der Lehrgänge, das empirisch erfaßbar ist, stellt die Zahl derer dar, die nach Absolvierung eines Lehrgangs in ein Arbeits- oder Ausbildungsverhältnis vermittelt werden können. Doch auch diese Angaben enthalten eine solche Anzahl von Variablen, daß sie keine absolute Aussagekraft haben; man braucht sich nur vor Augen zu führen, daß örtliche Strukturfragen sowie die regionale wie allgemeine Konjunktursituation Einfluß auf das Angebot an Ausbildungsstellen bzw. auf die Bereitschaft der Betriebe, solche bereitzustellen, ausüben können.

Die Tabellen 4a, 5a und 6a beinhalten die Zahlen der Arbeitsstellen- und Berufsausbildungseinmündungen für den Zeitraum von 1968 bis 1972[156]. Sie zeigen, daß zwischen zwei Drittel und drei Viertel, im Schnitt also etwa 70 % aller Lehrgangsteilnehmer im Anschluß an einen F-Lehrgang in eine Berufsausbildung vermittelt werden können: eine stolze Zahl, wenn man zugrundelegt, daß laut BA der Teilnehmerkreis sich aus Jugendlichen zusammensetzt, die zu Beginn des Lehrgangs noch nicht "berufsreif" sind.

Zu fragen ist allerdings, ob - berücksichtigt man Dauer, Bedingungen und Inhalte der Förderung - das Qualifizierungsniveau bei 70 % aller Lehrgangsteilnehmer tatsächlich und substantiell erheblich angehoben und wie dies überhaupt gemessen werden kann. Zum zweiten ist zu klären, ob und inwieweit die nach Besuch eines F-Lehrgangs in ein Ausbildungsverhältnis vermittelten Jugendlichen tatsächlich die für die Gruppe der

<u>Tabelle 4a</u> : Einmündungen der Teilnehmer an Förderungslehrgängen der Bundesanstalt für Arbeit in eine Berufsausbildung[139]

Lehrgangsjahr		1968/69	1969/70	1970/71	1971/72
Zahl der Teilnehmer insgesamt		1121	2456	3708	4952
Davon mündeten in eine Berufsausbildung ein	abs.	762	1797	2815	3512
	%	68,0	73,2	75,9	70,9

Tabelle 5a : Einmündungen der Teilnehmer an Förderungslehrgängen der Bundesanstalt für Arbeit in eine Berufsausbildung, nach Geschlechtern differenziert[139]

Lehrgangsjahr		1968/69	1969/70	1970/71	1971/72
Lehrgangsteilnehmer männlichen Geschlechts insgesamt		966	1858	2672	3361
Davon mündeten in eine Berufsausbildung ein	abs.	676	1443	2218	2622
	%	70,0	72,3	83,0	78,0
Lehrgangsteilnehmer weiblichen Geschlechts insgesamt		155	598	1036	1591
Davon mündeten in eine Berufsausbildung ein	abs.	86	354	597	890
	%	55,5	59,2	57,6	56,0

Tabelle 6a : Einmündungen der Teilnehmer an Förderungslehrgängen der Bundesanstalt für Arbeit in eine Berufsausbildung, nach Internen/Externen differenziert[139]

Lehrgangsjahr		1968/69	1969/70	1970/71	1971/72
Lehrgangsteilnehmer in Internatslehrgängen insgesamt		614	1698	2311	2978
Davon mündeten in eine Berufsausbildung ein	abs.	442	1306	1830	2288
	%	72,0	76,9	79,2	77,0
Lehrgangsteilnehmer in offenen Lehrgängen insgesamt		507	758	1397	1974
Davon mündeten in eine Berufsausbildung ein	abs.	320	491	985	1224
	%	63,1	64,8	70,5	62,0

Lernbehinderten und -gestörten, die keinen Lehrgang besuchen können, spezifischen Symptome hinsichtlich des Verhältnisses zu Beruf und Arbeitsplatz vermissen lassen.

Aus den in Tabelle 5a enthaltenen Angaben wird deutlich, daß das Gefälle zwischen den Berufschancen der Mädchen gegenüber denjenigen der Jungen auch in der Gruppe der Teilnehmer an F-Lehrgängen besteht. Während etwas mehr als drei Viertel aller männlichen Teilnehmer nach dem Lehrgang ein Ausbildungsverhältnis eingehen können, ist dies nur bei gut der Hälfte der Mädchen der Fall.

Die Zahlen der Tabelle 6a können als Bestätigung der These angesehen werden, daß die sozialpädagogische Betreuung der Lehrgangsteilnehmer bei internatsmäßiger Unterbringung dem Jugendlichen eine etwas größere Chance zur Rehabilitation und zur Therapierung seiner Störungen und Behinderungen eröffnet, als dies die Beibehaltung des häuslichen Sozialisationsmilieus gewährleisten kann. Vor einer pauschalen Beurteilung aller Fälle wird man sich freilich hüten müssen; in der Mehrzahl der Fälle läßt sich - zumindest im Sinne des zählbaren Erfolges der Einmündung in eine Berufsausbildung - auch bei der Beibehaltung der bisherigen Wohn- und Lebensverhältnisse des Jugendlichen das Lehrgangsziel im Sinne der Zielvorstellung der BA erreichen.

Der Versuch, durch globale Erhebungen den weiteren Weg der aus den Lehrgängen entlassenen Jugendlichen zu verfolgen und ihre Bewährung im Beruf zu überprüfen, ist bisher nicht unternommen worden. Mir liegen lediglich Zahlen über eine Erhebung eines einzigen F-Lehrgangs, den Teilnehmerkreis eines Lehrgangsjahres betreffend, vor.[157] Immerhin machen die Daten dieses Einzelfalles deutlich, daß die Bemühungen, die vermittels des Auftrages durch das AFG von der BA unternommen wurden und werden, einen Ansatz darstellen, der Möglichkeiten konkreter Verbesserungen der beruflichen Situation Lernbehinderter und -gestörter in sich birgt.[158]

Ganz erstaunliche Zahlen melden die großen Träger hinsichtlich der Jugendlichen, die durch das erfolgreiche Absolvieren der entsprechenden Fremdenprüfung den Hauptschul- bzw. den in Nordrhein-Westfalen noch möglichen Volksschulabschluß erlangen. Es gehen die Erfahrungen des Bildungswerkes der Kolpingsfamilie dahin, "daß etwa ein Drittel der Teilnehmer die Fähigkeiten erlangt, um am Ende eine externe Volksschulabschlußprüfung zu bestehen"[159]. Das CJD gar gibt an, daß die Quote der Jugendlichen, die mit dem Hauptschulabschlußzeugnis den Lehrgang verlassen, in den einzelnen Lehrgängen sich zwischen 45 % und 90,48 % der jeweiligen Teilnehmer bewegt.[160]

Die Aussagekraft solcher Zahlen sollte nicht überbewertet werden. Es müßte erst einmal geklärt werden, inwieweit die theoretischen Fertigkeiten und kognitiven Fähigkeiten der Jugendlichen tatsächlich angehoben wurden und wieviele der erfolgreichen Prüflinge lediglich mit einem gewissen Quantum an Prüfungsstoff "vollgestopft" worden sind und von daher unter den situativen Bedingungen der Prüfung partielle Leistungen erbringen, die mit ihrer tatsächlichen geistig-seelischen und mentalen Leistungsfähigkeit insgesamt nicht übereinstimmen.[161]

Unabhängig von einer solchen Untersuchung, die bisher noch nicht vorgenommen wurde, kann gesagt werden, daß vor allem wohl in der relativ größeren Gruppe der Lerngestörten ein verschüttetes Lern- und Leistungspotential vermutet werden darf, dessen Hebung ein sozialpolitisches und nationalökonomisches Anliegen der gesamten Öffentlichkeit sein sollte. Auch wenn von den genannten Zahlen einige Abstriche zu machen sind, sollte der verbleibende Rest an Aussagekraft genügen, zu weiteren Experimenten, auch losgelöst vom AFG, ermutigt zu werden. Die aufgeführten Daten über die Aufnahme von Ausbildungsverhältnissen und hinsichtlich der beruflichen Bewährung nach Absolvieren eines Lehrgangs sollten einen weiteren Anlaß hierfür bieten.

2.3 Die Lehrgänge zur Verbesserung der Eingliederungsmöglichkeiten (E-Lehrgänge)

Die Lehrgänge zur Verbesserung der Eingliederungsmöglichkeiten, im Sprachgebrauch der Arbeitsverwaltung als E-Lehrgänge bezeichnet, werden in der Regel von Jugendlichen besucht, die leichte physische Beeinträchtigungen, schwerwiegende psychische Störungen (z.B. starke Retardierungserscheinungen) oder erhebliche Intelligenzschwächen aufweisen[162] und aus diesen Gründen theoretisch nur noch minimal gefördert werden können. Die E-Lehrgänge dienen dem Ziel, "schulentlassenen Jugendlichen, die für eine Ausbildung in einem anerkannten Ausbildungsberuf nicht in Betracht kommen, zu befähigen, in eine Arbeitsstelle oder in eine Werkstatt für Behinderte einzumünden."[163]

Der Schwerpunkt der Förderung liegt demzufolge auf praktischem Gebiet. Sie erfolgt in einem bestimmten Berufsfeld, beinhaltet also keine breitgestreute Berufsfindung, wie sie in den F-Lehrgängen vorhanden ist. Vielmehr geht es in einem E-Lehrgang darum, Fertigkeiten eines Berufsfeldes, schrittweise aufgebaut, zu vermitteln, die den Jugendlichen mit Werkzeugen, Maschinen und Materialien eines Berufsfeldes vertraut machen. Mehr zu wollen, würde die meisten Jugendlichen dieser Gruppe überfordern. Die Vermittlung der nötigen fachtheoretischen Kenntnisse, eng auf das entsprechende Berufsfeld begrenzt, gehört zum Förderungsprogramm.

Als Träger solcher Einrichtungen fungieren neben den im Zusammenhang mit den F-Lehrgängen schon erwähnten großen und kleineren Trägern vor allem in Nordrhein-Westfalen auch einige Großbetriebe, die eine Gruppe von meistens etwa 20 Jugendlichen in ihren Lehrwerkstätten in einem E-Lehrgang zusammengefaßt haben und zumeist im Berufsfeld Metall fördern. Besonders im Raum Duisburg hat sich eine Reihe von industriellen Großbetrieben zur Aufnahme einer solchen Gruppe Jugendlicher entschlossen.[164] Nach dem dort zugrundegelegten, von allen Beteiligten erarbeiteten Modell[165] findet pro Woche ein halber Tag theoretischen Unterrichts statt, u.z. in den Fächern Fachkunde, Fachrechnen und Fachzeichnen.

Das Kolping-Bildungswerk Essen als einer der freien Bildungsträger, die E-Lehrgänge durchführen, erteilt in seinen Einrichtungen die gleichen Fächer, fügt jedoch noch allgemeinbildende Unterrichtseinheiten in Anlehnung an den Fächerkanon seiner F-Lehrgänge hinzu. Die Angaben über die schulische Vorbildung seiner Lehrgangsteilnehmer, die dieser Träger macht, zeigen - auch wenn sie keinerlei Repräsentativität beanspruchen können - die leichte Schwerpunktverschiebung gegenüber der Klientel der F-Lehrgänge: Danach stammten von 38 Teilnehmern des Lehrgangs 1969/70 16 Jugendliche aus der Hauptschule und 22 aus der Sonderschule für Lernbehinderte. Je einer der 16 Hauptschüler war aus der 5., 8. und 9. Klasse, acht aus der 7. und fünf aus der 6. Klasse entlassen worden. Von den Sonderschülern kamen 11 Jugendliche aus der 9., drei aus der 8., sieben aus der 7. und ein Jugendlicher aus der 4. Klasse Sonderschule. Im Hinblick auf den sozialen und familiären Hintergrund vieler Jugendlicher gilt das, was bereits im Zusammenhang mit dem Teilnehmerkreis an F-Lehrgängen gesagt wurde.[166]

Die Tabelle 7a zeigt die Entwicklung der Lehrgangs- und Teilnehmerzahlen für E-Lehrgänge. Vergleicht man diese mit den Teilnehmerzahlen für F-Lehrgänge[167], so wird deutlich, daß 1971/72 die F-Lehrgänge über etwa viermal so viel Plätze im Vergleich zu den E-Lehrgängen verfügten. Der Anteil der Mädchen schwankt dabei erheblich, wie auch etwa die Gesamtzahl der Teilnehmer und Lehrgänge vom ersten zum zweiten Jahr rückläufig war. Auffallend im Vergleich zu den Zahlen der F-Lehrgänge ist weiterhin der relativ niedrige Anteil an internen Lehrgangsplätzen, der teilweise auf die Tatsache zurückzuführen ist, daß auch Industriebetriebe als Träger fungieren und keine Heimunterbringung zur Verfügung stellen können.

Aufgrund der zu den F-Lehrgängen unterschiedlichen Zielgruppe müssen auch zwangsläufig die Ergebnisse der E-Lehrgänge einen anderen Schwerpunkt aufweisen. Aus den Tabellen 8a und 9a ist zu ersehen, daß mehr als die Hälfte aller Teilnehmer nach Be-

Tabelle 7a : Zahlen zu den "Lehrgängen zur Verbesserung der Eingliederungsmöglichkeiten" (sog. "E-Lehrgänge") der Bundesanstalt für Arbeit und zu deren Teilnehmern[139]

Lehrgangsjahr		1968/69	1969/70	1970/71	1971/72	72/73[141]
Zahl der E-Lehrgänge		9	7	43	68	103
Zahl der Teilnehmer insges.		292	161	843	1309	2600
darunter Mädchen	abs.	87	139	254	574	--
	%	29,8	86,3	30,1	43,9	--
Zahl der internen Teilnehmer insg.	abs.	--	59	264	377	--
	%	--	36,7	31,3	28,8	--

Tabelle 8a : Verbleib der Teilnehmer an "Lehrgängen zur Verbesserung der Eingliederungsmöglichkeiten" ("E-Lehrgängen") der Bundesanstalt für Arbeit nach Absolvierung des Lehrgangs[168]

Lehrgangsjahr			1970/71	1971/72
Zahl der Lehrgangsteilnehmer insgesamt			843	1309
Davon mündeten ein:	in eine Berufsausbildung	abs.	192	343
		%	22,9	26,2
	in eine Arbeitsstelle	abs.	504	717
		%	59,8	54,8
	sonstiger Verbleib	abs.	146	249
		%	17,3	19,0

Tabelle 9a : Verbleib der Teilnehmer an "Lehrgängen zur Verbesserung der Eingliederungsmöglichkeiten" ("E-Lehrgängen") der Bundesanstalt für Arbeit nach Absolvierung des Lehrgangs, nach Geschlechtern differenziert[168]

Lehrgangsjahr			1970/71	1971/72
Zahl der Lehrgangsteilnehmer männlichen Geschlechts			589	735
Davon mündeten ein:	in eine Berufsausbildung	abs.	157	249
		%	26,7	33,9
	in eine Arbeitsstelle	abs.	342	356
		%	58,0	48,4
	sonstiger Verbleib	abs.	90	130
		%	15,3	17,7
Zahl der Lehrgangsteilnehmer weiblichen Geschlechts			254	574
Davon mündeten ein:	in eine Berufsausbildung	abs.	36	94
		%	14,2	16,4
	in eine Arbeitsstelle	abs.	162	361
		%	63,8	62,9
	sonstiger Verbleib	abs.	56	119
		%	22,0	20,7

endigung des Lehrgangs in ein Arbeitsverhältnis vermittelt werden kann und rund ein Viertel sogar eine Ausbildung beginnt. Die Aufschlüsselung nach Geschlechtern ergibt auch hier schlechtere Werte für weibliche Lehrgangsteilnehmer. Der prozentuale Anteil der Jungen, die ein Ausbildungsverhältnis eingehen können, ist mehr als doppelt so groß wie derjenige der Mädchen.

2.4 Zusammenfassung und kritische Würdigung

Die BA finanziert Einrichtungen der Berufsförderung Jugendlicher gemäß dem AFG, von denen - grob fixiert - die Förderungslehrgänge (F-Lehrgänge) die Gruppe der Jugendlichen mit reversiblen Lernstörungen, die Lehrgänge zur Verbesserung der Eingliederungsmöglichkeiten (E-Lehrgänge) hingegen die Gruppe der substantiell Lernbehinderten ansprechen. Die erstgenannte Lehrgangsart hat einen größeren Anteil an allgemeinbildender Theorie in ihrem Programm und verfolgt darüber hinaus zumeist das Prinzip der Berufsfindung; die E-Lehrgänge finden hingegen nur in einem begrenzten Berufsfeld statt. Die Zusammensetzung der jugendlichen Lehrgangsteilnehmer entspricht in etwa derjenigen der Gesamtgruppe der Lernbehinderten und -gestörten: Abgänger aus der 7. und 8. Klasse Hauptschule und aus der 9. Klasse Sonderschule für Lernbehinderte stellen den größten Anteil an Lehrgangsteilnehmern.

Die inhaltliche Rahmenkonzeption, wie sie zumindest von den großen Trägern solcher Einrichtungen verfolgt wird, ist vom Ansatz her positiv zu beurteilen. Das Prinzip der berufsfeldübergreifenden Berufsfindung kommt den didaktischen Notwendigkeiten ebenso nach wie die Zusammenarbeit mit den örtlichen Berufsberatungen technisch-organisatorisch günstige Voraussetzungen für die spätere Berufswahl des Jugendlichen und das Finden eines passenden Arbeitsplatzes bietet. Die Initiative, die auf diesem Gebiet durch die BA, durch einzelne Arbeitsämter, örtliche Berufsberatungen und viele Träger ergriffen wurde, muß als Positivum vermerkt werden.

Gerade die Vielfalt der Träger solcher Einrichtungen aber bringt auch eine nicht mehr zu überschauende und vor allem auch weder von der BA noch von den Landesarbeitsämtern zu kontrollierende Vielfalt von Konzeptionen mit sich.[169] Eine sinnvolle Entwicklung eines Rahmencurriculums für beide Lehrgangsformen ist daher praktisch nicht möglich[170], da ein Koordinierungsaufwand betrieben werden müßte, der Unsummen verschlingen würde. Darüber hinaus ist es völlig der Initiative einzelner Träger, örtlicher Berufsberatungen und Landesarbeitsämter überlassen, ob und in welchem Maße eine bestimmte Region mit Lehrgangsplätzen versorgt wird: auch dies nicht unbedingt ein Beitrag zur Chancengleichheit, die ja unabhängig vom Wohnsitz eines Jugendlichen gegeben sein sollte. Hinzu kommt, daß das Angebot an Lehrgangsplätzen bei weitem nicht der - angesichts der Gesamtzahl von Lernbehinderten und -gestörten in der Bundesrepublik - erforderlichen Größenordnung entspricht und entsprechen kann.

Häufigen Äußerungen der in den Lehrgängen der BA tätigen Praktiker ist zu entnehmen, daß die Förderungszeit angesichts der vorgegebenen Ziele zumindest in den F-Lehrgängen zu kurz bemessen ist. Der Streß, dem die Jugendlichen dadurch teilweise unterworfen sind, wäre für "normal" Lernfähige schon schwer zu verkraften; für Lernbehinderte und auch Lerngestörte muß er vom pädagogischen Standpunkt aus befremden. Die Träger - auch untereinander, besonders die größeren unter ihnen, leicht zu Konkurrenzdenken neigend - geben dem jedoch häufig nach und führen ihr oft sehr anspruchsvolles Programm in jedem Fall auch unter Zeitdruck durch.

Ein wesentlicher Fehler der gesamten Förderungspraxis der BA liegt in der Ersatzfunktion, die ihre Lehrgänge in dem Sinne ausfüllen, daß Lücken geschlossen werden müssen und sollen, die der Staat in diesem Bereich des Schulwesens hat entstehen lassen. Die Lehrgänge übernehmen faktisch staatliche Bildungsaufgaben, obwohl sie de jure dazu nicht befugt sind, da sie in keiner Weise in das allgemeine berufliche Bildungswesen integriert sind; die Ausübung einer solchen Ersatzfunktion hat das AFG in seiner ursprünglichen Intention auch niemals vorgesehen.

In dieser widersprüchlichen Situation aber müssen die einzelnen Träger und Lehrgänge arbeiten und sich zurechtfinden. Sie tun dies teilweise - wie beschrieben - nicht ohne Geschick, doch erscheint es mittel- und langfristig unsinnig, den jetzt vorhandenen Antagonismus zwischen den faktischen Gegebenheiten und juristischen Grundlagen weiter bestehen zu lassen. Das Beispiel des Hauptschulabschlusses macht die verzwickte Lage deutlich: Die BA will und darf nichts davon wissen, daß Jugendliche mit Versicherungsgeldern auf ihn vorbereitet werden, die örtlichen Arbeitsämter aber fordern es von den Trägern, und diese wiederum tun es stillschweigend; ein typischer Fall von Doppelmoral in einem Bereich, in dem man eine solche wirklich nicht vermuten würde.

Es erscheint daher von dringender Notwendigkeit, daß der Staat in diesem Bereich aktiv wird und Planung und Verwirklichung von entsprechenden Einrichtungen forciert. Ebenfalls notwendig erscheint mir, daß eine solche Planung bundeseinheitliche Rahmenbedingungen erfährt, damit nicht hier im großen das passiert, was die Lehrgänge der BA bereits im kleinen praktiziert haben: eine unüberschaubare Vielfalt und Zersplitterung von Konzeptionen und Durchführungsformen.

3. Maßnahmen der Industrie

3.1 Die Stufenausbildung

In jüngsten Publikationen zu Fragen der Berufsbildung wird die Stufenausbildung als wichtiger Beitrag der Wirtschaft angesehen, zu einer Lösung des Problems der "Ungelernten" zu kommen.[171] Diese Form der Berufsausbildung, von Krupp 1965 in die berufspädagogische Diskussion eingeführt[172], hat wegen ihrer auch bedarfstechnisch orientierten Begründung inzwischen manche Kritik erfahren, gilt aber nach wie vor als ein wesentlicher Versuch, die Integration vor allem bildungsschwacher Jugendlicher ins Berufsleben zu erleichtern und zu optimieren.

3.11 Das Stufenprinzip gemäß dem Berufsbildungsgesetz

Inzwischen ist das Prinzip der Stufenausbildung bereits in das Berufsbildungsgesetz[173] aufgenommen worden. Dort heißt es in § 26, Abs. 1: "Die Ausbildungsordnung kann sachlich und zeitlich besonders geordnete, aufeinander aufbauende Stufen der Berufsausbildung festlegen. Nach den einzelnen Stufen soll sowohl ein Ausbildungsabschluß, der zu einer Berufstätigkeit befähigt, die dem erreichten Ausbildungsstand entspricht, als auch die Fortsetzung der Berufsausbildung in weiteren Stufen möglich sein."

Davon ausgehend sieht das Gesetz in § 26, Abs.2-4 folgende Stufenfolge vor:

1. Stufe:
Vermittlung "beruflicher Grundbildung (...) als Grundlage für die weiterführende berufliche Fachbildung und als Vorbereitung auf eine vielseitige berufliche Tätigkeit".

Vermittlung von dazu nötigen "Grundfertigkeiten und Grundkenntnisse(n) (...) sowie Verhaltensweisen (...), die einem möglichst großen Bereich von Tätigkeiten gemeinsam sind."

2. Stufe:
Vermittlung "allgemeiner beruflicher Fachbildung (...) für möglichst mehrere Fachrichtungen gemeinsam (...)".

Förderung des fachlichen Verständnisses und der "Fähigkeit des Auszubildenden (...), sich schnell in neue Aufgaben und Tätigkeiten einzuarbeiten."

3. und weitere Stufen:
"In weiteren Stufen der besonderen beruflichen Fachbildung sollen die zur Ausübung einer qualifizierten Berufstätigkeit erforderlichen praktischen und theoretischen Kenntnisse und Fertigkeiten vermittelt werden".

3.12 Die Stufenausbildung bei der Fried. Krupp GmbH

Das Stufenprinzip wird im Rahmen der Berufsausbildung bei der Fried. Krupp GmbH weiterhin praktiziert, allerdings in inhaltlich gegenüber den Plänen von 1965 modifizierter Form, hervorgerufen durch die in der Praxis gemachten Erfahrungen und das 1969 verabschiedete Berufsbildungsgesetz. Im Vordergrund der didaktischen Konzeption der Stufenausbildung steht nun mehr als 1965 das Prinzip der Durchlässigkeit[174]. Als Zielvorstellung wird angegeben, den Jugendlichen "die Grenzen seiner Bildungsfähigkeit"[175] erreichen zu lassen, ohne daß "das Bildungsziel für den einzelnen von vorneherein festgelegt" wird.[176]

Die - bezüglich der 1. Ausbildungsstufe - bestehende Forderung des Gesetzgebers nach Vermittlung einer "beruflichen Grundbildung" wird bei Krupp inhaltlich so gefüllt, daß das 1. Jahr in 3 Abschnitte gegliedert wird.[177] Nach dem 1. Abschnitt der "Allgemeinen Grundausbildung" durchläuft der Jugendliche im 2. Abschnitt[178] im Rahmen der sog. "Fachorientierung" die Ausbildungsrichtungen der Maschinen-, Montage-, Schweißer- und Elektroberufe, macht also eine Art Berufsfindungsphase durch. Der 3. Abschnitt umfaßt die eigentliche Fachausbildung in der dann gewählten Berufsrichtung.

Reichen Fähigkeiten und Lernpotential des Jugendlichen nicht aus, die 2. Ausbildungsstufe anzugehen, so findet er nach Absolvieren einer entsprechenden Prüfung als "Betriebswerker", d.h. zwar mit relativ niedrigem Qualifizierungsniveau versehen, aber immerhin als Fachkraft, Eingang in eine entsprechende Erwerbstätigkeit (z.B. als Montage-, Maschinen- oder Elektrowerker). "Durch die Möglichkeit, das Erlernte im Betrieb nutzbringend anzuwenden, wird das Selbstvertrauen der Jugendlichen bestärkt, wodurch sich bei den Besten ein Weiterbildungswille entwickelt, der ihnen den Aufstieg in die zweite Ausbildungsstufe eröffnet, sofern er auf dem direkten Weg nicht möglich war."[179]

Die 2. Ausbildungsstufe, rein zeitlich ein weiteres Jahr umfassend, soll "den jeweiligen Dreher, Bohrer, Fräser, Schleifer (...) zu einem Maschinenfacharbeiter erziehen, der später leicht den Übergang zu anderen Hauptaufgaben in der Fertigung findet und der auch Mehr-Stellen-Arbeit bewältigt. Entsprechendes gilt in den Bereichen der Montage und des Schweißens (...)"[180].

Das 2. Jahr wird als "Facharbeiter" abgeschlossen; die Qualifikation des zweijährig Ausgebildeten, der als der "anpassungsfähigere und krisenfestere Mitarbeiter" bezeichnet wird, liegt "nach den Krupp-Vorstellungen im Niveau zwischen des bisherigen zweijährigen Anlernberufen und den bisherigen Lehrberufen."[181] Die 3. Stufe soll den "qualifizierten Facharbeiter" hervorbringen, die 4. mit der "Meister- bzw. Technikerprüfung" abgeschlossen werden.

Das Prinzip der Durchlässigkeit wird nach den theoretischen Grundlegungen dabei unter zweierlei Aspekten gesehen: "Einmal als Aufstiegsmöglichkeit von Stufe zu Stufe, gewissermaßen als Liftsystem, zum anderen als Durchgangsmöglichkeit von Berufsfeld zu Berufsfeld, als Weichenstellung für den eignungsgemäßen Beruf (...)"[182]. Dabei wird großen Wert auf die Eignungsbeurteilung der Jugendlichen gelegt; ein eigenes Verhaltens- und Leistungsbeurteilungsverfahren für die Einstufung von Auszubildenden wurde dazu entwickelt.[183] Zu erwähnen ist darüber hinaus, daß einige der insgesamt 20 Lehrgänge, die der Krupp-Stufenplan kennt[184], in operationalisierter Form vorliegen und, wie es heißt, "ähnlich gestaltet sind wie programmierte Instruktionen."[185] Eine vollständige Programmierung der Unterweisungsinhalte ist geplant.[186]

Von 1965 bis 1972 haben insgesamt 1.804 Auszubildende die Stufenausbildung begonnen, darunter 526 ehemalige Sonderschüler und Hauptschüler ohne Abschluß. Die Tabelle 10a verdeutlicht den Ausbildungsgang der letztgenannten Gruppe; alle Zahlen außer denjenigen zur "Anzahl der Einstellungen insgesamt" beziehen sich auf Hauptschüler ohne Abschluß und Sonderschüler. Die Daten, auch wenn es sich bei einigen der letzten Jahre noch um Prognosen handelt, lassen erkennen, daß aus der Gruppe der Lernbehinderten und -gestörten im Rahmen der Stufenausbildung bei Krupp drei ungefähr gleich große Gruppen den Stand eines Betriebswerkers, eines Facharbeiters oder eines

Tabelle 10a : Sonderschüler und Hauptschüler ohne Abschluß, die im Rahmen der Stufenausbildung der Fried. Krupp GmbH bis 1972 beruflich qualifiziert worden sind[187]

J a h r		1965	1966	1967	1968	1969	1970	1971	1972	S u m m e abs.	%
Anzahl der Einstellungen	insgesamt	302	330	130	143	227	205	244	223	1.804	--
	Sonderschüler und Hauptschüler o.A.	59	77	28	27	44	78	116	97	526	100
Von den Sonderschülern und Hauptschülern ohne Abschluß haben:	ihre Ausbildung während des 1. Jahres abgebrochen	8	21	5	7	8	25	15	9	98	18,6
	die einjährige Ausbildung mit interner Prüfung als Betriebswerker abgeschlossen	26	23	9	7	11	6	27	evt. 46	155	29,5
	die zweijährige Ausbildung mit IHK-Prüfung als Facharbeiter abgeschlossen	11	12	9	4	12	17	evt. 43	evt. 31	139	26,4
	die drei- bzw. dreieinhalbjährige Ausbildung mit IHK-Prüfung als qualifizierter Facharbeiter abgeschlossen	14	21	5	8	12	evt. 31	evt. 32	evt. 11	134	25,5

qualifizierten Facharbeiters erreichen, wobei insgesamt ein leichter Überhang bei der Gruppe der Betriebswerker festzustellen ist.

3.13 Bewertung und Stellenwert der Stufenausbildung

Zwei hervorstechende Merkmale des Stufenprinzips sind es, die seinen Stellenwert bei der Lösung des Problems der Berufsbildung Lernbehinderter und -gestörter in positiver Weise bestimmen. Da ist einmal der Gedanke der schritt- bzw. stufenweisen Hinführung von einer beruflichen Grundlagenbildung zur Spezialisierung, ein Gesichtspunkt, der heute für die Berufsbildung aller, nicht nur der Lernbehinderten und -gestörten, Gültigkeit haben sollte. Zum anderen erscheint der Aspekt der Durchlässigkeit, im Sinne der Berufsfindung wie der Höherqualifizierung, wie er auch gemeinhin für das allgemeinbildende Schulsystem gefordert wird, sinnvoll umgesetzt, wenn tatsächlich jedem gemäß seiner Eignung die Möglichkeit zur Weiterqualifizierung eingeräumt wird. So wird mit Recht darauf hingewiesen, "daß Jugendliche, deren Leistungsfähigkeit zunächst zu gering eingeschätzt wurde, auch während der Ausbildung in eine höhere Stufe eintreten und eine höhere Qualifikation erreichen können."[188] Dies stellt für den lernbehinderten oder -gestörten Jugendlichen sicherlich einen wichtigen Beitrag zur Rehabilitation seiner Leistungsfähigkeit und seines Selbstvertrauens dar.

Ein weiterer Gesichtspunkt, der für das Stufenprinzip spricht, ist die Tatsache, daß alle Jugendlichen, "die in die Stufenausbildung eintreten, auch diejenigen, die nur für die einjährige Stufe in Frage kommen, (...) eine vertraglich gesicherte Ausbildung" erhalten[189]. Das schließt eine pädagogisch ausgerichtete Ausbildung ebenso mit ein wie die Verleihung eines festgefügten betrieblichen Status durch den Abschluß des 1. Stufenjahres mit einer Prüfung als "Betriebswerker". Das abrupte "Hineinwerfen" des ungelernten jugendlichen Arbeiters in die Produktion entfällt damit ebenso wie der lebenslange diskriminierende Status eines "Ungelernten". Nicht übersehen werden darf natürlich der Umstand, daß eine Stufenausbildung mit ihren didaktischen und curricularen Ansätzen und Zielvorstellungen für die Ausbildung in einem Handwerksbetrieb auf große Schwierigkeiten stößt.

3.2 Betriebsinterne Jungarbeiterschulung

Die einschlägige Literatur weist über die Existenz von innerbetrieblichen Schulungsversuchen für Jungarbeiter nichts aus.[190] Zur Beantwortung der Frage, ob und inwieweit einzelne Betriebe solche Schulungen durchführen, müßten zunächst Erhebungen und Untersuchungen unternommen werden, die Quantität und Qualität von eventuell existierenden diesbezüglichen Maßnahmen eruieren und analysieren.[191]

Stichprobenartige Nachfragen bei industriellen Betrieben mit eigener Lehrwerkstatt im Raum des Ruhrgebiets ergaben jedoch keine Hinweise auf die Existenz solcher Schulungsvorhaben. Allerdings werden in einigen der befragten Betriebe von der BA finanzierte E-Lehrgänge durchgeführt, die in vielem einer betriebsinternen Jungarbeiterschulung gleichkommen.[192] Die Errichtung dieser Lehrgänge wurde zwar häufig auf Initiative der einzelnen Betriebe hin vorgenommen[193], doch existieren diese Maßnahmen zumeist auch erst, seit das AFG ihre Finanzierung aus Mitteln der Arbeitslosenversicherung ermöglicht. Sicherlich wird diese Form der Organisation und Finanzierung der Interessenlage vieler Beteiligter gerecht: Die Jugendlichen erhalten eine Integrationshilfe in Form einer ausbildungsähnlichen Förderung, Staat und Öffentlichkeit werden mit dem Problem nicht oder kaum belastet, die BA kann Versicherungsgelder als arbeitsmarktpolitische Prophylaxe einsetzen und insofern ihrer eigenen Zielsetzung gesellschaftspolitisch wie volkswirtschaftlich sinnvoller Rechnung tragen, und schließlich bekommen die Betriebe eine ihrer Personalpolitik entgegenkommende Maßnahme finanziert und brauchen lediglich ohnehin großenteils vorhandene Kapazitäten[194] bereitzustellen. Inwieweit auch Durchführung und Inhalte solcher Maßnahmen adäquat und pädagogisch vertretbar sind, müßte jedoch noch untersucht werden.

Diese Art innerbetrieblicher Schulungsversuche kann sich jedoch primär nur auf industrielle Großbetriebe beziehen, die einen großen Bedarf haben an Facharbeitern oder auch an nicht voll ausgebildeten Arbeitskräften mit - auf bestimmte Bereiche zugeschnittenem - facharbeiterähnlichem Niveau. Mittlere und kleinere Industriebetriebe jedoch stellen häufig ebenfalls ungelernte Arbeitskräfte und Jungarbeiter ein, ohne daß die Möglichkeit und/oder Bereitschaft besteht, eine Jungarbeiterschulung zumindest als Integrationshilfe anzubieten. Diese müßte, soweit keine Möglichkeit einer als "Para-Ausbildung" konzipierten 6- bis 12-monatigen Förderung in einer Lehrwerkstatt mit pädagogisch geschulten Unterweisern besteht, aus arbeits- und betriebspsychologisch intendierten und ausgerichteten Integrationsschritten bestehen, welche die Abruptheit des Wechsels vom Schonraum Schule in den von unerbittlichen Produktionszwängen geprägten Raum eines Industriebetriebes psychologisch und pädagogisch abfangen und dem Jugendlichen die Erbringung von nötigen Anpassungsleistungen erleichtern. Nur allzu häufig nämlich wird gerade letzteres dem Jugendlichen eher erschwert, wobei es zu bedenken gilt, daß dem Jungarbeiter oft wie selbstverständlich Anpassungsleistungen und Integrationsbemühungen aus eigener Initiative abverlangt werden, wegen deren partiellem oder totalem Fehlen er bereits in der Schule versagt hat.

Auf diesem Gebiet besteht mit Sicherheit eine große Bedarfslücke, die bislang auch von arbeitspädagogischer und -psychologischer Seite her kaum artikuliert[195] und erst recht nicht zur Durchführung gebracht wurde. Der einzige mir bekannte Versuch eines von betrieblicher Initiative ausgehenden pädagogisch gelenkten Übergangs von der Schule in die Arbeitswelt fand im Sommer 1973 in einem metallverarbeitenden Unternehmen des Raumes Aachen statt; die Beschreibung und Analyse des Modells ist allerdings noch nicht publiziert.[196] Die Intention dieses Versuches war von Anfang an begrenzt: Es sollte eine Art Einführungskurs von zweiwöchiger Dauer durchgeführt werden, der keinerlei Konfrontation des Jugendlichen mit den im Betrieb später benötigten manuellen Fertigkeiten beinhalten sollte.

Der arbeitspsychologische Ansatz dieses Experiments geht von einer synthetischen Tätigkeitstheorie aus, welche die Gesamtheit menschlicher Zuordnungsstrukturen als relevant für Verhalten des Menschen in und sein Verhältnis zu jeglicher Art von Arbeit und Tätigkeit ansieht. Hinzu kamen lern-, verhaltens- und sozialpsychologische Überlegungen, die - auf die Gruppe der zukünftigen Jungarbeiter gemünzt - zu dem Ergebnis führten, eine betriebliche Integrationshilfe für diesen Personenkreis müsse vor allem Fragen der Einstellung, mentalen Anpassung, affektiven Orientierung, emotional-unbewußten Ausrichtung der Jugendlichen zu Fragen der Arbeit, des Berufes und des Arbeitsplatzes sowie die Entstehung von Gruppen-, Solidaritäts- und kritischem Loyalitätsbewußtsein mitreflektieren und ins Konzept mit einbeziehen.

Das Programm des 14-tägigen Einführungskurses[197] beinhaltete demzufolge: Locker gehaltene Unterrichtseinheiten über Produktionsablauf, Produkte, Materialien, Zuordnung von Produktionsphasen und Gebäudeteilen, Lohnfragen, Probleme der sozialen Absicherung, betriebliche Mitbestimmung u.a.m.; Gruppenarbeit über diese und andere Themen; Betriebsbesichtigungen, die jeweils verschieden didaktisch strukturiert und gewichtet wurden; Freizeitphasen (Spiel, Ausflug) etc. Der konkrete Übergang zum Arbeitsplatz[198] wurde mit jedem einzelnen Jugendlichen intensiv vorbereitet (Arbeitsplatzbeobachtungen, Gespräch mit dem zukünftigen Meister, Fragen an zukünftige Kollegen); die jeweiligen zukünftigen Meister wurden mit der psychischen Struktur der ihnen anzuvertrauenden Jugendlichen und dem daher gebotenen pädagogischen Erzieherverhalten vertrautgemacht.[199] Konflikte und Probleme, die in den ersten Tagen am Arbeitsplatz der nun in der Produktion stehenden Jungarbeiter auftraten, wurden unter Einschaltung der das Programm durchführenden Pädagogen, der Betriebsleitung und den Meistern und Vorarbeitern gelöst. Ein Nachbetreuungskonzept besteht, konnte aber aus technischen Gründen nur minimal durchgeführt werden.[200]

Auf diesem Gebiet müssen zweifellos noch eine Reihe von Forschungen und Untersuchungen unternommen werden. Dabei muß man sich darüber im klaren sein, daß solche Maßnahmen der betrieblichen Jungarbeiterschulung keine prinzipiellen, sondern lediglich graduelle Verbesserungen der Situation der "Ungelernten" bringen können. Im Sinne von kurz- und mittelfristigen Maßnahmen sollte der betriebliche Sektor auf diesem Gebiet aber in jedem Falle aktiviert werden. Im übrigen darf man sich damit keineswegs zufrieden geben, sondern sollte alle Überlegungen und Planungen beschleunigen, die auf eine grundlegende Überwindung der Jungarbeiterfrage abzielen.

4. Sonstige Einrichtungen

Zwei Gruppen von Einrichtungen sollen im Zusammenhang einer Dokumentation bestehender Lösungsansätze zum Gesamtproblem der beruflichen Integration Lernbehinderter und -gestörter noch erwähnt werden. Es sind dies zum einen die Hilfs- bzw. Sonderberufsschule und zum anderen singuläre Berufsfindungsmaßnahmen in einjähriger Form, die sich - bei weiter Auslegung - an die von der BA konzipierten Lehrgänge anlehnen oder als deren mögliche Vorläufer zu gelten haben.

4.1 Die Sonderberufsschule

Die Sonderberufsschule, wie sie etwa in Baden-Württemberg und Rheinland-Pfalz[201] besteht, gehört zu den staatlichen Einrichtungen der Kultusverwaltungen der Bundesländer, ist aber in dem dies behandelnden Kapitel ausgespart worden, weil ihre Konzeption inzwischen überholt erscheint und keine Möglichkeit der Weiterentwicklung bietet.[202]

Dies beruht auf der Tatsache, daß die Sonderberufsschule als Teilzeitberufsschule wie die allgemeine Berufsschule konzipiert ist. Das heißt, durch den Besuch einer Sonderberufsschule ändert sich für den lernbehinderten und -gestörten Jugendlichen kaum etwas in bezug auf die Möglichkeit, ein Ausbildungsverhältnis zu beginnen, seine Defizite an theoretischen Grundfertigkeiten aufzufüllen, eine berufliche Grundbildung zu erhalten, ohne bereits in die Sachzwänge industrieller Produktion verstrickt zu werden etc. Die einzige Veränderung für seine Situation besteht in der modifizierten methodisch-didaktischen Konzeption, die den Notwendigkeiten heilpädagogischer Ausrichtung Folge leisten soll.[203]

Der von Laser wiederaufgegriffene Gedanke einer "Hilfsberufsschule" als einjährige Vollzeitschule[204], mit deren Besuch die Berufsschulpflicht abgegolten sein sollte, kann auch nicht befriedigen, da dies die generelle Festschreibung des Status des "Ungelernten" für Lernbehinderte und -gestörte beinhalten würde.

4.2 Berufsfindungsjahre

Wie bereits ausgeführt, liegen die Konzeptionen der im folgenden aufgezählten Einzeleinrichtungen in der Nähe jener der Lehrgänge der BA. Sie sind durchweg als Vollzeiteinrichtungen konzipiert.

Soweit darüber im einzelnen publiziert wurde, sind sie bei Laser nach Form und Inhalt beschrieben. Es sind dies das "Stuttgarter Anlernjahr", die "Pädagogischen Berufssondereinrichtungen der Heil- und Pflegeanstalten Stetten i.R." (zweijährig mit anschließender Ausbildung), das "Berufsvorbereitungsheim der Jugendbehörde" in Hamburg-Altona, der "Lehrgang zur Förderung beruflicher Grundbildung" in Aachen, das "Werkjahr der Stadt Zürich", sowie der "Polytechnische Lehrgang" zur Berufsfindung in Österreich[205].

Diese Einrichtungen haben teilweise lokale Traditionen und verdienstvolle Erfolge aufzuweisen. Die Konzeptionen gehen von einer Verbindung von Theorie und Praxis aus, haben ihr Schwergewicht aber im letztgenannten Teil.

Der Hinweis auf die Existenz solcher Einzelmaßnahmen, die durchaus teilweise als Vorläufer der jetzigen Lehrgänge der Arbeitsverwaltung bezeichnet werden können, soll die Dokumentation bestehender Einrichtungen der Berufsvorbereitung Lernbehinderter und -gestörter abrunden. Eine Einzeluntersuchung sollen sie hier nicht erfahren, zumal das vor Jahren über sie publizierte Material als nicht mehr aktuell angesehen werden muß.

5. Zusammenfassende Bewertung der beschriebenen Einrichtungen

Den rein quantitativ bedeutendsten Versuch einer Berufsförderung und -vorbereitung von Lernbehinderten und -gestörten stellen, wie wir gesehen haben, die Einrichtungen der BA dar. Ihre Situation ist jedoch von Schwierigkeiten und Mängeln gekennzeichnet, die teils in der Rechtslage, teils aber auch im Fehlen von einheitlichen inhaltlichen Rahmenbedingungen und didaktischen bzw. curricularen Grundlagenkonzepten begründet liegen. Immerhin zeigen die Ergebnisse und Erfahrungen aus diesen Einrichtungen auf, daß eine wesentlich weitergehende schulkompensatorische Förderung im Verbund mit berufsvorbereitenden Unterrichtseinheiten möglich ist, als das bisher angenommen werden konnte.

In demgegenüber wesentlich geringerem Umfang existieren in diesem Bereich Einrichtungen der staatlichen Kultusverwaltungen sowie der Privatwirtschaft. Einrichtungen wie die eines besonderen BGJ für Lernbehinderte befinden sich entweder nur im Versuchs- oder im Planungsstadium. Gemeinsam ist diesen und den Lehrgängen der BA der zwar positiv zu bewertende Versuch, pädagogisch adäquate Einrichtungen speziell für den Personenkreis der Lernbehinderten und -gestörten zu schaffen; dies ist aber auch wieder gleichzeitig verbunden mit einer weiteren Gettoisierung dieser Gruppe von Jugendlichen, ein Zustand, der im Sinne einer vollen Rehabilitation und Integration ins Berufs- und Arbeitsleben - die ja bei der Mehrheit dieser Gruppe erreichbar sind - als pädagogisch nicht wünschenswert erscheinen muß.

Als ein möglicher Beitrag der Wirtschaft bei der Bewältigung des Lernbehinderten- und Lerngestörtenproblems kann eine dem Stufenprinzip folgende Ausbildungsform angesehen werden. Der Aspekt der vertikalen und horizontalen Durchlässigkeit muß hier jedoch ein prägendes Element sein. Im übrigen erscheint die Forschungslage im Hinblick auf die sozial- und betriebspsychologischen sowie arbeitspädagogischen Hintergründe der Integrationsschwierigkeiten von Jungarbeitern, speziell der lernbehinderten und -gestörten, äußerst dünn, soweit es sich um die konkrete betriebliche Situation handelt. Hier müßte eine Menge nachgeholt werden, auf dem aufbauend auch Konzeptionen betrieblicher Integrationsstrategien bildungs- und ausbildungsmäßig benachteiligter Jugendlicher entwickelt werden können.

Insgesamt erscheinen aber drei Notwendigkeiten als vordringlich für die nahe und mittlere Zukunft:

1. Die gesamte Lernbehinderten- und Lerngestörtenfrage muß weitaus mehr als bisher ins öffentliche Bewußtsein gerückt werden.

2. Es müssen für die mittel- und langfristige Entwicklung Konzeptionen entwickelt werden, die nicht nur kosmetische Korrekturen darstellen (etwa durch Herabsetzen von Qualifizierungsniveaus, Schaffung von neuen Ausbildungsberufen unterhalb der Schwelle der zweijährigen Anlernberufe etc.), sondern die der Mehrheit der jugendlichen Lernbehinderten und -gestörten - die, wie wir gesehen haben, dazu in der Lage sein sollte - eine

echte Chance bieten, vorhandene Defizite aufzuarbeiten und eine volle Rehabilitation auch im Bereich des theoretischen Qualifizierungsniveaus zu erreichen.

3. Die Entwicklung solcher Konzeptionen und ihre Umsetzung in die Praxis muß eine öffentliche Aufgabe sein, mithin also von staatlichen Instanzen geleistet werden.

Das folgende III. Kapitel stellt einen Beitrag dazu dar, die Diskussion über nötige Einrichtungen der Berufsvorbereitung jugendlicher Lernbehinderter und -gestörter auf der Grundlage der genannten Erfordernisse und vor dem Hintergrund der in den bisherigen Einrichtungen gemachten Erfahrungen voranzubringen.

III. Skizzierung eines Modellentwurfs zur Berufsvorbereitung und -förderung schulentlassener Lernbehinderter und -gestörter

1. Voraussetzungen

Das bisher ausgebreitete Material läßt zwei grundlegende Schlüsse hinsichtlich der Probleme und Möglichkeiten der beruflichen Integration von Lernbehinderten und -gestörten zu. Zum einen ergibt sich aus der Größe dieser Gruppe und ihrer problembeladenen Situation im Übergang von der Schule in die Arbeitswelt die vielfach begründete Notwendigkeit, Maßnahmen zu ergreifen und Einrichtungen zu schaffen, die wenigstens einen Teil dieser Schwierigkeiten abbauen helfen. Zum anderen machen vor allem die Auswertungen der von der BA finanzierten beruflichen Förderungseinrichtungen für diesen Personenkreis deutlich, daß Möglichkeiten bestehen, Jugendliche aus der Gruppe der Lernbehinderten und -gestörten auf theoretischem wie praktischem Gebiet kompensatorisch so weit zu fördern, daß in einer überraschenden Vielzahl von Fällen Ausbildungsberufe ergriffen und die Ausbildungszeit erfolgreich absolviert werden können.

Dies kann als Ausgangspunkt zu den im folgenden dargelegten Überlegungen angesehen werden, die auf die Schaffung von Maßnahmen und Einrichtungen zu einer diesem Personenkreis adäquaten Berufsvorbereitung abzielen. Sie sollen einmünden in die Skizzierung eines Modells zur Berufsvorbereitung lernbehinderter und -gestörter Jugendlicher, das mehrere Einrichtungsformen enthält, die sich hinsichtlich der Erfassung verschiedener Teilgruppen der Lernbehinderten und -gestörten ergänzen. Struktur und Inhalt dieses Modells ergeben sich aus der Analyse der gegenwärtigen Problemlage ebenso wie aus den zu erwartenden kurz-, mittel- und langfristigen Entwicklungen vor allem im sekundaren Bildungsbereich unter Einschluß des Gebiets der beruflichen Bildung.

Im einzelnen liegen dem Modell folgende Überlegungen zugrunde:

1. Selbst unter langfristiger Perspektive wird von der Existenz einer relativ großen Gruppe von lernbehinderten und -gestörten Schulabgängern mit teilweise erheblichen bildungsmäßigen Beeinträchtigungen auszugehen sein, auch wenn durch bildungspolitische Maßnahmen der Umfang dieser Gruppe verringert werden sollte. Denn psychische, mentale und geistige Retardierungserscheinungen lassen sich ebensowenig völlig verhindern wie sozial, familiär oder entwicklungsmäßig bedingte Lernstörungen oder irreversible Intelligenzbeeinträchtigungen.

2. Eine Förderung der Berufs- und Ausbildungsfähigkeit Schulentlassener ohne Hauptschulabschlußzeugnis muß nach Möglichkeit zwischen Schulentlassung und Aufnahme einer Berufstätigkeit erfolgen; ein ausschließliches Förderungsangebot im Sinne der Erwachsenenbildung soll vermieden werden. Es ist nichts dagegen einzuwenden, daß ein Jugendlicher nach einer einjährigen Tätigkeit als ungelernte Arbeitskraft oder nach Abbruch eines Ausbildungsverhältnisses in eine berufsvorbereitende bzw. -fördernde Einrichtung aufgenommen wird; in manchen Fällen kann dies sogar eine weit bessere motivationale Ausgangslage für die dann erfolgende Förderung darstellen. Es ist jedoch sinnlos, das Bildungs- und Förderungsangebot an den späteren erwachsenen Lernbehinderten und -gestörten zu richten, da gerade dieser Personenkreis mit einer solchen Form von Bildungsbemühungen wenig anfangen kann. Vielmehr soll ihm direkt beim Übergang von der Schule ins Berufsleben die entscheidende Hilfestellung gegeben werden.

3. Die Förderung muß sich inhaltlich auf zwei Ebenen vollziehen, d.h. Theorie und Praxis gleichermaßen mit einbeziehen. Die Verflechtung von theoretischem und praktischem Unterricht stellt eines der wichtigsten lernpsychologischen Instrumente in der Förderung

Lernbehinderter und -gestörter dar.

4. Die organisatorische Grundlage des Gesamtmodells muß gewährleisten, daß die darin enthaltenen Einrichtungsformen von der pädagogischen Konzeption und vom Bildungsziel her weit umfassender sind als dies bei den Lehrgängen der BA bisher festzustellen ist. Zu diesem Zweck müssen diese zu konzipierenden Einrichtungen völlig in das bestehende bzw. neu zu gestaltende berufliche Bildungssystem integriert sein. Die Errichtung bildungspolitischer Inseln, die - wie dies etwa bei den Einrichtungen der BA der Fall ist - völlig beziehungslos zwischen den übrigen Einrichtungen des beruflichen Bildungswesens angesiedelt werden, würde dem Bestreben entgegenwirken, Isolation und Diskriminierung der Lernbehinderten und -gestörten im Laufe der Förderungszeit abzubauen. Auch die Namensgebung für die verschiedenen Einrichtungen muß unter diesem Aspekt erfolgen. Sie sollte es vermeiden, bereits von der Bezeichnung der Einrichtung her den Eindruck zu erwecken, es handele sich um eine "Sonder-" oder "Hilfsmaßnahme".

5. Der Modellentwurf sollte den bildungspolitisch vorhandenen und wünschenswerten Trend zur beruflichen Grundlagenbildung in der ersten Phase der Berufsausbildung berücksichtigen. Dies fällt umso leichter, als dies ohnehin der notwendigen didaktischen Ausrichtung der zu skizzierenden Einrichtungen entspricht.

6. Bei der Festlegung der organisatorischen und institutionellen Struktur der Förderungsmaßnahmen soll versucht werden, die Errichtung von völlig isolierten "Lernbehinderten-Gettos" zu vermeiden und zumindest eine zeitweilige Mischstruktur hinsichtlich der Einbeziehung in die Berufsbildung von "normal" Lernfähigen anzustreben.

7. Die Förderungsmaßnahmen müssen dennoch so angelegt sein, daß eine den speziellen Bedürfnissen der Lern-

behinderten und -gestörten adäquate didaktische Struktur verwirklicht wird. Auf der anderen Seite darf aber auch die Bemühung um Integration dieser Jugendlichen ins "normale" Berufsleben nicht dergestalt blockiert werden, daß im Sinne einer "Schonraumpädagogik" der Leistungsgesichtspunkt vernachläßigt wird und trotz allen therapeutischen Bemühungen eine echte Vorbereitung auf die Berufswelt gewollt oder ungewollt unterbleibt. Therapie- und Leistungsgedanke müssen gleichermaßen didaktisch prägend sein.

8. Die Einrichtungen des zu skizzierenden Gesamtmodells sollten wenigstens 70 bis 80 % aller lernbehinderten und -gestörten Schulabgänger erfassen können. Dies hat ebenso Auswirkungen auf die räumliche und personelle Kapazität wie auf die inhaltliche und curriculare Ausgestaltung der verschiedenen Einrichtungen. Es muß gewährleistet sein, daß die Mehrheit derer, die eine berufsvorbereitende Einrichtung besuchen, auch in dem erwünschten und geplanten Maße gefördert werden können.

9. Das Förderungsprogramm soll auch darauf abgestellt werden, den Jugendlichen die Möglichkeit einzuräumen, mit der Hauptschulabschlußqualifikation die Förderungseinrichtung zu verlassen. Neben der inhaltlichen Kompensation ist die Beseitigung des formalen Makels und Diskriminierungsgegenstandes eines fehlenden Hauptschulabschlusses für die berufliche Integration Lernbehinderter und -gestörter von großer Bedeutung, und zwar sowohl hinsichtlich der subjektiv empfundenen psychologischen Situation des Jugendlichen selbst als auch bezüglich der objektiven Bedingungen, unter denen der Jugendliche sich dann einer Ausbildung unterziehen soll. Letzteres ist so zu verstehen, daß das Vorhandensein des Hauptschulabschlusses Vorurteile gegenüber dem Jugendlichen, etwa seitens des Meisters, der Gesellen, der Berufsschullehrer, gar nicht erst aufkommen läßt und damit ein Bildungsklima erzeugt, das zu einer wesentlich größeren pädagogischen Effek-

tivität führen kann.
Der Hauptschulabschluß sollte durch das erfolgreiche Absolvieren bestimmter Kurse innerhalb der Förderungseinrichtung erworben werden können; eine eigene Prüfung hierfür sollte entfallen. Ein Vermerk über die Zuerkennung der Hauptschulabschlußqualifikation ist in das Abschlußzeugnis der Förderungseinrichtung aufzunehmen.

10. Die Dauer der Förderung in den einzelnen Einrichtungen muß in dreierlei Hinsicht auf ihre Angemessenheit hin überprüft werden: Erstens sollte sie den didaktischen und lernpsychologischen Notwendigkeiten, wie sie bisher dargelegt wurden, so weit wie möglich Rechnung tragen. Zweitens sind die finanzpolitischen Zwänge und Gegebenheiten zu berücksichtigen, d.h. die Höhe der aufgewendeten Gelder muß in einem vernünftigen Verhältnis zum Erreichbaren und Erreichten stehen. Und drittens schließlich muß auch bedacht werden, daß Eltern und Jugendliche aus der betroffenen Gruppe der Schulentlassenen nur ungern Zeit verlieren wollen, die aus ihrer Sicht nutzbringender angelegt wäre, wenn der Sohn oder die Tochter bereits Geld mit nach Hause brächte.

11. Aus diesem Grund ist auch die Frage der Anerkennung der Förderungszeit auf eine darauffolgende Berufsausbildung von zwei Seiten her zu beantworten. Zum einen sollte der Besuch einer Förderungseinrichtung durch die zumindest teilweise Anerkennung der damit verbrachten Zeit auf die Ausbildungszeit attraktiv gemacht werden, zum anderen muß gewährleistet sein, daß eine solche Anerkennung nur dann erfolgt, wenn sie sachlich gerechtfertigt erscheint.

12. Es ist auch zu prüfen, inwieweit eine finanzielle Unterstützung der zu fördernden Jugendlichen möglich ist bzw. möglich gemacht werden kann. Es müßten in jedem Fall die in dieser Gruppe relativ zahlreichen

sozialen Härtefälle entsprechend gelindert werden.

13. Die werkpraktische Seite der Förderung sollte - soweit es sich zeitlich ermöglichen läßt - nicht nur eine in einem bestimmten Berufsfeld erfolgende Berufsvorbereitung verfolgen, sondern in der Anfangsphase auch eine Komponente der Berufsfeldfindung beinhalten, die aufgrund des Angebotes eines Durchlaufens verschiedener Berufsfelder die Wahl des Berufsfeldes aus der Sicht des Jugendlichen auf eine empirisch-rationalere Grundlage stellen.

14. Das Gesamtmodell muß in sich Stufungen aufweisen, welche die Binnenstruktur der Gruppe der Lernbehinderten und -gestörten berücksichtigen und die angemessene Förderung auch derjenigen aus dieser Gruppe sicherstellen, die im allgemeinbildenden Bereich nicht mehr kompensationsfähig erscheinen. Dabei sollte der Gegebenheit Rechnung getragen werden, daß dieser Teil der Lernbehinderten und -gestörten mit allgemeinbildend-schulischen und auch anspruchsvollen fachtheoretischen Inhalten nicht konfrontiert und eine sog. "Verschulung" der beruflichen Vorbereitungsphase für diese Gruppe in jedem Fall vermieden werden sollte, da eine Fortführung schulischer Lernformen für diese Jugendlichen psychisch nicht verkraftbar ist.

15. Das Gesamtmodell sollte das Prinzip der Durchlässigkeit mit einbeziehen, aber auf eine möglichst einfache Modellstruktur hin ausgelegt sein. Pädagogische Einrichtungen, die sich an bildungsmäßig benachteiligte Gesellschaftsgruppen wenden, müssen vom Gedanken der strukturellen und organisatorischen Einfachheit und Transparenz geprägt sein. Jeder Anflug von Komplexität verwirrt die potentielle Klientel samt ihren Eltern und führt auf dem Umweg über Verständnisschwierigkeiten zu emotionalen Sperren und Aversionen, zumindest aber zu resignativen Indifferenzerscheinungen.

2. Die Struktur des Gesamtmodells

2.1 Grundsätzliches

Das im folgenden auf der Grundlage der oben dargelegten Überlegungen entworfene Modell ist als Bündel von Einzelmaßnahmen zu verstehen, die jeweils verschiedene Gruppen von schulentlassenen Lernbehinderten und -gestörten erfassen sollen. Dabei ist das Prinzip einer möglichst weitgehenden Anlehnung an bereits vorhandene Einrichtungen verfolgt worden, soweit sich einzelne Bereiche und Teile daraus aufgrund der dort gemachten Erfahrungen bewährt haben. So orientiert sich beispielsweise das im folgenden skizzierte Modell an der durch das AFG vorgegebenen und durch die BA durchgeführten Zweiteilung der Klientel in Jugendliche, die zur "Ausbildungsreife" und solche, die zur "Eingliederungsreife" gebracht werden sollen; anstelle des Terminus "Eingliederungsreife" wird jedoch im folgenden der Begriff der "Betriebsreife" verwendet werden. Auch das Prinzip einer Berufsgrundbildung, die an einer Berufsgrundschule erworben wird, wurde weitgehend übernommen und hinsichtlich der speziellen Erfordernisse für den angesprochenen Personenkreis modifiziert.

Als Einzelmaßnahmen eines Gesamtmodells der Berufsvorbereitung und -förderung schulentlassener Lernbehinderter und -gestörter werden vorgeschlagen:

1. Die Errichtung von <u>einjährigen Vorklassen zum BGJ</u>, in denen lerngestörte Jugendliche zur "Berufsgrundbildungsreife" gebracht und damit befähigt werden sollen, das BGJ zu besuchen.

2. Die Errichtung eines <u>Förderkurssystems an den bestehenden bzw. neu zu konzipierenden BGJ</u>, das den lerngestörten Jugendlichen, welche die einjährige Vorklasse absolviert haben, die Möglichkeit der Erlangung des Hauptschulabschlusses eröffnet und sie zur "Ausbildungsreife" oder "Weiterbildungsreife" führt.

3. Die Errichtung von Berufsvorbereitungslehrgängen (BVL), die in ein- oder zweijährigen Kursen lernbehinderte Jugendliche zur "Betriebsreife" oder (in Ausnahmefällen und nur auf die zweijährige Form bezogen) zur "Ausbildungsreife" oder "Berufsgrundbildungsreife" bringen sollen.

Der Begriff der "Ausbildungsreife" beinhaltet dabei sowohl die Möglichkeit der Aufnahme einer zweijährigen als auch einer drei- oder dreieinhalbjährigen Ausbildung. Die Präferenz in der Zielvorstellung "Ausbildungsreife" für Absolventen des BGJ nach vorherigem Besuch der Vorklasse liegt jedoch eindeutig bei der drei- bzw. dreieinhalbjährigen Ausbildungsform. Zur Aufnahme eines zweijährigen Ausbildungsberufes kann auch die Qualifikation "Betriebsreife" als ausreichend angesehen werden.

"Ausbildungsreife" und "Betriebsreife" unterscheiden sich primär hinsichtlich des jeweils vorauszusetzenden Theorieniveaus. Während erstere ein theoretisches Fertigkeiten- und kognitives Leistungsniveau voraussetzt, das angenähert dem der 9. Hauptschulklasse entspricht, sollte der Begriff "Betriebsreife" vor allem im Hinblick auf die grundsätzliche Arbeitshaltung und die Fähigkeit zum Erlernen praktisch-manuell zu handhabender Arbeitsprozesse verstanden werden; das Niveau der theoretischen Anforderungen muß hier wesentlich "tiefer" angesetzt werden.

Unter "Berufsgrundbildungsreife" soll der theoretische Kenntnis- und Fertigkeitenstand und die lernpsychologische Konstitution eines Jugendlichen verstanden werden, die einen an die Vorklasse zum BGJ sich anschließenden erfolgreichen Besuch eines BGJ als möglich erscheinen lassen. Dabei braucht noch nicht ein dem Hauptschulabschlußniveau gleichzusetzender Kenntnis- und Fertigkeitenstand vorgewiesen zu werden, sondern vor allem in den Grundlagenfächern ein Stand, auf dem aufbauend das Niveau der letzten Hauptschulklasse ein Jahr später in etwa erreicht werden kann. Die im BGJ neben der "Ausbildungsreife" zu erwerbende "Weiterbildungsreife" beinhaltet für den erfolgreichen Absolventen des BGJ, der zuvor die Vorklasse besucht hatte, die Möglichkeit, in die 2. Klasse der zweijährigen Berufsfachschule einzutreten. Dies setzt allerdings das erfolgreiche Absolvieren der im BGJ angebotenen Förderkurse voraus, die zum Hauptschulabschluß führen.

Die Namensgebung für die verschiedenen Einrichtungen wurde vorgenommen auf der Grundlage der inhaltlichen Differenzierung nach den Bildungszielen "Ausbildungsreife" und "Betriebsreife". Während der Bildungsgang mit dem Ziel der Ausbildungsreife neben einer kompensatorisch ausgerichteten allgemeinbildenden eine breite berufliche Grundbildung vermitteln soll, ist der BVL eher als eine direktere Art der Berufsvorbereitung in dem Sinne zu verstehen, daß der Jugendliche mit Ausbildungsinhalten in zeitlich sehr gestreckter Form konfrontiert wird, die denjenigen der ersten Monate einer Ausbildung in einem Beruf entsprechen, der wesentlich geringere theoretische Anforderungen mit sich bringt. Dazu werden neben einer zeitlichen Streckung auch pädagogische Verfahren notwendig sein, die auf diesen Personenkreis speziell zugeschnitten sind.

Anzahl und Kapazität der bestehenden F-Lehrgänge, die von der BA finanziert werden, sollen zunächst eingefroren und mit der Zeit abgebaut werden. Die freiwerdenden Kapazitäten räumlicher und personeller Art können von den jetzigen Trägern dieser Lehrgänge durch Übernahme von Berufsvorbereitungslehrgängen genutzt werden, oder - dies kann sich aber nur auf die größeren Träger beziehen und ist abhängig vom Nachweis eines entsprechenden qualifizierten Mitarbeiterstabes - es können Vorklassen zum BGJ in Lehrgangsform dort eingerichtet werden[206]. Für beides wird der Bedarf so groß eingeschätzt werden können, daß die vorhandenen Kapazitäten in jedem Fall nicht brachzuliegen brauchen.[207]

2.2 Die einjährige Vorklasse zum BGJ

Die einjährige Vorklasse zum BGJ soll Jugendliche vor allem aus der Gruppe der Lerngestörten in einem Jahr auf einen Fertigkeiten- und Fähigkeitenstand bringen, der den weiteren Besuch eines BGJ ermöglicht.[208] Jugendliche, die auch nach dem Besuch der Vorklasse erhebliche Störungen und Defizite aufweisen und daher nicht die "Berufsgrundbildungsreife" erreichen, sollen zumindest auf einen der "Betriebsreife" gleichkommenden Stand gebracht werden und zur Aufnahme eines zweijährigen Ausbildungsverhältnisses gerüstet sein.

Die Schulung soll von zwei inhaltlichen Schwerpunkten ausgehen: zum einen von der auf werkpraktischem Gebiet erfolgenden Berufsfindung im Sinne einer verschiedene Berufsfelder umfassenden Unterweisung in verschiedenen Werkstätten, zum anderen von der Auffüllung von schulischen Lücken mit dem Ziel, den Anschluß an das beim Eintritt in das BGJ vorzuweisende theoretische Niveau im wesentlichen herzustellen.

Die Vorklassen zum BGJ sollen rein organisatorisch den bestehenden bzw. zu errichtenden Berufsgrundschulen angeschlossen werden. Eine personelle Durchdringung beider Organisationsbestandteile im Hinblick darauf, daß Lehrkräfte eine Klasse in bestimmten Fächern von der Vorklasse bis zum Ende des eigentlichen BGJ begleiten, ist zu einem gewissen Teil anzustreben. Dies hat den für lerngestörte Jugendliche heilpädagogisch wünschenswerten Effekt einer stabilen und kontinuierlich aufrechtzuerhaltenden personellen Zuwendungsstruktur. Da der lerngestörte Jugendliche während der Förderungszeit aber auch psychische Mobilität und Flexibilität erwerben, d.h. also sich von der Notwendigkeit einer dauerhaften Fixierung auf wenige Bezugspersonen lösen muß, sollte diese personelle Kontinuität nur auf einen Teil der Lehrkräfte beschränkt bleiben.

Eine Durchdringung von Vorklasse und BGJ muß da haltmachen, wo substantielle heilpädagogische Erfordernisse tangiert sind. Dies muß in dem Sinne verstanden werden, daß die didaktisch-methodische Struktur der in der Vorklasse erfolgenden Förderung auch heilpädagogisch-therapeutischen Leitlinien folgen soll. Die notwendige Hinführung der Jugendlichen zu Leistungsorientierung und weniger störungsanfälliger Leistungsfähigkeit muß schrittweise erfolgen; der psychologischen Stabilisierung und dem Aufbau von Verhaltenssicherheit muß in der Förderung breiter Raum gewidmet werden.

Die Jugendlichen erhalten bei erfolgreichem Abschluß der Vorklasse ein Zeugnis, in dem die Zuerkennung der Berechtigung zum Eintritt in das BGJ mit der Verpflichtung zum Besuch der dortigen Förderkurse ausgesprochen wird. Kann diese aufgrund von nach wie vor vorhandenen erheblichen Defiziten im Theoretischen nicht ausgesprochen werden, so sollte das Zeugnis bei ausreichender Bewährung im praktischen Teil der Schulung einen Vermerk über die Zuerkennung der "Betriebsreife" enthalten. Die Realisierung des Durchlässigkeitsprinzips sollte es darüber hinaus ermöglichen, Jugendliche im Laufe der ersten 12 Wochen von der Vorklasse in das BGJ selbst aufrücken zu lassen, sobald sich herausstellt, daß sie in der Vorklasse unterfordert sind, einen erfolgreichen Besuch des BGJ aber mit hoher Wahrscheinlichkeit gewährleisten können.

Neben der organisatorischen Form eines Anschlusses an eine bestehende oder zu errichtende Berufsgrundschule soll die Errichtung der Vorklasse zum BGJ auch in Lehrgangsform mit Internatsunterbringung möglich sein. Dabei findet die theoretische und werkpraktische Schulung - ähnlich wie in den von der BA finanzierten F-Lehrgängen der größeren Träger[209] - in lehrgangseigenen Werkstätten und Unterrichtsräumen statt. Die Errichtung der Vorklasse in dieser Form könnte beispielsweise in ländlichen Regionen sinnvoll erscheinen, wo es für viele Jugendliche eine unzumutbare Belastung wäre, zum Besuch des Unterrichts täglich an- und abzufahren.

Darüber hinaus soll der Errichtung von Vorklassen zum BGJ in Lehrgangsform die Intention zugrundegelegt werden, mit freizeitpädagogischen und gruppendynamischen Beiträgen und Bemühungen zur psychischen Stabilisierung der Jugendlichen beizutragen und damit Bestandteil des Gesamterziehungskonzepts der Einrichtung zu sein. Aus diesem Grunde bietet sich die Lehrgangsform auch als eine Einrichtungsart an, die primär Jugendliche aufnehmen kann, deren häusliche Verhältnisse als einer sinnvollen psychischen und leistungsmäßigen Entwicklung mit dem Ziel der beruflichen Integration nicht förderlich erscheinen.

Während die Vorklassen zum BGJ in der zuerst beschriebenen Form von den staatlichen Kultusverwaltungen bzw. den nachgeordneten Behörden in eigener Regie durchgeführt werden, sollte die Errichtung von Vorklassen in Lehrgangsform wohl privaten Bildungsträgern übertragen werden. Dabei ist - wie schon erwähnt - daran gedacht, teilweise die durch Abbau der bestehenden F-Lehrgänge der BA freiwerdenden Kapazitäten zu nutzen oder auch neue Einrichtungen zu schaffen. Für das staatliche Schul- und Bildungswesen jedenfalls würde die Realisierung eines zusätzlichen heilpädagogischen Konzepts vorerst sicherlich eine sachliche und personelle Überforderung darstellen. Die großen freien Bildungsträger dagegen, die bisher mit großem Aufwand die von der BA finanzierten Maßnahmen durchgeführt haben, finden hier ein ihnen adäquates Betätigungsfeld und können die bisher in ihren Einrichtungen der Berufsförderung gewonnenen Erfahrungen umsetzen und weiterhin wirksam werden lassen.

Daher erscheint es durchaus sinnvoll, daß solche von privaten Trägern durchgeführten Maßnahmen unter Beibehaltung der gemeinsam verpflichtenden Zielsetzungen und Durchführungs-Rahmenbestimmungen im werkpraktischen und theoretischen Bereich eine den staatlichen Einrichtungen gegenüber alternative, mehr ergänzende denn konkurrierende Konzeption der Förderung entwickeln unter betonter Hinzuziehung des heim- bzw. sozialpädagogischen Teils des Förderungskonzepts.[210] Dies setzt natürlich eine sorgfältige Auswahl von geeigneten Trägern und eine entsprechende Kontrolle ihrer Arbeit voraus; eine derjenigen anderer Schularten unter freier Trägerschaft vergleichbare Autonomie sollte dabei gewährt werden. Inwieweit darüber hinaus die Kosten für die internatsmäßige Unterbringung und die sozialpädagogische Betreuung aus anderen Mitteln als aus denjenigen der Kultusverwaltungen finanziert werden können, sollte geprüft werden.

2.3 Das Förderkurssystem innerhalb des BGJ

Die vorgeschlagene Konzeption der Berufsförderung und -vorbereitung Lerngestörter geht von einer ihr zugrundeliegenden Zweistufigkeit aus. In der 1. Stufe, der Vorklasse zum BGJ, sollen vorhandene theoretische Defizite und reversible kognitive Schwächen nicht unbedingt vollkommen, aber doch wenigstens soweit ausgeglichen und aufgearbeitet werden, daß hinsichtlich der Beherrschung der Kulturtechniken ein Fundament vorhanden ist, auf dem die weitere Schulung durch das dann mehr fachtheoretisch orientierte BGJ als 2. Stufe aufbauen kann. Während somit der Schwerpunkt der theoretischen Schulung in der Vorklasse allgemeinbildender Natur ist, verschiebt er sich während des BGJ zum Fachtheoretischen hin.

Es muß jedoch davon ausgegangen werden, daß die einjährige Schulung in der Vorklasse für die Mehrheit der dort unterrichteten Jugendlichen noch keineswegs genügt, um sie mit einem dem Hauptschulabschluß material annäherend gleichwertigen Bildungsstand zu entlassen. Dies kann nur dann erreicht werden, wenn auch das zweite zur Verfügung stehende Jahr der Berufsgrundbildung im BGJ zum Teil hierfür verwendet wird, freilich nur unter dem Aspekt einer gezielten Selektion des Lernzielkataloges, wie er dem Unterricht an Hauptschulen zugrundeliegt.

Zu diesem Zweck soll an den bestehenden und neu zu errichtenden Berufsgrundschulen ein Förderkurssystem eingerichtet werden, das allen Berufsgrundschülern offensteht, aber inhaltlich und methodisch ganz auf die Gruppe der Absolventen der Vorklasse abgestimmt ist. Fächerkatalog und -inhalte sind auf die - cum grano salis zu verstehende - endgültige Kompensation von Defiziten im allgemeinbildenden Grundlagenbereich ausgerichtet. Absolviert ein aus der Vorklasse kommender Schüler das BGJ und die Förderkurse erfolgreich, so erwirbt er damit gleichzeitig die Hauptschulabschlußqualifikation. Er sollte dann ein Zeugnis erhalten, in dem dies ausdrücklich vermerkt wird.

Im obligarotischen Bereich des Fächerangebotes besuchen die Absolventen der Vorklasse und die Hauptschulabgänger mit Abschluß gemeinsam den Unterricht in - auf die genannten zwei Schülerkategorien bezogen - "gemischten" Klassen. Didaktik und vor allem Methodik müssen hierauf etwas eingestellt werden; von Lehrerseite aus sollte so weit wie möglich versucht werden, die gruppendynamische Entwicklung einer solchen Klasse auf eine intensive Kooperation der Schüler untereinander hin zu beeinflussen. Gruppenarbeit und ähnliche pädagogische Techniken der kommunikativen Zusammenführung von Jugendlichen während des Arbeits- und Lernprozesses sollen eine Sozialstruktur und ein personales Klima erzeugen, das dem Absolventen der Vorklasse Anpassung an Verhalten und Leistungsfähigkeit der "normal" Lernfähigen und seine völlige Integrierung in einen von den bildungsmäßigen Voraussetzungen her gemischten Sozialverband ermöglicht.

Der werkpraktische und fachtheoretische Unterricht bezieht sich im BGJ im Gegensatz zur Vorklasse auf nur ein Berufsfeld, wie dies in den bisher praktizierten BGJ-Konzeptionen auch der Fall ist. Dabei müßten die zukünftigen Planungen berücksichtigen, daß die verschiedene Berufsfelder umfassende werkpraktische Förderung der Vorklasse auf die Unterweisung des BGJ abgestimmt wird. Hierbei könnte auch überlegt werden, ob für Hauptschulabgänger mit Abschluß in den ersten Wochen des BGJ Förderkurse im werkpraktischen Bereich eingerichtet werden sollten, mit deren Hilfe diese an das Fertigkeiten- und Kenntnisniveau herangeführt werden, das die Absolventen der Vorklasse bereits aus der dortigen Unterweisung in dem entsprechenden Berufsfeld mitbringen. Dies führt zwar zu zusätzlichem schulplanerischem Aufwand, beinhaltet aber auch zwei bedenkenswerte Vorteile: Zum einen würde der durch den Besuch von Förderkursen im allgemeinbildenden Teil vorhandene letzte Rest von Diskriminierung der Gruppe der Lerngestörten kompensiert werden können, da die Gruppe der "normal" Lernfähigen nun auch Förderkurse zu besuchen hätte; zum ersten Mal seit vielen Schuljahren würde dies auch vielen der in manchem Jahr zuvor benachteiligten Jugendlichen das Gefühl geben, einer anderen, vermeintlich "besseren" Gruppe von Schülern etwas voraus zu sein. Zum anderen würde dadurch das Unterrichtsprogramm der werkpraktischen Unterweisung weitergehende Lernziele als bisher verfolgen können und es so den Ausbildungsbetrieben und örtlichen Kammern erleichtern, das BGJ als 1. Ausbildungsjahr anzuerkennen und bei Eintritt des Jugendlichen in die betriebliche Ausbildung auch tatsächlich mit dem Ausbildungsprogramm des 2. Lehrjahres zu beginnen.[211]

Für die Gruppe der Absolventen von Vorklasse und BGJ sollte im übrigen die Frage der Anerkennung genauso gehandhabt werden wie für "normale" Hauptschulentlassene mit direkt sich anschließendem BGJ. Das würde bedeuten, daß die zweijährige Berufsvorbereitungsschulung, die der lernbehinderte oder -gestörte Jugendliche nach der Schulentlassung durchmacht, mit 1 Jahr auf die Ausbildungszeit angerechnet wird.[212] Erfolgreichen Absolventen des BGJ sollte darüber hinaus der Weg in die 2. Klasse der zweijährigen Berufsfachschule offenstehen. Dies müßte auch für ehemalige Absolventen der Vorklasse gelten, soweit sie vor allem in den allgemeinbildenden Fächern innerhalb der Förderkurse des BGJ einen wenigstens ausreichenden Leistungsstand erreicht haben. Beendet ein Jugendlicher das BGJ ohne Erfolg, d.h. mit insgesamt nicht mehr ausreichenden Leistungen, so sollte er sich zumindest für die Aufnahme eines fachtheoretisch weniger anspruchsvollen dreijährigen Ausbildungsberufes qualifiziert haben, soweit er im Werkpraktischen noch mit "ausreichend" bewertet werden kann. Die Frage der Anrechnung eines Jahres auf die Ausbildungszeit sollte in einem solchen Fall individuell gehandhabt und entschieden werden.

Es müßte geprüft werden, ob - wie dies von einzelnen Bundesländern bereits für 1973 vorgeschlagen war - Berufsgrundschüler in die finanzielle Förderung des Bundesausbildungsförderungsgesetzes (BAFöG) aufgenommen werden können. Dies wäre gerade für die Gruppe der Lernbehinderten und -gestörten von Bedeutung, da diese ja dann zwei Jahre zwischen Schulzeit und Aufnahme der Berufsausbildung ohne Verdienst bleiben.[213] Für die Schüler der Vorklasse zum BGJ sollte in Erwägung gezogen werden, mit Erziehungsbeihilfen die Zeit bis zum Eintritt ins BGJ finanziell zu überbrücken.

2.4 Der Berufsvorbereitungslehrgang (BVL)

In der Regel in zweijährigen Berufsvorbereitungslehrgängen sollen Jugendliche bis zur Betriebsreife gefördert werden, die einerseits ohne diese Förderung selbst für ungelernte Arbeiten in der Industrie nur bedingt einsetzbar sind und von denen andererseits angenommen werden kann, daß sie der Weg über die Vorklasse zum BGJ bis zum BGJ selbst völlig überfordern würde, da sie aufgrund sehr starker mentaler und/oder intellektueller und/oder psychischer und/oder leichter physischer Schwächen und Störungen auch in einer zweijährigen Förderung nicht auf den Stand gebracht werden können, daß sie im allgemeinbildenden Bereich auf ein Hauptschulabschlußniveau kommen und anschließend ein Ausbildungsverhältnis eingehen könnten. Das bedeutet, daß als Zielgruppe der Berufsvorbereitungslehrgänge diejenige der tatsächlich und substantiell lernbehinderten Schulabgänger angesehen werden muß.

Für Ausnahmefälle sollte dennoch die Möglichkeit offengehalten werden, nach einer zweijährigen BVL-Zeit ein Ausbildungsverhältnis zu beginnen, da unter bestimmten Umständen (zu denen etwa starke Retardierungsmomente in der Entwicklung des Jugendlichen zählen könnten) in Einzelfällen von Jugendlichen ein Stand erreicht werden kann, der die Ausbildungsreife beinhaltet. Diese Fälle sollten aber nur äußerst selten vorkommen, da eine solche Disposition eines Jugendlichen nach Möglichkeit bereits während der ersten zwölf Wochen im BVL erkannt werden und eine Umschulung in die Vorklasse zum BGJ veranlaßt werden sollte.[214]

Für die Zielgruppe von Jugendlichen, die durch einen BVL angesprochen werden soll, ergibt sich natürlich die Notwendigkeit einer völlig anderen didaktischen Struktur als für die beiden vorher beschriebenen Einrichtungen. Grundsätzlich muß davon ausgegangen werden, daß in dem pädagogischen Konzept eines BVL der Bereich der werkpraktischen Unterweisung vom dafür verwendeten zeitlichen Aufwand her gesehen wesentlich überwiegen muß.

Die Durchlässigkeit des Modells muß sich für die Jugendlichen im BVL in der Form darstellen, daß in einzelnen Fällen im Laufe der ersten 12 Wochen die Möglichkeit besteht, in eine Vorklasse zum BGJ zu wechseln; von dieser Möglichkeit sollte Gebrauch gemacht werden, wenn sich herausstellt, daß ein Jugendlicher im BVL stark unterfordert ist und nicht adäquat gefördert werden kann. Man kann davon ausgehen, daß ein Wechsel in den ersten 3 Monaten eines Schuljahres sowohl vom Jugendlichen wie von der aufnehmenden Schule bzw. dem aufnehmenden Lehrgang noch verkraftet werden kann. Eine darüber hinausgehende Durchlässigkeit für die Teilnehmer und Absolventen eines BVL erscheint nur in Ausnahmefällen sinnvoll und allgemein wenig praktikabel. Sie könnte so aussehen, daß ein Jugendlicher nach einem Jahr BVL bei sehr guten Leistungen in allen Bereichen in die Vorklasse zum BGJ wechselt; dann aber hätte er noch 2 Jahre vor sich, bevor er eine Berufsausbildung beginnen könnte. Die Zeit der berufsvorbereitenden Förderung würde sich insgesamt somit auf 3 Jahre ausdehnen: ein Zeitaufwand, der eine solche Möglichkeit für die überwiegende Mehrzahl der Jugendlichen völlig unattraktiv erscheinen läßt.

Jugendliche, die den BVL mit wenigstens ausreichendem Erfolg absolvieren, sollten nach Möglichkeit in einen zweijährigen Ausbildungsberuf Einlaß finden. Zumindest aber müßten sie für einen technisch relativ anspruchsvollen Einarbeitungsberuf geeignet sein. Industrielle Großbetriebe, die Berufsvorbereitungslehrgänge durchführen und Ausbildungsgänge nach dem Stufenprinzip anbieten, sollten die Teilnehmer an ihrem BVL in die Stufenausbildung mit einbeziehen und dem Jugendlichen unter möglichst weitgehender Anerkennung der BVL-Zeit Aufstiegschancen im Sinne des Stufenprinzips eröffnen. Beginnt ein Jugendlicher nach Absolvieren eines BVL ein Ausbildungsverhältnis in einem zweijährigen "Anlern"-Beruf, so sollte ihm seine Lehrgangsbesuchszeit als 1. Ausbildungsjahr angerechnet werden.

Zwei Kategorien von Trägern solcher Berufsvorbereitungslehrgänge sind denkbar. Die erste besteht aus den bereits bei den Einrichtungen der BfA aufgetretenen privaten Bildungsträgern, soweit sie entsprechende Kapazitäten vorweisen können.

Die zweite mögliche Institutionsgruppe, die als Träger von Berufsvorbereitungslehrgängen infrage kommt, sind große und mittlere Industriebetriebe mit eigener Lehrwerkstatt, die ein bis zwei Gruppen von ca. jeweils 12 Jugendlichen in den gleichen Räumen und unter gleichen Bedingungen wie ihre Auszubildenden im Sinne der Zielsetzung des BVL unterweisen lassen könnten. Einer Gruppe von 12 jugendlichen Lehrgangsteilnehmern sollte mindestens ein Ausbilder voll zur Verfügung stehen. Es wäre auch denkbar, daß im Rahmen überbetrieblicher Lehrwerkstätten die Möglichkeit geschaffen wird, eine bestimmte Anzahl von Teilnehmern an einem BVL aufzunehmen und in den vorhandenen Räumen von darauf gesondert vorbereiteten Ausbildern zu schulen.

Die Finanzierung der Berufsvorbereitungslehrgänge sollte wie bei den bisherigen E-Lehrgängen, an die sich das BVL-Konzept anlehnt, weiterhin über die Berufsausbildungsbeihilfe und die institutionelle Förderung der BA bestritten werden. Das würde bedeuten, daß die Förderung der eigentlich Lernbehinderten gemäß dem AFG und der von dem Verwaltungsrat der BA erlassenen Anordnung "über die Arbeits- und Berufsförderung Behinderter (A Reha)"[215] unter der Rechtsaufsicht der Arbeitsverwaltung verbleibt, daß letztere sich aber aus der beruflichen Förderung und Vorbereitung von lerngestörten Jugendlichen zurückzieht und dies den Kultusverwaltungen überläßt. Die Finanzierung von Maßnahmen der Rehabilitation Lernbehinderter ist rechtlich eindeutig und zweifelsfrei als Aufgabengebiet der BA zu kennzeichnen. Diesem Feld könnte sie sich dann stärker widmen als bisher und wäre aus der verzwickten juristischen Situation befreit, in die sie die zunehmend zu allgemeinbildenden Kompensationsstätten sich ausweitenden F-Lehrgänge gebracht haben.

Andererseits muß der BA und den Landesarbeitsämtern dringend nahegelegt werden, stärkere Kontrollmöglichkeiten hinsichtlich der Arbeit einzelner Träger zu schaffen. Über die Rechtsaufsicht hinaus sollten die Landesarbeitsämter auch Fachaufsichtsfunktionen ausüben und den Trägern gegenüber exakter als bisher gefaßte Auflagen hinsichtlich quantitativer und qualitativer Fragen des pädagogischen Lehrgangspersonals vertreten können. Darüber hinaus sollte vor Realisierung der hier vorgeschlagenen Reform der Förderungsmaßnahmen ein für alle Träger verbindliches Rahmencurriculum erarbeitet werden, das dann auch seine sinnvolle - und ja stets notwendige - Weiterentwicklung möglich macht.

2.5 Zusammenfassender Überblick über das Gesamtmodell

Das vorgeschlagene Gesamtmodell geht davon aus, daß eine sinnvolle Berufsvorbereitung Lernbehinderter und -gestörter im teilweisen Verbund mit kompensatorischer allgemeinbildender Förderung auf die Dauer von zwei Jahren ausgelegt sein muß. Als weitere Prämisse des Modells ist das negative Votum zu einem Sonder-BGJ zu betrachten; vielmehr stellt das Modell den Versuch dar, spezifische Bedürfnisse der Lernbehinderten und -gestörten mit ihrer möglichst uneingeschränkten Integration ins Berufsbildungssystem der "normal" Lernfähigen zu verbinden.

Da jedoch realistischerweise nicht davon ausgegangen werden kann, alle Jugendlichen aus der Gruppe der Lernbehinderten und -gestörten zu einem dem Hauptschulabschluß in etwa vergleichbaren Kenntnis- und Fertigkeitenstand und zur Ausbildungsreife zu bringen, wird eine Zweiteilung der vorgeschlagenen Maßnahmen vorgesehen, die in der Zweiteilung der Klientel in Jugendliche mit therapierbaren und kompensierbaren Lernstörungen einerseits und solche mit irreversiblen substantiellen Lernbehinderungen andererseits ihre Entsprechung findet.

Die weitaus größere der beiden Gruppen, die lerngestörten Schulentlassenen, sollen dem Modell zufolge eine zweijährige und zweistufige Förderung durchlaufen, die aus einer einjährigen Vorklasse zum BGJ und dem BGJ selbst besteht. Während erstere als Berufsfindungsjahr konzipiert wird und im theoretischen Bereich primär der Kompensation allgemeinbildender Kenntnisse und Fertigkeiten dienen sollte, findet im zweiten Jahr, im BGJ selbst, eine völlige Integration der lerngestörten Jugendlichen in die übrige, "normal" lernfähige Schülerschaft statt; Förderkurse sollen die Aufarbeitung allgemeinbildender Defizite fortführen und abschließen. Mit diesen Einrichtungen wird hauptsächlich der Kreis von Jugendlichen erfaßt, der bislang - soweit überhaupt Plätze zur Verfügung stehen - in etwa durch die F-Lehrgänge der BA angesprochen wird. Der Trend dieser auf der Grundlage des AFG errichteten Maßnahmen zur Verschulung und ihre Entwicklung zu Kompensationsstätten für allgemeinbildende schulische Defizite zeigt sowohl den Bedarf für solche Einrichtungen auf wie auch die Chancen, eine Vielzahl von Jugendlichen in dieser Richtung fördern zu können.

Für die Gruppe der weitgehend irreversibel Lernbehinderten sollen Berufsvorbereitungslehrgänge zur Verfügung stehen, die eine mit werkpraktischem Schwerpunkt ausgerichtete Schulung in einem Berufsfeld durchführen. Im allgemeinen sollen diese Lehrgänge 2 Jahre dauern und mit einem Jahr auf ein später eventuell einzugehendes "Anlernverhältnis" angerechnet werden. Als Träger sollten private Bildungswerke und -vereine sowie Großbetriebe mit eigenen Lehrwerkstätten fungieren. Auch im Rahmen von überbetrieblichen Lehrwerkstätten ist die Durchführung eines BVL denkbar.

Die erfolgreichen Absolventen eines BGJ haben die Möglichkeit, ein drei- oder dreieinhalbjähriges Ausbildungsverhältnis einzugehen oder in die 2. Klasse der Berufsfachschule einzusteigen. Teilnehmer eines BVL, die den Lehrgang wenigstens mit ausreichenden Leistungen abschließen, sollten zur Aufnahme einer zweijährigen Ausbildung in einem Anlernberuf befähigt sein. Während die Teilnehmer eines BVL durch die von der Arbeitsverwaltung gewährten Berufsausbildungsbeihilfen finanziell abgesichert sind, sollten Schüler eines BGJ in die Regelungen des BAFöG aufgenommen werden. Für Schüler der Vorklassen sollte die Gewährung von Erziehungsbeihilfen in Erwägung gezogen werden.

S K I Z Z E

zum vorgeschlagenen Modell

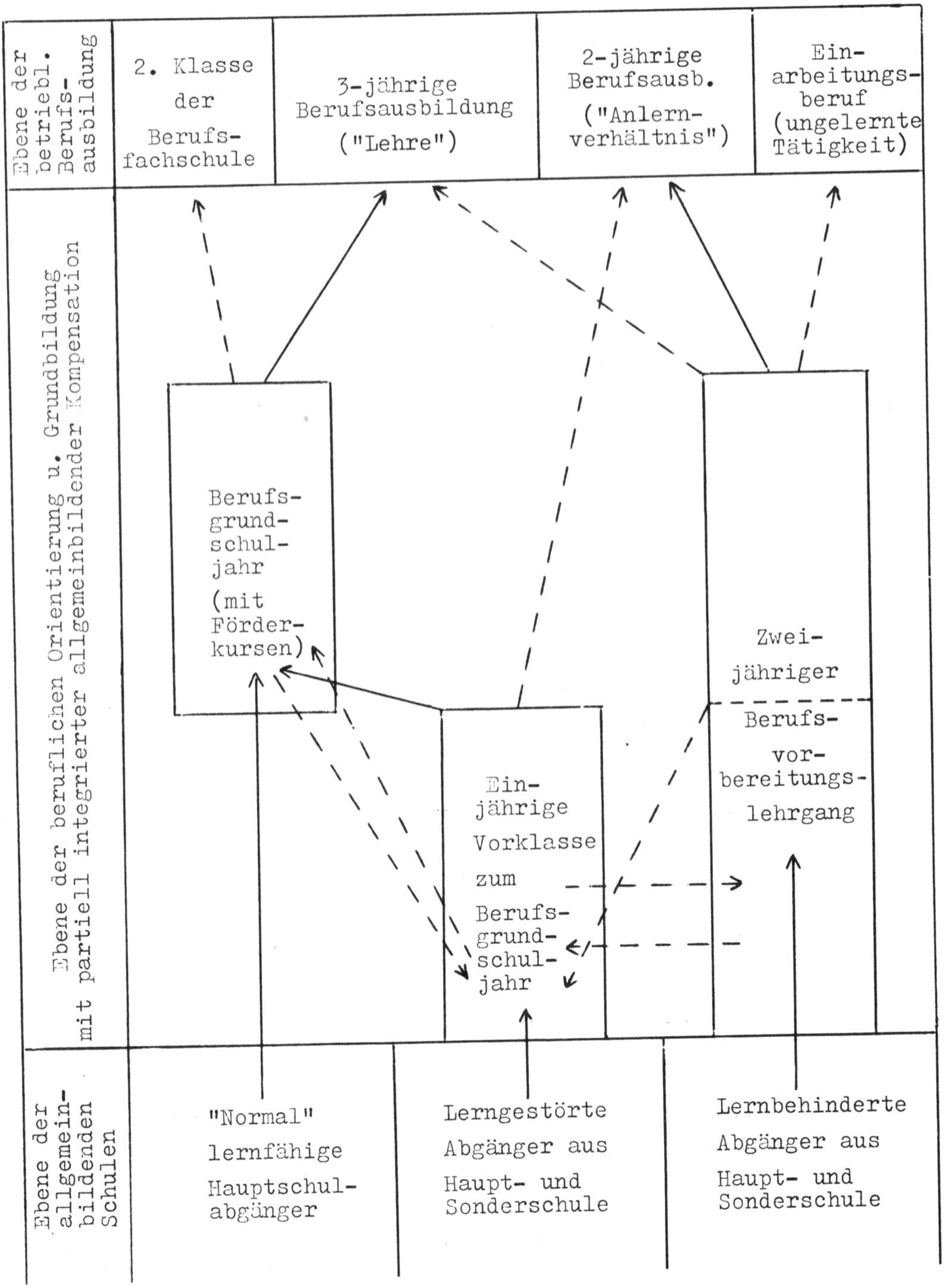

3. Zuordnung und Zuweisung der Jugendlichen auf die verschiedenen Einrichtungen

Es ist bereits aufgezeigt worden, daß der Bildungsgang über die Vorklasse zum BGJ mit Förderkursen den Jugendlichen offenstehen soll, die als lerngestört einzustufen sind, während der BVL auf die echt lernbehinderten Schulabgänger zugeschnitten ist. Die Frage der Kriterien einer solchen Zuordnung kann hier nicht genauer beantwortet werden als dies eingangs versucht wurde; auf diesem Gebiet ist noch eine Menge an Forschungsarbeit zu leisten.[216]

Besonders problematisch wird eine Kategorialisierung bei Jugendlichen, die verschieden klassifizierbare Symptome von Lern- und Bildungsbeeinträchtigungen aufweisen, also z.B. physische und motorische Normalentwicklung verbunden mit intellektueller Retardierung oder stark gestörte physische Motorik verbunden mit für diese Gruppe durchschnittlicher kognitiver Leistungsstärke. Solange hingegen Symptome gemeinsam auftreten, die auf denselben Grad an Beeinträchtigungen hinweisen, wird eine Zuordnung wesentlich weniger problematisch sein. So läßt beispielsweise das Syndrom erheblicher psychischer und intellektueller Retardierungsmomente eindeutig auf eine Einweisung in einen BVL schließen; ähnliches gilt für Probanden mit starken motorischen Fehlentwicklungen und Störungen oder mit organischen Beeinträchtigungen.[217]

Während organische Störungen ärztlicherseits relativ eindeutig feststellbar sind, müssen psychologische Dispositionen aufgrund zumeist fehlender Möglichkeiten der Objektivierung von Daten zur psychischen Struktur eines Jugendlichen dem persönlichen Eindruck und der analytischen Potenz eines oder mehrerer Psychologen überlassen bleiben. Zu überlegen ist demzufolge, welche Institution man mit der Eingruppierung und Zuordnung von Jugendlichen zu den neu zu errichtenden Einrichtungen betraut. Zu denken wäre dabei sowohl an die bereits da und dort in spärlichem Umfang existierenden schulpsychologischen

Dienste wie auch an den psychologischen Dienst der Berufsberatung der einzelnen Arbeitsämter. Als zentrale Anlaufstelle für alle jugendlichen Schulentlassenen ohne Hauptschulabschluß würde sich zunächst sicher letzterer anbieten, zumal hier bereits Erfahrungen vorliegen, die bei der Zuweisung einer Vielzahl von Jugendlichen zu den F- und E-Lehrgängen der Arbeitsverwaltung gewonnen wurden. Eventuell vorhandene Schulpsychologen sollten jedoch in jedem Fall mit herangezogen werden.

Die anzuwendenden Testverfahren müßten dabei der Bedingung gehorchen, für die Gruppe der Lernbehinderten und -gestörten ein differenziertes Bild zu ergeben. Erhebliche Teile eines solchen Testpakets müssen jedoch noch entwickelt werden.[218] Dabei wird sicherlich der Bereich der kognitiven bzw. intellektuellen Leistungsfähigkeit - als ein noch relativ gut intersubjektiv überprüfbare Ergebnisse liefernder Testbereich - einen wichtigen Part zu übernehmen haben. Denn Fragen der theoretischen wie praktischen Intelligenz müssen in dem der Kategorienbildung zugrundeliegenden Kriterienkatalog naturgemäß eine vordere Stelle einnehmen.

Auf dieses gesamte Problemfeld kann hier nicht im einzelnen eingegangen werden. Es sei nur so viel gesagt, daß eine zu erstellende Testbatterie mit möglichst wenig sprachgebundenen Testeinheiten arbeiten sollte und solche Intelligenzfaktoren wie räumliches Vorstellungsvermögen, numerisches und abstraktes Denken, logisches Denken im Sinne des Erkennens von Abfolgen, tatsächliche (nicht assoziative) Merkfähigkeit, Wahrnehmungsgeschwindigkeit, Konzentrationsintensität etc. erfassen müßte. Auch der Bereich der manuellen Geschicklichkeit sollte eine Testung erfahren, wobei der Aspekt des motorischen Entwicklungsstandes des Jugendlichen als Testgegenstand auch in Erscheinung treten müßte.

Aufgrund der so gewonnenen Entscheidungskriterien kann dann eine Einweisung der Jugendlichen in die verschiedenen Einrichtungen vorgenommen werden, wobei Mitarbeiter der aufnehmenden Schule bzw. des Lehrgangs mit eingeschaltet werden sollten. Es wäre auch denkbar, daß in einem bestimmten Einzugsbereich für ein Bündel von Einrichtungen ein aus Vertretern aller dieser Einrichtungen bestehendes Gremium gebildet wird, das die Zuweisung der Jugendlichen auf der Grundlage der Testergebnisse und der psychologischen Gutachten endgültig festlegt.

Zu der Frage, inwieweit die Abgangsklasse und -schulart eines Jugendlichen als Zuordnungskriterium sinnvoll angewendet werden kann, muß auf das an anderer Stelle hierüber Gesagte verwiesen werden.[219] Natürlich müssen diese Aspekte mitberücksichtigt werden, da der theoretische Fertigkeitenstand bezüglich der Beherrschung der Kulturtechniken hiervon einerseits nicht unbeeinflußt und andererseits für die Frage der Einweisung in eine berufsvorbereitende Maßnahme von Bedeutung ist. Man wird jedoch aufgrund der bereits genannten Variablen außerhalb dieses Bereiches der Fertigkeitenbeherrschung die Abgangsklasse und -schulart nur als grobes erstes Vorselektionsinstrument einsetzen können.

Bei Abgängern aus der 9. Klasse Hauptschule ohne Abschluß und auch noch bei solchen aus der 8. Klasse ist zu prüfen, ob diese nicht ohne den Umweg über die Vorklasse sofort in ein BGJ eingewiesen werden können; dies sollte dann in Erwägung gezogen werden, wenn die Tests ein kognitives Potential sowie eine lernpsychologische Konstitution ermittelt haben, die ein erfolgreiches Abschneiden im BGJ erwarten lassen, wenn die dortigen Förderkurse zusätzlich besucht werden. Das Fertigkeitenniveau sollte zumindest bei einem Abgänger aus der 9. Klasse Hauptschule dazu vorhanden sein.

Auf der anderen Seite wird man bei aus der 6. oder niedrigeren Klassen entlassenen Hauptschülern und bei Sonderschulabgängern aus der 7. und aus niedrigeren, häufig auch bei solchen aus der 8. Klasse, Bedenken haben müssen, ob sie vom Fertigkeitenniveau her in der Lage sein können, im Laufe des einen Jahres der Vorklasse einen erheblichen Teil ihrer Defizite zu kompensieren. Im allgemeinen kann bei Jugendlichen, die aus diesen Klassen entlassen werden, eine echte Lernbehinderung angenommen und eine Einweisung in einen BVL vorgeschlagen werden; nur selten liegt die Ursache eines doch so erheblichen Schulversagens in vorübergehenden und kompensierbaren Retardierungserscheinungen oder ebensolchen motivationalen Störungen. Eher schon können langjährige Erkrankungen und Krankenhausaufenthalte zu solchen Entlassungsklassen führen, obwohl Lernbereitschaft und -fähigkeit beide gleichermaßen vorhanden sind; dies dürften jedoch von der Regel abweichende seltene Ausnahmefälle sein, die gleichwohl eine adäquate individuelle Behandlung erforderlich machen.[220]

4. Aspekte der didaktischen Struktur und der grundsätzlichen pädagogischen Konzeption der Einrichtungen

Der konzeptionelle Schwerpunkt der vorgeschlagenen Einrichtungen, darunter vor allem der Vorklasse zum BGJ und des BVL, muß heil- und kompensationspädagogisch ausgerichtet sein. Dabei ist in jedem Fall auf den Aufbau und die Festigung jener psychischer Dispositionen besonderes Augenmerk zu richten, welche die Gesamtpersönlichkeit des betreuten Jugendlichen in stabilisierender Weise zu beeinflussen vermögen. Fragen der Didaktik und Methodik sollten von diesem Postulat abgeleitet werden.

Der heilpädagogische Ansatz ist dabei als ganzheitlich im Sinne eines Fächer- und Fachgebietübergreifens zu verstehen. Das heißt, er ist im Bereich der werkpraktischen Unterweisung ebenso zu verwirklichen wie im fachtheoretischen und allgemeinbildenden Teil. Über seine konkreten methodischen Konzequenzen besteht in der einschlägigen Literatur weitgehende Einigkeit. Danach konstituiert sich das heilpädagogische Unterrichtsprinzip aus folgenden methodischen Teilprinzipien[221]:

1. Prinzip der Anschauung
2. Prinzip des handelnden Unterrichts
3. Prinzip der Handbetätigung
4. Prinzip der gelenkten Selbstbetätigung

5. Prinzip der Isolierung von Schwierigkeiten
6. Prinzip des Vorgehens in kleinsten lückenlosen Schritten
7. Prinzip der Differenzierung und Individualisierung
8. Prinzip der Wiederholung

Von diesen Grundsätzen wird man auch bei der Berufsförderung und -vorbereitung Lernbehinderter und -gestörter auszugehen haben.[222] Dabei sollten jedoch noch, über diese acht Punkte hinausgehend, folgende sieben weitere Prinzipien mit berücksichtigt werden:

9. Prinzip des Wechsels der Unterrichtstechnik während einer Unterrichtsstunde
10. Prinzip der Leistungsorientierung und -optimierung
11. Prinzip der Operationalisierung und Selektion von Lernzielen
12. Prinzip der intensiven personalen Zuwendung
13. Prinzip des Vertrautmachens mit adäquaten Lerntechniken
14. Prinzip der Hinführung zu einer bewußten Problemlösungsorientierung
15. Prinzip der Thematisierung ordnungspädagogischer Aspekte

Die relevantesten Aspekte dieser 15 genannten Punkte sollen zusammen mit Überlegungen zur grundsätzlichen didaktischen Struktur im folgenden dargestellt und problematisiert werden. Dabei kann es nur darum gehen, Tendenzen aufzuweisen und den Rahmen abzustecken, innerhalb dessen curriculare Diskussionen und Entwicklungen aufgenommen und weitergeführt werden könnten. Notwendig ist in jedem Fall, daß die gesamte didaktische Diskussion hinsichtlich möglicher oder bestehender Berufsvorbereitungs- und Schulkompensationsmaßnahmen möglichst unorthodox geführt wird und dabei auch Schemata infragestellt, die aus Gründen der Tradition oder im Gefolge modernistischer Strömungen u.U. die schulpädagogische Diskussion und Planung beherrschen. Wenngleich dabei nicht Originalität um jeden Preis angestrebt werden sollte, erscheint es mir doch sinnvoll, zumindest einmal Ansätze durchzuspielen, die auch eingefahrene Gleise zwischendurch verlassen.

Drei Gründe sollten hierfür maßgebend sein: Erstens muß von der These ausgegangen werden, daß viele lerngestörte Schulentlassene "Opfer" solcher die allgemeine Schulplanung beherrschender didaktischer Konzeptionen sind und sein werden[223]; zweitens steht zum Erreichen der Lernziele vor allem im allgemeinbildenden Teil der Vorklasse zum BGJ wesentlich weniger Zeit zur Verfügung als bezüglich vergleichbarer Lernziele in der Hauptschule; und drittens müssen Lernziele, Fähigkeiten und Fertigkeiten (wiederum vor allem in der Vorklasse) erreicht werden, die für die Jugendlichen sozusagen entwicklungsmäßige Anachronismen darstellen, da sie, 15- bis 16-jährig, mit Unterrichtsstoff konfrontiert werden, der im Alter zwischen 10 und 15 Jahren hätte rezipiert werden sollen. Diese drei Gründe sollten es rechtfertigen, bei den Überlegungen zur pädagogischen Grundlage eines Schulungskonzepts lernbehinderter und -gestörter Jugendlicher einmal über liebgewordene schulpädagogische Ansätze hinauszugehen.

Die im folgenden aufgeführten und herausgegriffenen Einzelaspekte des didaktisch-erzieherischen Konzepts gehen von mehreren vermeintlichen oder tatsächlichen Polaritäten einzelner pädagogisch-didaktischer Strukturelemente aus. Mit Hilfe dieser Methode soll die grundsätzliche Orientierung verdeutlicht werden, die dem zu entwickelnden Curriculum zugrundeliegen könnte. Daß eine solche Orientierung in der hier gebotenen Kürze nur einzelne selektierte Markierungspunkte setzen kann, liegt auf der Hand. Insofern sind die folgenden Ausführungen als ein Beitrag wenn nicht Anfang einer diesbezüglichen Diskussion zu verstehen.[224]

4.1 Das Verhältnis von Therapie- und Leistungsorientierung

Das allgemeine pädagogische Konzept muß eine Symbiose von therapeutischen Bemühungen einerseits und Hinführung zur Fähigkeit entkrampfter Leistungserbringung andererseits anstreben. Letzteres darf allerdings nicht verstanden werden als Hinführung zu einer maximalen Leistungsfähigkeit im allgemeinen Sinne oder im Sinne einer gesellschaftlichen Normenvorstellung; vielmehr soll es den pädagogischen Auftrag beinhalten, dem Jugendlichen zu einer seinen individuellen Möglichkeiten angepaßten optimalen Leistungsfähigkeit zu verhelfen. Zwei Gründe sollten hierfür maßgebend sein: Zum einen besteht vom Jugendlichen selbst her das subjektive Bedürfnis, eine aus seiner Sicht allgemeingültige "normale" Leistungsfähigkeit zu besitzen; zum anderen muß gesehen werden, daß hierfür auch eine objektive Notwendigkeit vorliegt, wenn der Jugendliche tatsächlich voll ins Berufs- und Arbeitsleben integriert werden soll: Gleichberechtigte gesellschaftliche und berufliche Integration im Rahmen einer leistungsorientierten Gesellschaft setzt ein gewisses Maß an Leistungsfähigkeit des einzelnen voraus. Die Mehrheit der lernbehinderten und -gestörten Jugendlichen kommt aber mit Defiziten im kognitiven und im Verhaltensbereich aus der Schule, die ihre Leistungsfähigkeit stark einschränken. Aufgrund mangelnder Leistungsfähigkeit und/oder Leistungsbereitschaft sind ja viele von ihnen letztendlich schon in der Schule gescheitert.

Das Verhältnis der meisten dieser schulisch irgendwie gescheiterten Jugendlichen zur eigenen Leistungsfähigkeit ist völlig verkrampft und schlägt sich in von diesen Schülern häufig geäußerten resignativen oder aggressiven Ohnmachtsgefühlen nieder. Gerade diese Jugendlichen nämlich entwickeln häufig den nachgerade fatalen Hang, das Leistungsprinzip in völlig überhöhter Form zu verinnerlichen und einer ständigen Selbstprüfung hinsichtlich ihres eigenen Standorts in der Leistungshierarchie ihrer Klasse, ihrer Gruppe und ihrer sozialen Umwelt anheimzufallen. Diese Selbsteinschätzung fällt zumeist unrealistisch negativ aus[225], was häufig Resignation und eine tatsächliche Einschränkung der Leistungsmöglichkeiten nach sich zieht. Dies aber ist ein circulus vitiosus, der die Anpassungsschwierigkeiten des Jugendlichen immer weiter potenziert: Mangelndes Selbstvertrauen, fehlendes Selbstwertgefühl und permanente Frustrationen aufgrund ausbleibender Erfolgserlebnisse führen zu Leistungsminderungen, diese wiederum verstärken die genannten psychischen Defizite oder Fehlhaltungen.

Dieser Automatismus ist nicht dadurch aufzuheben, daß man den Jugendlichen der abstrakten und allgemeinen Einsicht zu öffnen sucht, sich von seiner Überfixierung auf das Leistungsprinzip und seiner allzu schnellen Bereitschaft zur Resignation zu lösen. Ermahnungen, Strafen, verbale Indoktrinationsversuche müssen daher scheitern, zumal der Jugendliche diese Beeinflussungsmechanismen ohnehin aus Schule und Familie zumeist schon kennt und sie als wenig hilfreich einzuschätzen gelernt hat. Vielmehr kann diese teilweise bis ins Pathologische hineingehende Konstitution von Bewußtsein und Unbewußtem nur durch Nutzbarmachung und Aktivierung der Erlebnissphäre schrittweise abgebaut und auf ein Maß reduziert werden, das den fast selbstzerstörerischen Effekt daran beseitigt. Das heißt, dem Jugendlichen müssen Erlebnisse vermittelt werden, die ihn im "sicheren" Wissen und Erspüren der vermeintlichen eigenen Unfähigkeit erschüttern und seine bewußte Wahrnehmung und unbewußte Zuwendung auf vorhandene Leistungsmöglichkeiten und tatsächlich verbuchte Erfolge lenken.

Die beim Eintritt in eine berufsvorbereitende Einrichtung bei den meisten Jugendlichen vorhandene psychische Labilität kann so durch die Vermittlung von Erfolgserlebnissen Stück für Stück abgebaut und an ihrer Stelle eine stabilere Persönlichkeitsentwicklung eingeleitet werden. Dies setzt natürlich eine weitgehende Realisierung der eingangs genannten heilpädagogischen Prinzipien voraus, die zum prägenden Element einer Curriculumentwicklung werden müßten. Didaktische und vor allem methodische Fragen sind aus diesem therapeutischen Ansatz heraus zu beantworten. Es sei dazu noch einmal betont, daß dies nicht zur Konstituierung eines sich selbst genügenden heilpädagogischen Schonraumes führen darf, sondern in Weg und Ziel mit individuell adäquater Leistungsorientierung verbunden sein sollte.

Um eine Realisierung eines solchen Verbundes von Heilpädagogik und Leistungsorientierung sinnvoll leisten zu können, ist für die Gruppe der Lerngestörten als institutionelle Ausgangsbasis die Vorklasse zum BGJ konzipiert worden, die ja ganz spezifisch diesen diffizilen Belangen einer schrittweisen Hinführung zu weniger verkrampfter Leistungsfähigkeit und -bereitschaft gerecht werden kann. Zum Zeitpunkt des Überwechselns in das BGJ selbst sollte dann bereits eine gewisse Persönlichkeitsstabilisierung erreicht sein. Diese müßte während der anschließend im BGJ sich vollziehenden Integration der Lerngestörten in die Gruppe der "normal" Leistungsfähigen weitergeführt werden.

Neben den methodisch-didaktischen Konsequenzen muß ein solcher therapieorientierter Ansatz vor allem Folgen für den Bereich der erzieherischen Maßnahmen haben. Als wichtigste Instrumente auf diesem Feld sind Gruppen- und Einzelgespräche anzusehen. Die Möglichkeiten der Gruppen- und Einzeltherapie sollten dabei sehr differenziert und parallel zueinander praktiziert werden. Während erstere schwerpunktmäßig den Bereich gruppendynamischer Prozesse der Jugendlichen untereinander thematisieren, bewußt machen und beeinflussen müßte, ist den Einzelgesprächen die Funktion zuzuordnen, dem Jugendlichen die Möglichkeit zur Artikulation seiner Einzelprobleme zu geben; vorhandene psychische Verkrustungen und Verkrampfungen zu lösen; den Jugendlichen zu motivieren und u.U. aufzurichten; Verhaltensstörungen, die den Lernerfolg des einzelnen und der Gruppe beeinträchtigen, bewußt zu machen; individuelle, ihm adäquate Lernstrategien zu entwerfen und zu besprechen.

Die vorhandenen kommunikations- und interaktionshemmenden psychischen Dispositionen beruhen häufig auf "abnormem" oder zumindest auffälligem Rollenverhalten der Jugendlichen oder sie haben ihre Ursache in dem unbewußten Drang, negative Rollenerwartungen, die an eine bestimmte Personengruppe geknüpft werden, auf tatsächliche oder vermeintliche Mitglieder dieser Gruppe zu projizieren; nicht mehr der Mensch in seiner Individualität als Gegenüber wird dann vom Jugendlichen gesehen, sondern lediglich die Rolle, die auf ihn projiziert wurde und das dieser Projektion entsprechende Rollenverhalten, auch wenn sich dies von dem realen Verhalten grundlegend unterscheidet.

Dies sieht etwa bei vielen jugendlichen Hauptschulabgängern so aus, daß sie - unbewußt und automatisch - ihr negatives Lehrerbild auf jeden, auch zunächst unbekannten erwachsenen Menschen projizieren, sobald er in der Funktion eines Lehrers auftritt. Ein solches Lehrerbild, das der einzelne Jugendliche - soweit es tatsächlich in ihm vorhanden ist - aus der Pflichtschulzeit mitbringt und mit dem er etwa Strenge, Strafzuweisung, Erteilung schlechter Zensuren, Rechthaberei u.ä. identifiziert und assoziiert, stellt eine starke Behinderung der Interaktion zwischen Lehrer und Schüler und somit der Lernfähigkeit des betroffenen Schülers dar. Gruppen- und vor allem einzeltherapeutische Bemühungen könnten diese negative Rollenerwartung hinsichtlich der Person des Lehrers abbauen helfen. Eine intensive personale Zuwendung des Lehrers auf den Schüler hin ist aus methodischen Gründen (Differenzierung und Individualisierung des Lernprozesses) und aus prinzipiellen lernpsychologischen Aspekten heraus ohnehin ein therapeutisches Postulat.

Auch das eigene Rollenverhalten der Jugendlichen steht ihrer sozialen Kontakt- sowie Lern- und Leistungsfähigkeit in vielen Fällen im Wege. Von den das Sozialgefüge störenden Rollen sind es vor allem etwa die des Außenseiters, des Klassenclowns, des Cliquenchefs, des Organisators von sog. "Streichen", des permanenten Zwischenrufers u.a., welche die Jugendlichen aus ihren bisherigen Schulen mitbringen, wo sie sich mit ihrer Hilfe "profiliert" und "einen Namen gemacht" haben. Es muß nun Ziel der berufsvorbereitenden Maßnahme sein, diese Rollenfixierung aufzuweichen und durch das Vermitteln und Verstärken sinnvoller Erfolgserlebnisse "Profilierungsmöglichkeiten" in positiver Richtung zu schaffen.

Von dem grundlegenden pädagogischen Ansatz, durch Therapeutisierung der Methoden und Wege zu einer für den Jugendlichen optimalen Leistungsfähigkeit zu gelangen, müssen alle weiteren didaktischen, methodischen und erzieherischen Detaillösungen abgeleitet werden. Von dieser Grundlage her sind auch die in den folgenden drei Abschnitten dargelegten Überlegungen zu verstehen.

4.2 Das Verhältnis von theoretischer und werkpraktischer Schulung

Einer der wesentlichsten didaktischen Bestandteile eines therapieorientierten Förderungskonzepts der vorgeschlagenen Einrichtungen besteht in einer Durchdringung von theoretischem Lernen und werkpraktischer Betätigung. Es ist davon auszugehen, daß vor allem eine kompensatorische Bildungsbemühung im allgemeinbildenden Bereich mit wesentlich größeren Erfolgsaussichten vorgenommen werden kann, wenn der Jugendliche die Möglichkeit zu gezielter und didaktisch entsprechend strukturierter manueller Betätigung erhält.

Auf diesem Gebiet der Werk- bzw. Fachpraxis können sich unter den genannten Voraussetzungen bei den meisten Jugendlichen sehr schnell erste Erfolgserlebnisse einstellen, die zu einer Stabilisierung der Gesamtpersönlichkeit vieles beizutragen vermögen. Auf den Bereich des Manuellen als dem subjektiv so verstandenen Synonym für die Welt der Arbeit[226] ist ja der - wenn überhaupt noch vorhandene - Rest an Primärmotivation der meisten Jugendlichen gerichtet. Hier gehen sie demzufolge weniger verkrampft und mit größerer Selbstsicherheit an die ihnen gestellten Aufgaben heran, und hier liegt auch häufig die einzige und letzte Möglichkeit, Motivation für geplantes und gelenktes Tun freizusetzen; das Werkstück, das eventuell am Ende einer Unterweisungsphase steht, ist aus der Sicht des Jugendlichen als Objekt kreativer Bemühungen zu sehen. Dieses positive Verhältnis zu handwerklich-manueller Betätigung kann als Hebel benutzt werden, um einen Prozeß in Gang zu setzen, in dessen Verlauf - idealtypisch gesehen - auch das Verhältnis zu theoretischer Betätigung ins eher Positive verkehrt werden kann und an dessen Ende der Abbau der über Jahre hinweg aufgebauten und aufgestauten Aversionen gegenüber allem sich nicht aktuell in manueller Betätigung niederschlagenden "Lernen" schlechthin steht.

Daß dies in einer Vielzahl der Fälle vor allem bei Lernbehinderten auch in zweijähriger Förderung nicht in der beschriebenen idealtypischen Form möglich ist, wird jeder Praktiker bestätigen können. Aber ebenso wird sich Übereinstimmung darin erzielen lassen, daß in zahlreichen Fällen eine tendenziell so geartete Entwicklung eingeleitet werden kann. Einem Jugendlichen, der kein Vertrauen mehr in die eigene Leistungsfähigkeit hat, ist schon viel geholfen, wenn er, auf der Basis von Erfolgserlebnissen in der Werkstatt, auch im Schulischen so viel Selbstvertrauen entwickelt, daß er dort wenigstens den Mindestanforderungen nachkommen kann.[227] Die Schulung im BGJ und BVL wird in einem solchen Fall dem Jugendlichen die nötige psychische Stabilität vermittelt haben, um eine dann noch ein- oder zweijährige Berufsausbildung überhaupt durchhalten und in Theorie und Praxis, d.h. in Betrieb und Berufsschule auch einigermaßen erfolgreich absolvieren zu können.

Die Wechselbeziehung zwischen Theorie und Praxis muß daher bei der Entwicklung eines Curriculums mit Priorität thematisiert werden. Dabei ist dem Verbindungsglied zwischen beiden, nämlich der Fachtheorie, besonderes Gewicht beizumessen. Sie kann durch eine entsprechende inhaltliche wie personelle Ausgestaltung[228] zu einer Art unmerklicher Hinführung des Jugendlichen zu einem positiveren Verhältnis zu schulischem Lernen führen.

4.3 Das Üben von Fertigkeiten und die Vermittlung bewußtseinsbildender Inhalte: Anpassung oder Emanzipation?

Ein Konzept der Berufsvorbereitung eines bestimmten Personenkreises, das zur Schaffung oder Verbesserung der Funktionstüchtigkeit dieser Personengruppe führen soll, mag vordergründig als emanzipationsfeindlich und als bloße "Funktionsreparatur" der betroffenen Personen erscheinen. Natürlich thematisiert das vorgeschlagene Modell und seine Lernziele die Anpassung von Jugendlichen an Normen und Notwendigkeiten überwiegend industrieller oder handwerklicher Arbeit; dies muß aber nicht notwendigerweise eine emanzipatorische Funktion seiner Einrichtungen und Förderungsinhalte ausschließen.

Die Alternative für die Gruppe der lernbehinderten und -gestörten Jugendlichen heißt nicht Anpassung o d e r Emanzipation, sondern Emanzipation durch Anpassung. Die Außenseiterrolle vieler dieser Jugendlichen, ihre Disposition zu gesellschaftlicher und beruflicher Desintegration liegt ja gerade in einem Mangel an Anpassungsfähigkeit begründet. Emanzipation aber setzt soziale Kontaktfähigkeit, gesellschaftlich integriertes und material als gleichberechtigt akzeptiertes Dasein eines Individuums voraus. Wenn dies wiederum nur durch Anpassungsleistungen zu erreichen ist, muß es oberstes Ziel jeder kompensatorischen und berufsvorbereitenden Schulung von Lernbehinderten und -gestörten sein, deren Fähigkeit hierzu zu fördern bzw. erst einmal herzustellen.

Emanzipation kann für diese Jugendlichen dann doch nur bedeuten, sich aus den Zwängen, in die sie durch ihre bildungsmäßige Benachteiligung geraten sind, zu befreien, indem man letztere - soweit möglich - zu beheben sucht und gleichzeitig eine gezielte Berufsvorbereitung vornimmt. Daß dabei nicht beim bloßen manuellen und theoretischen Fertigkeitentraining stehengeblieben werden darf, sollte freilich ebenso selbstverständlich sein. Vielmehr sind bewußtseinsbildende Unterrichtselemente etwa über politische, soziale und betriebliche Fragen in die Schulung von Vorklasse, BGJ und BVL jeweils zu integrieren.

Dennoch wird dem Einüben von Basisfertigkeiten vor allem in der Vorklasse zum BGJ breiter Raum gewidmet werden müssen. Wenn man bedenkt, daß eine Vielzahl nicht nur lernbehinderter, sondern auch als lerngestört einzugruppierender Jugendlicher beispielsweise mit dem Multiplizieren ganzer mehrstelliger Zahlen oder mit dem Addieren von ganzen und Dezimalzahlen enorme Schwierigkeiten hat[229], so kann man sich das Defizit an Sicherheit im Gebrauch von Kulturtechniken ausmalen, das bei der Mehrheit auch der lediglich lerngestörten Jugendlichen vorliegt. Solange ein schulentlassener Jugendlicher an einer einfachen Textaufgabe aufgrund ungenügender Rechenfertigkeit scheitert, solange werden ihm u.U. sogar mangelhafte kognitive

Fähigkeiten unterstellt werden; zumindest aber erscheint er für jedweden qualifizierteren Ausbildungsberuf ungeeignet.

Im Bereich der Vermittlung und Einübung von Fertigkeiten sollte darüber hinaus ein Prinzip wirksam werden, das als "ordnungspädagogisches" Prinzip bezeichnet werden könnte. Diesem liegt die Überlegung zugrunde, daß Lernen im Sinne eines schritt- und stufenweisen Aneignen von Basisfertigkeiten bei lerngestörten und -behinderten Jugendlichen nur dann möglich ist, wenn die vielfach vorhandene intellektuelle "Verwahrlosung" abgebaut werden kann. Diese wiederum hat ein ganz komplexes Ursachengeflecht; in ihm sind u.a. enthalten Aversionen gegenüber dem nicht mehr altersgemäßen Schulstoff, Halbwissen und halbe Beherrschung von Fertigkeiten verschiedener Schwierigkeitsgrade, fehlende Problemlösungsorientierung, stattdessen der Glaube bzw. das subjektiv vermeintlich sichere Wissen darüber, daß alles schulische Lernen allein eine Gedächtnisangelegenheit sei.[230]

Diese fehlende Problemlösungsorientierung kann nur dann abgebaut werden, wenn die Jugendlichen mit möglichen Lerntechniken vertraut gemacht werden. Dies muß als ganz wesentlicher Punkt einer kompensatorischen Förderung lernbehinderter und -gestörter Jugendlicher angesehen werden, da sonst auch die besten didaktischen Ansätze zumindest bei einem Teil der Jugendlichen versagen würden. Natürlich ist dies auch eine Frage der fachspezifischen Methodik, die sich auf diese lerntechnische Problematik einstellen muß.

Auch das ordnungspädagogische Prinzip kann bei entsprechender Realisierung hier nutzbar gemacht werden. Wenn wir als Beispiel den mathematischen Bereich nehmen, so sieht dort die Konkretisierung des ordnungspädagogischen Aspektes so aus, daß jedem einer Textaufgabe zugrundeliegenden Gedankengang auch eine festgelegte Form des Lösungsvorgangs entsprechen muß, die bei allen Aufgaben anzuwenden ist. Dies bedeutet, daß die Reihenfolge der Gedanken sowie der an die Aufgabe zu richtenden Fragen und der aus ihr zu entnehmenden Angaben durch die Form, die angewendet werden muß, vorgegeben ist.[231] Der Jugendliche ist somit gezwungen, sich an ein bestimmtes Herangehen an mathematische Aufgaben zu gewöhnen und vollzieht den dieser Form zugrundeliegenden Gedankengang so oft in seiner logischen Abfolge, daß ihm die Strukturen des innewohnenden Problems und seiner Lösungsmöglichkeiten transparent und material verständlich werden können.[232]

Dies darf aber nun nicht bedeuten, daß etwa der Weg zur Entwicklung alternativer Lösungsmöglichkeiten versperrt bleiben soll. Vielmehr muß davon ausgegangen werden, daß ja erst die über die Realisierung ordnungspädagogischer Prinzipien gewonnene Einsicht in innere Zusammenhänge von Problemstellungen eine selbständige und kreative Auseinandersetzung auch mit dem vorgegebenen Lösungsweg ermöglicht. Darüber hinaus stützt die Realisation ordnungspädagogischer Aspekte auch das Streben nach besseren Konzentrationsleistungen der Jugendlichen. Durch das festliegende methodische Instrumentarium, das dem Schüler an die Hand gegeben wird, findet er wesentlich leichter Einstieg in für ihn bisher verschlossen gebliebene Problemstellungen und Lösungsansätze; aufgrund des dadurch geringeren "Widerstandes", den die Aufgabe einer Lösung entgegenbringt, ist auch der Konzentrationsaufwand geringer, der zu ihrer Lösung nötig ist. Darüber hinaus könnte durch den zunehmenden Einblick in immanente Problemstrukturen u.U. eine schrittweise Verbesserung der Abstraktionsfähigkeit - natürlich nur in sehr begrenztem Rahmen - erzielt werden.[233]

Natürlich hat die Realisierung eines ordnungspädagogischen Prinzips auch in anderen Fächern und Fachbereichen ihre Gültigkeit, so etwa besonders in der Aufsatz- und Spracherziehung, wo die sog. "intellektuelle Verwahrlosung" aufgrund des sozialisationsbedingten differenzierten Verhältnisses einzelner Menschen zur Sprache[234] besonders starke Probleme aufwirft. Hier wie in anderen Fachgebieten sollte der Begriff der "pädagogischen Ordnung" verstanden werden als rein funktionales Postulat, das dem Bewußt- und Durchschaubarmachen von abstrakten und konkreten Strukturen verpflichtet ist. Ein Ordnungsbegriff, der Ausübung und Aufrechterhaltung von Herrschaft ermöglichen und legitimieren soll, hat keinerlei Berührungspunkte mit dem hier verwendeten, der ja einen inneren Ordnungszustand im Sinne von gedanklicher Disziplin und Konsequenz meint. In keinem Fall darf hier Ordnung als ideologischer Selbstzweck und Bildungsziel per se mißverstanden werden.

In diesem Sinne ist selbst die dem ordnungspädagogischen Prinzip folgende Einübung von theoretischen Basisfertigkeiten durchaus als ein emanzipatorischer Bestandteil des Förderungskonzepts zu werten. Zeigen sich hier Erfolge, so ist der Jugendliche von Abhängigkeiten und Zwängen befreit, die sich etwa - um ein ganz simples, alltägliches und beliebiges Beispiel herauszugreifen - aus seinem Umvermögen hinsichtlich des Addierens oder Dividierens von Geldbeträgen ergaben. Dies nimmt ihm auch Unsicherheits- und Minderwertigkeitsgefühle und trägt so zu seiner Persönlichkeitsstabilisierung bei.

4.4 Operationalisierung von Lernzielen, gezielte Stoffselektion und ihre unterrichtstechnische Umsetzung

Die didaktischen Strukturelemente der Lernzieloperationalisierung und der Stoffselektion sind vor allem für den allgemeinbildenen kompensatorischen Teil, speziell also innerhalb der Vorklasse und für die Förderkurse des BGJ von Bedeutung. Dabei schließt der Punkt der Operationalisierung von Lernzielen direkt an das bezüglich der ordnungspädagogischen Prinzips Gesagte an. Auch die Lernzieloperationalisierung hat Transparenz zum Ziel, allerdings weniger auf die gedankliche Struktur von kleinen Problem- und Lösungseinheiten als vielmehr auf die Überprüfbarkeit und Überschaubarkeit von dem bezogen, was an Kenntnissen, Fähigkeiten und Fertigkeiten beherrscht werden muß, um eine bestimmte Qualifikationsstufe zu erreichen.

Dazu ist es nötig, komplexe Lernziele in Einzelziele aufzulösen und den Jugendlichen mit diesen vertraut zu machen. Es muß ja berücksichtigt werden, daß die Motivationsspannung von lerngestörten und -behinderten Jugendlichen sehr kurzatmig ist und nach schnellen Erfolgen, Bestätigungen und Verstärkungen sucht. Treffen diese ein - weil eben ein Einzelziel erreicht worden und dies dem Jugendlichen auch bewußt ist - dann kann auf diesem Weg Schritt für Schritt die motivationale Spannung intensiviert und dauerhafter aufrechterhalten werden. Ferne Bildungsziele hingegen rufen keinerlei realistischen Anreiz hervor, Energie zu ihrer Erlangung einzusetzen und Spannkraft aufzubringen. Das gleiche gilt für nicht deutlich erkennbare Lernziele bestimmter Unterrichtseinheiten; Konzentration und Motivation vieler Jugendlicher sacken in einer Unterrichtsstunde ohne ein klar determinierbares Ziel sehr schnell ab.

Das so verstandene Postulat nach Transparenz muß sich natürlich auch auf die Zensurengebung erstrecken. Es muß für jeden Jugendlichen eindeutig erkennbar und verifizierbar sein, was er können und leisten, d.h. also welche Lernziele er beherrschen muß, um etwa die Note "1" zu bekommen. Dies trägt zu einer Entmystifizierung der Leistungsbeurteilung aus der Sicht des Jugendlichen bei und kann mit der Zeit von der häufig bei Lernbehinderten und -gestörten auftretenden Vorstellung befreien, sie könnten lernen und leisten so viel sie wollten, sie bekämen doch immer nur schlechte Zensuren.

Dies alles setzt natürlich auch eine sinnvolle Begrenztheit der Lernziele überhaupt voraus. Eine gezielte Selektion von Lerninhalten gegenüber denjenigen der Hauptschule wird also nötig sein. Dabei könnte die Curriculumentwicklung vor allem für die Vorklasse zum und die Förderkurse des BGJ das antizipieren, was als Postulat an die allgemeinbildenden Schulen schon lange herangetragen worden ist: eine "Entrümpelung" der Bildungsinhalte vor dem Hintergrund ihrer praktischen Verwertbarkeit und bewußtseinsbildenden Relevanz.

In den eingangs erwähnten 8 Unterrichtsprinzipien, die einem heilpädagogisch orientierten Unterricht allgemein zugeordnet werden, und den daran anschließend genannten 7 weiteren Grundsätzen hierzu[235] sind die wichtigsten unterrichtstechnischen Postulate genannt, die zur Umsetzung und Realisierung der bisher dargelegten didaktischen Grundlagenüberlegungen nötig sind.

So gilt beispielsweise die Forderung nach gelenkter Selbstbetätigung der Jugendlichen, nach oftmaliger Wiederholung von durchgenommenem Stoff, nach Differenzierung und Individualisierung des Unterrichtsprozesses für den theoretischen und fachpraktischen Teil der berufsvorbereitenden Förderung sowohl in Vorklasse und BGJ als auch im BVL. Ein ganz wesentlicher Gesichtspunkt scheint mir in dem Postulat eines Wechsels der Unterrichtstechnik während einer Stundeneinheit zu liegen. Das will besagen, daß die sehr begrenzte Motivationsspannung der Jugendlichen sozusagen durch "Rhythmuswechsel" des Unterrichts etwas verlängert und intensiviert werden sollte. So kann etwa im Laufe einer Unterrichtsstunde der Wechsel von Frontalunterricht zu stiller Schülerarbeit oder von Gruppenunterricht zur Plenumsdiskussion oder auch die Variation von Mischformen verschiedener Unterrichtstechniken untereinander zu einem - um es einmal recht plastisch auszudrücken - erneuten Aufladen des "Motivationsakku" manches Jugendlichen beitragen.

Handelnder Unterricht und dabei tätige, beschäftigte Schüler sind in diesem Zusammenhang grundsätzlich eine wichtige methodische Maxime. Die ohnehin nur begrenzte Konzentrationsfähigkeit kann nur optimal genutzt werden, wenn der Jugendliche aktiv beschäftigt ist. Bei Zwang zu passivem Zuhören - wie er etwa beim klassischen Frontalunterricht besteht, wo der Lehrer zum "Dozent" wird - sinkt die Konzentrationsleistung von Lernbehinderten und -gestörten ganz rapide. Von daher ergibt sich die Notwendigkeit, den Jugendlichen sich übend betätigen, ihn aktiv die Lernziele erarbeiten zu lassen. Dies kommt auch einem anderen heilpädagogischen Postulat, dem nach Differenzierung und Individualisierung, sehr entgegen, weil ein Unterricht mit viel Schülerselbstbetätigung dem Lehrenden individuelle Zuwendungsmöglichkeiten eröffnet.

5. Zu den Unterrichtsinhalten der vorgeschlagenen Einrichtungen

Grundsätzliche Fragen der inhaltlichen Schwerpunkte von Vorklasse, BGJ und BVL sind bereits im 2. Abschnitt dieses III. Kapitels angeschnitten worden[236]. Dies soll im folgenden ergänzend weitergeführt werden. Dabei kann es in diesem Fall nur darum gehen, einen quantitativen und qualitativen Rahmen abzustecken, innerhalb dessen sich die in der eigentlichen Planungsphase notwendige curriculare Konkretion vollziehen kann. Detailfragen wie die nach dem Fächerkatalog, den Berufsfeldern und der Stundentafel sollen hier daher im einzelnen noch nicht erörtert werden.

5.1 Die Vorklasse zum BGJ

Der Anteil des werkpraktischen und fachtheoretischen Unterrichts sollte hier 40 Prozent der Gesamtschulungszeit nicht übersteigen. Aufgrund der vorgegebenen Aufgabe der Vorklasse, allgemeinbildende Kompensationsmöglichkeiten in breiterem Umfang zu schaffen, muß die allgemeinbildende Theorie ein Übergewicht haben. Fachtheorie und -praxis sollten aber auch nicht wesentlich unter einem Anteil von 40 Prozent bleiben, weil der therapeutische Effekt einer Wechselwirkung von theoretischer und praktischer Betätigung sonst gefährdet wird.

Der Fächerkanon muß sich einerseits ergeben aus dem, was das Hauptschulabschlußniveau an allgemeinbildenden Fachgebieten umfassen soll[237], und andererseits aus dem, was an Kenntnissen und Fertigkeiten zur Aufnahme in ein BGJ vorauszusetzen ist. Die zu entwickelnden fachdidaktischen Ansätze als Bestandteile des Gesamtcurriculums sollten dabei immer den Aspekt der lebenspraktischen Relevanz von Stoffeinheiten im Auge behalten.[238]

Auch die Aufnahme einer Fremdsprache (Englisch) sollte erwogen und erprobt werden. Im Sinne einer materialen Gleichstellung des an der Hauptschule selbst erworbenen und des durch erfolgreiches Absolvieren von Vorklasse und BGJ erlangten Hauptschulabschlusses wird sich dies nicht umgehen lassen. Die Realisierung eines Englischunterrichts für Lerngestörte erscheint auch keineswegs unmöglich, wenn man bedenkt, daß die meisten Hauptschulabgänger ohne Abschluß bereits ein oder mehrere Jahre Unterricht in dieser Fremdsprache gehabt haben. Es hängt letztlich von der Formulierung adäquater Lernziele ab, ob ein Fremdsprachenunterricht hier pädagogisch sinnvoll ins Förderungsgefüge eingepaßt werden kann. Es darf dabei keineswegs auf fundierte Beherrschung der Schriftsprache allein abgezielt werden; vielmehr muß die Fähigkeit zu instrumentaler alltäglicher Benutzung von Idiomen angestrebt werden.[239]

Besondere fachdidaktische Behandlung erfordern auch die Planungen für das Fach Deutsch. Hier kann die grundlegende Kompensation im Sinne des Erreichens einer sicheren und selbständigen Beherrschung der Schriftsprache kein realistisches Ziel darstellen. Vielmehr müssen punktuell und schwerpunktmäßig orientierte Übungsfelder entwickelt werden, die einerseits auf eine Verbesserung der Artikulationsfähigkeit und des Gebrauchs der Alltagssprache hin angelegt sind und andererseits die Entwicklung von Fertigkeiten voranbringen, die das Schreiben von "lesbaren" Aufsätzen voraussetzt.[240] Letzteres sollte jedoch nicht als sich selbst genügendes Lernziel mißverstanden werden, sondern in den Dienst des Erreichens einer besseren Fähigkeit zur Artikulation eigener Bedürfnisse und eines eigenen Standpunkts in Fragen verschiedenster Provenienz gestellt werden.

Dem fach- bzw. werkpraktischen Teil der Schulung innerhalb der Vorklasse soll eine Berufsfindungskonzeption unterlegt werden. Das bedeutet, dem Jugendlichen die Möglichkeit zu geben, mehrere Berufsfelder unter angeleiteter aktiver praktischer und fachtheoretischer Betätigung sozusagen von innen heraus kennenzulernen und in jedem Berufsfeld eine Art Grund- oder Einführungskurs mitzumachen, innerhalb dessen er mit verschiedenen Materialien, Werkzeugen, Betätigungsformen und fachtheoretischen Grundlagen des jeweiligen Berufsfeldes konfrontiert und vertraut gemacht wird. Es sollten an jeder beruflichen Schuleinheit mit Vorklassen zum BGJ wenigstens drei verschiedene Berufsfelder angeboten werden. Ein Jugendlicher dürfte allerdings während der einjährigen Vorklasse nicht mehr als maximal fünf Berufsfelder durchlaufen. Das Angebot an Berufsfeldern kann an besonders großen Schulen jedoch auch über diese Zahl hinausgehen; in diesem Fall bestünde für den Jugendlichen die Möglichkeit einer Vorauswahl von Berufsfeldern.

Die Zeit, die ein Jugendlicher in einem Berufsfeld verbringt, hängt natürlich wesentlich davon ab, ob nur drei oder etwa eine größere Zahl von Berufsfeldern zur Verfügung stehen. In jedem Fall sollte die Unterweisungsphase in einem Berufsfeld wenigstens 6 Wochen betragen, wenn werkpraktischer und allgemeinbildender Unterricht parallel zueinander erfolgen. Mindestens in den letzten 2 Monaten der Vorklasse sollten die Jugendlichen dann in dem Berufsfeld, auf das ihre endgültige Wahl fällt, einer gezielten Anfangsausbildung unterzogen werden, um sie optimal vorbereitet in das dann auf dieses Berufsfeld bezogene BGJ entlassen zu können. Dort haben sie dann u.U. gegenüber den ebenfalls ins BGJ eingetretenen Hauptschulabgängern mit Abschluß einiges voraus; dies würde den Integrationsbemühungen beim Übergang von Vorklasse zu BGJ sicherlich sehr förderlich sein. Auf der anderen Seite eröffnet die abschliessende intensive Schulung innerhalb der Vorklasse in dem endgültig gewählten Berufsfeld auch die Möglichkeit, das Berufsfeld nochmals zu wechseln, wenn sich aufgrund der dann auf den Jugendlichen zukommenden Ausbildungsinhalte herausstellen sollte, daß er zur späteren Ausübung eines Berufes in diesem Berufsfeld entweder nicht die nötige Eignung oder keine Lust aufbringt.

Statt der parallel zueinander erfolgenden fachpraktischen und allgemeinbildenden Schulung wäre auch eine Art Blockunterricht denkbar, der so aussehen könnte, daß etwa 3 Wochen mehr oder weniger ganztägig, in jedem Fall aber ausschließlich fachtheoretische und werkpraktische Schulung in einem Berufsfeld stattfindet, während in den darauffolgenden 4 Wochen nur allgemeinbildender Unterricht abgehalten wird, täglich von gruppenweisen Übungsstunden und Arbeitsgemeinschaften durchsetzt. In den letzten 2 Monaten, in denen die Jugendlichen in dem ihrer

Berufswahl entsprechenden Berufsfeld geschult werden, könnte man dann als Eingewöhnung in den Rhythmus des BGJ zu einem parallel zueinander verlaufenden theoretischen und praktischen Unterricht übergehen.

Eine solche Regelung sollte zumindest in Versuchseinrichtungen einmal erprobt werden. Sie hätte den Vorteil, die Jugendlichen weniger großen Belastungen auszusetzen, als dies bei einem von Anfang an parallel zueinander geschalteten werkpraktischen und allgemeinbildenden Unterricht der Fall wäre. Die Schüler könnten sich bei der Blockregelung besser auf e i n e Sache, nämlich entweder Theorie o d e r Praxis konzentrieren, in beiden Bereich könnte intensiver gearbeitet werden und die Jugendlichen würden nicht tagtäglich aus einem Rhythmus herausgeholt und in einen anderen hineinversetzt werden. Es wäre denkbar, daß dies auch den therapeutischen Effekt der Wechselbeziehung von Theorie und Praxis noch verstärkt. In jedem Fall muß die Verbindung und Durchdringung beider Bereiche vor allem vom Thematischen her realisiert werden. Dabei können im allgemeinbildenden Unterricht Problem- und Aufgabenstellungen des praktischen Bereiches ebenso integriert werden wie im Fachpraktischen und vor allem im Fachtheoretischen der allgemeinbildende Unterricht Ergänzung und Unterstützung erfahren kann. Dies zu thematisieren ist nicht nur Gegenstand der Entwicklung eines Gesamtcurriculums, sondern setzt auch eine intensive praktische Koordinierung und Kooperation zwischen allen Lehrkräften voraus.

Die maximale wöchentliche Stundenzahl für die Schüler einer Vorklasse sollte im übrigen 36 Stunden nicht übersteigen, Übungsstunden und Arbeitsgemeinschaften eingeschlossen. Auch hier läge der Versuch nahe, zwangsläufigen lern- und verhaltenspsychologischen Entwicklungen im Laufe eines Jahres entgegenzuwirken und Mechanismen der Anpassung an eine größere Belastbarkeit der Jugendlichen zu realisieren, indem man im ersten und letzten Drittel des Jahres eine höhere Stundenzahl anpeilt als etwa um die Schuljahresmitte herum. Die Erfahrungen in den F-Lehrgängen der Arbeitsämter zeigen, daß - besonders auf den schulischen Bereich bezogen - zu Beginn eines solchen Lehrgangs der Wille, alle Defizite aufzuholen, eine relativ große Motivationsspannung und Lernbereitschaft der Jugendlichen hervorruft, die aber nach etwa 3 Monaten abzuflachen beginnt, weil die Verbesserung von Schulleistungen nicht in dem Tempo erfolgen kann, wie dies nötig wäre, um den zu Beginn einsetzenden Motivationsschub zu verstärken. Gegen Ende des Jahres müßte dann allerdings wieder mit der Stundenzahl auf ein Maß nach oben gegangen werden, das die Anpassung an die zeitliche Belastung im BGJ erleichtert. Wenn die Jugendlichen dann in dem Berufsfeld sich betätigen können, in dem sie ihren zukünftigen Beruf ansiedeln möchten, ist eine stärkere zeitliche Belastung auch psychisch wieder besser verkraftbar.

Noch ein Wort zum Abschluß des einen Jahres Vorklasse: Es stellt sich die Frage, ob Prüfungen innerhalb einer kompensatorischen Maßnahme für Lerngestörte pädagogisch adäquat und psychologisch opportun sind. Ich meine, sie sind es durchaus, allerdings mit der Einschränkung, daß nicht von ihnen allein grundsätzlicher Erfolg und einzelne Zensuren des Schülers abhängen dürfen. Vielmehr sollten die Ergebnisse einer Prüfung gegen Ende des Jahres (im Praktischen, Theoretischen und Fachtheoretischen) nicht anders als irgendeine Klassenarbeit gewertet werden; dies muß den Jugendlichen auch bewußt gemacht werden, damit keine unnötigen Prüfungspsychosen entstehen.[241]

Kleine Prüfungseinheiten sollten sogar auch davor zwei- bis dreimal im Jahr in jedem der drei genannten Bereiche durchgeführt werden. Sie sollen dazu führen, den lerngestörten Jugendlichen mit Prüfungssituationen vertraut zu machen und psychologische Fehlhaltungen abzubauen, die das Prüfungsverhalten vieler Jugendlicher prägen. Die Leistungsfähigkeit unter Prüfungsbedingungen entspricht nämlich häufig in keiner Weise derjenigen unter belastungsfreier Situation. Aus diesem Grunde ist eine Art vorbereitendes "Training" für Prüfungssituationen erforderlich, denn der Jugendliche wird im Rahmen seiner Berufsausbildung mehrmals einer solchen ausgesetzt sein.

Um das Praktizieren eines solchen "Trainings" nicht dem therapeutischen Ansatz zuwiderlaufen zu lassen, darf eine Prüfung keinerlei selektive Funktion haben. Es dürfen nur Inhalte geprüft werden, die auch im Zentrum des vorhergehenden Unterrichts lagen; die in der Prüfung verlangten Stoffeinheiten müssen dem Jugendlichen vor der Prüfung genau bekannt sein. Der Unterricht in diesen Stoffeinheiten oder ihre Wiederholung sollten in keinem Fall länger als drei Monate zurückliegen, und die Bewertung "sehr gut" sollte nicht nur auf überragende Leistungen angewandt werden, sondern auch Arbeiten zukommen, die alles Wesentliche enthalten und richtig gelöst haben.[242]

5.2 Die Förderkurse des BGJ

Theoretischen Unterricht und werkpraktische Schulung des BGJ machen die Absolventen der Vorklasse, soweit sie die Berufsgrundbildungsreife erreicht haben, in vollem Umfang mit. Der Unterricht der Vorklasse muß den Jugendlichen so vorbereitet haben, daß er vor allem im mathematischen und naturwissenschaftlichen Bereich direkten Anschluß an das Niveau des BGJ findet.

Die Förderkurse, die der Absolvent der Vorklasse zusätzlich besuchen muß, dienen zwei Zielen: Zum einen sollen sie seinen Unterrichtserfolg im obligatorischen allgemeinbildenden und fachtheoretischen Schulungsteil des BGJ stützen und durch zusätzliche Übungen gewährleisten, zum anderen soll ein dem Hauptschulabschlußniveau ungefähr gleichwertiges allgemeinbildendes Niveau erreicht werden. Dementsprechend werden die anzubietenden Fächer wohl hauptsächlich in Deutsch, Mathematik und Englisch bestehen. Dabei wird ein Hauptschulabschlußniveau in Mathematik wohl bei den meisten Jugendlichen noch am ehesten erreichbar sein. Bezüglich des Fremdsprachenunterrichts gilt auch hier die hinsichtlich der Vorklasse gemachte Aussage über die Schwerpunkte der dort anzustrebenden Lernziele[243].
In Deutsch schließlich wird man das Gebiet der Rechtschreibfähigkeiten und -fertigkeiten bei der letztlichen Bewertung

und Zuerkennung der Hauptschulabschlußqualifikation in größerem Umfang vernachlässigen müssen. In diesem Bereich ist am wenigsten kompensierbar, weil hier - wie bereits erwähnt - sozialisationsbedingte Defizite bezüglich des grundsätzlichen Verhältnisses zu sprachlichen Phänomenen vorhanden sind, die bei einem fünfzehn- bis siebzehnjährigen Jugendlichen nur noch sehr begrenzt reparabel sind.[244]

Was Zahl und Art von Prüfungen angeht, die während des BGJ abgehalten werden sollten, so kann auch hier auf die Angaben zur Vorklasse zurückgegriffen werden. Die dort getroffene Beschreibung eines sinnvollen und der Therapieorientierung adäquaten Prüfungsverlaufs sollte im Interesse aller Jugendlichen auch auf die Schüler des BGJ angewandt werden, die ohne den Besuch der Vorklasse ins BGJ eingetreten sind. Auch für den Unterricht dieser Schüler erscheint die zumindest partielle Realisierung heilpädagogischer Prinzipien durchaus nicht abwegig. Man darf sich ja nicht der Illusion hingeben, daß nur Jugendliche ohne Hauptschulabschluß motivationale und verhaltenspsychologische Schwächen und Defizite aufweisen; in weniger starker Ausprägung finden sich diese auch bei manchem Schulabgänger mit Hauptschulabschluß.

5.3 Der Berufsvorbereitungslehrgang (BVL)

Auch der Förderung im BVL kann, soweit es sich um zweijährige Lehrgänge handelt, eine Zweistufigkeit zugrundegelegt werden. Geschult wird hier - wie bereits dargelegt - nur in einem Berufsfeld und unter stärkerer Betonung des Werkpraktischen gegenüber der allgemeinbildenden und fachlich orientierten Theorie. Das Angebot an Berufsfeldern ist für diesen Kreis von Jugendlichen, bei dem nur minimale Fertigkeiten und Kenntnisse theoretischer Natur vorausgesetzt werden können, naturgemäß sehr begrenzt. Für männliche Jugendliche bieten sich vor allem die Berufsfelder Metall und Holz/Bautechnik, für die Mädchen Textil und Hauswirtschaft an.

Die Entscheidung darüber, ob ein BVL in ein- oder zweijähriger Form eingerichtet werden soll, muß von den Gegebenheiten und Notwendigkeiten des jeweiligen Berufsfeldes abhängig gemacht werden. So wird etwa ein BVL des Berufsfeldes Metall wahrscheinlich der Zweijährigkeit bedürfen, während die Ausweitung einer Förderung im Bereich Hauswirtschaft auf 2 Jahre u.U. als didaktisch überflüssiger Aufwand erscheinen könnte. Dieses Problem soll hier aber offengelassen werden, da eine Entscheidung abhängig ist von der Entwicklung eines Curriculums für die betreffenden Berufsfelder. Nach Abschluß der Planungs- und Erprobungsphase erst sollte in dieser Frage eine Entscheidung getroffen werden.

Generell sind Absolventen eines BVL als berufsschulpflichtig anzusehen. Die Berufsschulpflicht sollte jedoch ausgesetzt werden, wenn der Träger eines BVL die Gewähr dafür bietet, eine quantitativ und qualitativ mindestens gleichwertige theoretische Schulung durchführen zu können. Müssen die Teilnehmer eines BVL aufgrund des Fehlens solcher Merkmale bei dem Träger ihres Lehrgangs jedoch ihrer Berufsschulpflicht nachkommen, so ist eine intensive Kooperation und inhaltliche Abstimmung zwischen Berufsschule und Lehrgang anzustreben. In jedem Fall sollte vermieden werden, daß Teilnehmer eines BVL in Klassen für Jungarbeiter unterrichtet werden, da dies den psychologischen Kompensationsbemühungen, die dem BVL-Konzept zugrundeliegen sollten, zuwiderliefe.

Da aber die Errichtung von Berufsschulklassen nur für BVL-Absolventen technisch nur sehr schwer zu verwirklichen sein wird, sollte die Ausnahmeregelung einer Befreiung der Jugendlichen von der Berufsschulpflicht und die volle Übernahme der theoretischen Schulung durch den Träger des Lehrgangs weitgehend Regelfall sein. Von daher läge es im Interesse der Gesamtförderung, wenn vorwiegend solche Träger mit Berufsvorbereitungslehrgängen betraut würden, die ein Förderungskonzept aus einem Guß, also unter vollem Einschluß der die Berufsschulpflicht ersetzenden theoretischen Schulung, anbieten und durchführen können.

Der Anteil des theoretischen Unterrichts sollte etwa 25 % der Gesamtförderung im BVL ausmachen, kann aber je nach Berufsfeld auch variiert werden, wobei jedoch eine untere Grenze von etwa 20 Prozent nicht unterschritten werden sollte. Eine durch die Verschiedenheit der Berufsfelder bedingte Variationsbreite muß auch hinsichtlich der einzelnen Unterrichtsfächer in der Fachtheorie zugrundegelegt werden. Denkbar wäre - vor allem in technisch orientierten Berufsfeldern - folgender Fächerkatalog im Rahmen der theoretischen Schulung in einem BVL:

- Fachkunde
- Fachrechnen
- Fachzeichnen
- Naturkundliche Grundlagen
- Gemeinschafts- und Betriebskunde

Der Fachkunde sollte dabei eine Leitfadenfunktion zugeordnet werden; die drei nachfolgend genannten Fächer sollten der Fachkunde untergeordnet werden, u.z. in dem Sinne, daß die Aufgabenstellung im Fachrechnen, Fachzeichnen und in der Naturkunde sich aus den jeweils in der Fachkunde anstehenden Themen und Problemstellungen ergeben.

Diese fachlich orientierte theoretische Schulung muß zwangsläufig mit allgemeinbildenden Unterrichtselementen angereichert werden, auf denen dann aufgebaut werden kann. So müssen etwa im Fachrechnen immer wieder elementare Grundfertigkeiten eingeübt und wiederholt werden, um überhaupt eine Operationsbasis für das besonders in technisch orientierten Berufsfeldern wichtige fachlich gebundene Rechnen zu schaffen und zu erhalten.

Das Fach Gemeinschafts- und Betriebskunde soll sowohl bewußtseinsbildend effizient werden als auch zur praktischen Lebensbewältigung des jugendlichen und späteren erwachsenen Arbeitnehmers beitragen. Es sollte demnach einerseits Einblicke in den Zusammenhang zwischen eigener Arbeit, Betriebsgeschehen und Gesamtwirtschaft schaffen und andererseits Rechte und Pflichten am Arbeitsplatz und im Betrieb behandeln.

Die werkpraktische Schulung sollte in zwei Stufen erfolgen, die rein zeitlich jeweils einem Jahr der Lehrgangsdauer entsprechen. Das 1. Jahr müßte im Sinne der beruflichen Grundlagenbildung einen Einblick in die wichtigsten Tätigkeitsbereiche des entsprechenden Berufsfeldes vermitteln. Für den Bereich des Berufsfeldes Metall wäre etwa folgende Strukturierung der Lernziele denkbar, die im 1. Förderungsjahr angestrebt werden sollten[245]:

- Grundlagen der spanenden Formgebung (Grundfertigkeiten in der Schlosserei und an Werkzeugmaschinen).
- Grundlagen der spanlosen Formgebung (Grundfertigkeiten in der Schmiede).
- Grundlagen der Verbindungstechniken (Grundfertigkeiten in der Schweißerei: Gasschmelzschweißen, Hartlöten, Brennschneiden, Lichtbogenschmelzschweißen).

Eine Prüfung sollte nach dem 1. Jahr diese erlernten Fertigkeiten und die dazugehörigen fachtheoretischen Kenntnisse prüfen.[246] Im darauffolgenden 2. Förderungsjahr wird der Jugendliche in einem enger begrenzten Spezialgebiet geschult und elementar ausgebildet. Eine solche Spezialisierung könnte etwa - um das vorher erwähnte Beispiel des Berufsfeldes Metall beizubehalten - in einem der folgenden Einzelbereiche erfolgen:

- Lichtbogenschmelzschweißen
- Gasschmelzschweißen
- Zurichten und Montieren
- Drehen
- Fräsen
- Bohren
- Hobeln

Als Abschluß des zweiten Jahres BVL findet eine Prüfung statt, in der in einem der angebotenen Spezialgebiete ein Fertigkeiten- und Kenntnisstand verlangt wird, der "den Anforderungen an Einfacharbeitsplätzen gerecht wird"[247]. Diese Prüfung sollte bereits Elemente der Abschlußprüfung nach einem zweijährigen Anlernverhältnis beinhalten, ohne jedoch diese vorwegzunehmen. Jugendlichen, die den gesamten Lehrgang mit relativ guten Leistungen absolviert haben, sollte dann entweder - soweit betrieblich möglich - ein Weiterführen ihrer Ausbildung im Rahmen einer Stufenausbildung oder die Aufnahme eines Ausbildungsverhältnisses (also einer "Lehre" im bisherigen Sprachgebrauch) ermöglicht werden. Denkbar wäre auch, daß ein Teilnehmer an einem BVL in einem Großbetrieb bereits nach dem ersten Lehrgangsjahr in das 2. Jahr der Stufenausbildung überwechselt, wenn die in der Lehrgangszeit gezeigten Leistungen eine erfolgreiche Weiterführung der Ausbildung in dieser Weise erwarten lassen.

Insgesamt sollte im Rahmen des zweijährigen BVL ein Ausbildungsstand erreicht werden, der etwa dem nach 15 - 18 Monaten Stufenausbildung entspricht. Dabei wird die Phase der Berufsgrundausbildung gegenüber dem Ausbildungsgang "normal" lernfähiger Jugendlicher zeitlich gestreckt und inhaltlich verbreitert werden müssen, während dafür die Phase der Spezialisierung inhaltlich und zeitlich verkürzt anzubieten ist. Die dadurch im Vergleich zu einem zweijährigen Ausbildungsgang fehlenden Spezialkenntnisse und -fertigkeiten kann der Jugendliche bei einem sich an die BVL-Zeit anschließenden zweiten Ausbildungsjahr in einem "Anlernberuf"[248] nachholen, während das von ihm schon Erlernte nochmals wiederholt und verfestigt wird. Dieser Ausbildungsgang eines Jugendlichen wird auch der Regelfall im Anschluß an eine Schulung in einem BVL sein.

6. Zusammenfassung und Resümee

6.1 Zusammenfassung des Gesamtmodells

Das vorgeschlagene Gesamtmodell sieht die Aufnahme lerngestörter Schulabgänger in das Berufsgrundbildungsjahr (BGJ) vor mit der Verpflichtung, dort an Förderkursen teilzunehmen und zuvor eine zu errichtende Vorklasse besucht zu haben, deren erfolgreiches Absolvieren die Voraussetzung zur Aufnahme in das eigentliche BGJ darstellt. Bei wenigstens ausreichenden Leistungen in Vorklasse und BGJ wird dem Jugendlichen die Hauptschulabschlußqualifikation zuerkannt; anschließend kann er eine dreijährige Berufsausbildung (unter Anerkennung seiner BGJ-Zeit als 1. Ausbildungsjahr) durchlaufen oder - bei entsprechendem Leistungsniveau - in die 2. Klasse der zweijährigen Berufsfachschule einmünden.

Für die Förderung der substantiell lernbehinderten Schulabgänger wird die Errichtung von Berufsvorbereitungslehrgängen vorgeschlagen, die je nach Berufsfeld ein- oder zweijährige Dauer haben können. Die Möglichkeiten der vertikalen und horizontalen Durchlässigkeit sollten hier weitgehend angeboten werden, damit für jeden einzelnen Jugendlichen ein Optimum an Ausbildung hinsichtlich seiner individuellen Fähigkeiten und Anlagen erreicht wird. Als Regelfall sollte angestrebt werden, den Absolventen eines BVL auf den Einstieg in das zweite Jahr eines zweijährigen Ausbildungsverhältnisses vorzubereiten. In Ausnahmefällen sollten auch andere Bildungs- und Ausbildungsgänge möglich sein.

Die Inhalte der Schulung in Vorklasse und BGJ ergeben sich weitgehend aus den Rahmenplänen zum Berufsgrundbildungsjahr und den Anforderungen des Hauptschulabschlußniveaus; ein wesentlicher Schwerpunkt liegt in der Kompensation allgemeinbildender Defizite. Die Förderung im BVL hingegen sollte sich mehr auf den werkpraktischen Bereich konzentrieren und diesem die Fachtheorie unterordnen; auf allgemeinbildenden Unterricht sollte weitgehend verzichtet werden. Die didaktische und methodische Struktur muß in beiden Schulungsmaßnahmen von heilpädagogischen Aspekten geprägt sein und dabei auf eine Wiederherstellung der Leistungsfähigkeit und -bereitschaft der Jugendlichen in einem Bereich abzielen, der gemäß den oben geschilderten Voraussetzungen und Zielvorstellungen bei den als lerngestört zu bezeichnenden Jugendlichen anders gelagert ist als bei den tatsächlich Lernbehinderten. Die therapeutische Wirkung einer Wechselbeziehung von theoretischer und praktischer Betätigung soll zum Erreichen dieses Zieles genutzt werden.

Die Zuweisung der Jugendlichen auf die verschiedenen Einrichtungen sollte von einer zentralen Anlaufstelle aus geregelt werden, wie sie etwa in der Berufsberatung der örtlichen Arbeitsämter besteht. Testbatterien und Kategorienfelder sind zu einer sinnvollen Aufteilung der infragekommenden Jugendlichen zu entwickeln bzw. zusammenzustellen. Das Überwechseln von Schülern zwischen BVL einerseits und Vorklasse zum BGJ andererseits sollte bis zu 12 Wochen nach Beginn des Schul- bzw. Lehrgangsjahres noch möglich sein.

6.2 Mögliche Probleme und Effekte einer Realisierung des Modells

Um die Phase der Planung für die vorgeschlagenen Einrichtungen möglichst rasch bewältigen zu können, sollte so bald wie möglich an die Errichtung von Versuchs- und Modelleinrichtungen gegangen werden. Solche Versuchsmodelle sollten von praktischer und wissenschaftlicher Seite her im Vollzug der Konkretion vorhandener Grobplanungen die Entwicklung der Curricula und ihre gleichzeitige Erprobung parallel zueinander vorantreiben. Die Erfahrungen aus den Lehrgängen, die durch die BA finanziert werden, sollten dabei mit eingearbeitet werden, soweit sie als Daten zu Fragen der Didaktik, Methodik und der grundsätzlichen erzieherischen Struktur verfügbar sind.

Als schwerwiegendes Hindernis auf dem Weg zur Realisierung des vorgeschlagenen Modells muß natürlich die Tatsache des gegenwärtigen Lehrermangels gerade auf dem Sektor der berufsbildenden Schulen angesehen werden. Inwieweit hier in Zukunft Abhilfe geschaffen werden kann, auch unter dem Aspekt einer von verschiedenen Seiten prognostizierten "Lehrerschwemme", muß abgewartet werden. In jedem Fall aber kann und darf einer Aufnahme des Bereiches der Berufsförderung und -vorbereitung von Lerngestörten und -behinderten in die bildungspolitische Prioritätenliste nicht mehr ausgewichen werden. Im Vollzuge einer Reform der Berufsbildung sollte nicht abermals der Fehler gemacht werden, zu dem der Ablauf bildungspolitischer Diskussionen zu neigen scheint, nämlich bei allen Überlegungen über die Schaffung eines Optimums an Förderung und Aufstiegschancen für die Besten einer bestimmten Zielgruppe die Probleme derer zu vernachlässigen oder gar zu übersehen, die auf der gleichen Bildungsebene mit enormen Schwierigkeiten zu kämpfen haben und, auf sich allein gestellt, das ihnen dort abverlangte Pensum nicht schaffen. Gerade im Bereich der beruflichen Bildung ist eine Zuwendung auf Fragen solcher bildungsmäßig und zumeist auch sozial Benachteiligter dringend notwendig.

Natürlich bringt eine Verwirklichung der hier vorgeschlagenen Lösung eine nicht unerhebliche finanzielle Belastung der öffentlichen Hände mit sich. Zu bedenken gilt es aber auch, daß die finanziellen Gemeinschaftsbelastungen in diesem Bereich mittel- und langfristig auch recht erheblich werden könnten, wenn dem Problem der beruflichen Integration bildungsmäßig beeinträchtigter Jugendlicher nicht bald begegnet werden würde.[249] Nicht zuletzt lag dieser Gedankengang auch der Formulierung des Arbeitsförderungsgesetzes zugrunde, das ja den Einsatz von erheblichen Summen an Versicherungsgeldern der BA zugunsten prophylaktischer beruflicher Bildungsmaßnahmen vorsieht, um die Ausgaben von Geldern ähnlicher oder noch umfangreicherer Größenordnungen im "Ernstfall", also etwa als Arbeitslosenunterstützung, zu vermeiden. Ein Vorzug des hier propagierten Modells ist es sicher, die für solche Aufgaben bereitzustellenden Versicherungsgelder noch gezielter und damit effektiver als bisher auf echte Rehabilitationsfälle bei Lernbehinderung konzentrieren und damit auch weit mehr dieser Fälle erreichen und einer Rehabilitation zuführen zu können.

Untersucht man die Chancen und Konsequenzen, die eine Realisierung des vorgeschlagenen Modells im bildungs- und sozialpolitischen Raum mit sich brächte, so könnte man zu dem folgenden, in 9 Punkten zusammengefaßten Resümee kommen:

1. Die Zahl der Jugendlichen, die das gesellschaftliche geforderte Mindestniveau an Schulbildung formal und inhaltlich nicht erreichen, wird auf das einer hochtechnisierten Industriegesellschaft angemessene Maß reduziert.[250]

2. Diese - durch die Zuerkennung der Hauptschulabschlußqualifikation hervorgerufene - Beseitigung eines formalen Makels und der diesem entsprechenden inhaltlichen Defizite wird einer Vielzahl von Jugendlichen, die ohne eine solche Möglichkeit bar jeglicher beruflichen Entwicklungschancen bleiben und ihrer eigenen Zukunft häufig interessenlos oder resignativ gegenüberstehen, neue Perspektiven und Motivationen im Hinblick auf ihre bildungsmäßige und berufliche Weiterentwicklung eröffnen. Auf diese Weise wird ein erhöhter Grad an geistig-psychischer Mobilität geschaffen, der Bereitschaft und Fähigkeit zur beruflichen Weiterqualifizierung, in Einzelfällen auch zum Besuch einer weiterführenden Schule erzeugen kann, zumindest aber das Durchstehen einer Berufsausbildung oder etwa auch das erfolgreiche Absolvieren einer später u.U. nötig werdenden Umschulung erwarten läßt.

3. Damit wird die Gefahr wesentlich gemindert, daß lernbehinderte und -gestörte Jugendliche mit ihrem Eintritt ins Berufsleben häufig automatisch als sog. "Ungelernte" übernommen werden und dadurch ebenso automatisch das primäre Arbeitslosenpotential bilden, wenn durch Strukturkrisen oder eine allgemeine wirtschaftliche Rezession einerseits oder durch wie auch immer begründete Rationa-

lisierungsmaßnahmen andererseits eine Verringerung oder Umschichtung von Arbeitsplätzen nötig wird.

4. Damit wird sozialpolitisch unerwünschten Entwicklungen im Hinblick auf eine mögliche Vergrößerung und Verfestigung des Problems randständiger und sozial unterprivilegierter Bevölkerungsgruppen entgegengewirkt. Dies bringt auch finanzielle Entlastungen bzw. wenigstens nicht größer werdende Belastungen etwa für die Versicherungskasse der Bundesanstalt für Arbeit oder für die öffentlichen Haushalte mit sich, die für Folgelasten und aufwendige Sozialhilfekosten aufzukommen hätten.

5. Die Berufswahl der Jugendlichen wird - zumindest für die als lerngestört einzustufenden, welche die Vorklasse zum BGJ besuchen - auf eine breitere und festere Grundlage gestellt. Die Zahl der Berufswechsler und Lehrabbrecher aus Gründen der falschen Berufsentscheidung wird zurückgehen.

6. Zurückgehen wird auch die Zahl derjenigen unter den als lerngestört oder -behindert aus der Schule entlassenen Jugendlichen, die ein Ausbildungsverhältnis abbrechen, weil sie im Bereich der kognitiven Leistungsfähigkeit und Verhaltensstabilität zu große Defizite und Schwächen aufweisen. In diesem Punkt werden wahrscheinlich am schnellsten und offensichtlichsten erste Auswirkungen des vorgeschlagenen Modells zutagetreten.

7. Die Integration der lernbehinderten und -gestörten Jugendlichen ins Arbeits- und Berufsleben würde reibungsloser verlaufen und damit die pädagogisch ohnehin überforderten Betriebe von der Eingliederung ungelernter und minderqualifizierter Jugendlicher entlasten. Dies würde gleichermaßen im ökonomischen wie pädagogischen Bereich von Nutzen sein.

8. Das grundsätzliche Qualifikationsniveau der Jugendlichen wird angehoben. Damit wäre der Anschluß für die Gruppe der zu ihrer Schulzeit als lernbehindert bzw. -gestört eingestuften Jugendlichen hergestellt zur allgemeinen

Entwicklung innerhalb des Berufsbildungssystems, das einer allgemeinen Anhebung des Qualifikationsniveaus aus Gründen der ökonomischen und technischen Entwicklung zustrebt.

9. Die allseitig erwünschte Chancengleichheit und die gesellschaftliche Entwicklung zu mehr sozialer Gerechtigkeit bekämen neue Impulse und würden sich endlich in einem sozialen Brennpunkt realisieren, der bisher weitgehend vernachlässigt, vielerorts sogar schlechthin negiert worden ist, dessen weitere Vernachlässigung aber langfristig mehr volkswirtschaftliche Substanz gefährden kann als seine baldige und weitestmögliche Beseitigung kosten würde.

IV. Aspekte einer wünschenswerten zukünftigen Entwicklung des primaren und sekundaren Bildungsbereiches unter besonderer Berücksichtigung des Problems der Lernbehinderten und -gestörten

1. Die Ausgangssituation

Die Problemanalyse im Bereich der beruflichen Integration lernbehinderter und -gestörter Schulabgänger macht deutlich, daß mittel- und langfristig nicht bei der Etablierung von Einrichtungen stehengeblieben werden darf, die auf eine der eigentlichen Schulzeit nachfolgende Therapierung und Kompensation von Defiziten abzielen. Vielmehr müssen Überlegungen angestellt werden, inwieweit Veränderungen im Grund- und Hauptschulbereich zu einer besseren Chancengerechtigkeit in dem Sinne führen könnten, daß die Zahl der dort scheiternden Jugendlichen auf das Minimum heruntergedrückt wird, welches auch bei einem optimalen Schulsystem unumgänglich sein wird.

Zwei Entwicklungstendenzen müssen dabei als vorgegebene und irreversible Determinanten aller diesbezüglichen Überlegungen angesehen werden: Da ist zum einen die aus dem beschleunigten Fortschreiten in Technik und Ökonomie sich ergebende Notwendigkeit, die gesellschaftliche Mindestqualifikation im Bildungsbereich für Schulabgänger nach Beendigung der Schulpflicht niveaumäßig anzuheben; zum anderen legt die politisch formulierte Zielvorstellung einer zukünftigen größeren sozialen Gerechtigkeit und Chancengleichheit den Versuch nahe, gesellschaftliche Barrieren zwischen einzelnen Menschengruppen, wie sie sich aus einem Bildungsgefälle innerhalb eines gesellschaftlichen Ganzen ergeben können, möglichst nicht entstehen zu lassen, indem man Bildungsprivilegien abbaut und verschiedenartige Bildungsgänge, soweit ihnen etwa das Ziel einer beruflichen Qualifizierung gemeinsam ist, auch als qualitativ und reputativ gleichwertig anerkennt und einstuft.

2. Wirkungsmöglichkeiten schulorganisatorischer Maßnahmen

Der zuletzt angesprochene Aspekt hat zu der gegenwärtigen Diskussion über eine Gleichstellung von allgemeinbildender und beruflicher Bildung geführt und stellt das Fundament der Überlegungen dar, die bildungspolitisch auf die Umstrukturierung des primaren und sekundaren Bildungsbereiches in Richtung auf die Etablierung von Gesamtschulen abzielen. Eine solche zunächst einmal im Institutionellen und Organisatorischen sich vollziehende Veränderung bietet für die Lösung des Problems der lernbehinderten und -gestörten Jugendlichen einen wesentlichen Vorteil: die Möglichkeit nämlich, einen Jugendlichen bei auftretenden Lernstörungen kompensatorisch oder bei sich abzeichnenden Verhaltensstörungen therapeutisch zu behandeln, u.z. so unmittelbar nach den ersten Anzeichen einer solchen Beeinträchtigung, daß deren Verfestigung und Verstärkung in vielen Fällen verhindert werden kann. Dies setzt natürlich ein Gesamtschulmodell voraus, das organisatorische und personelle Flexibilität gewährleistet und die Möglichkeit einer Teilnahme von Jugendlichen an Kompensations- und Therapiekursen parallel zum obligatorischen Unterricht oder auch als Ersatz für Teile des verbindlichen Unterrichtsprogramms in jedem Einzelfall und zu jeder Zeit bereithält.

Das würde bedeuten, daß eine Vielzahl von Jugendlichen, die unter den jetzigen Verhältnissen entweder auf die Sonderschule umgeschult würden oder die Hauptschule ohne Abschlußzeugnis verlassen müßten, zu einem erfolgreichen Schulabschluß geführt werden könnten. Denn vielfach treten Schwächen zunächst nur partiell in einem Fachgebiet auf und führen nur deshalb zu Lernbehinderungen oder Verhaltensstörungen, weil sie nicht im Ansatz aufgearbeitet werden oder werden können. Natürlich wäre die Errichtung von zusätzlichen Therapie- und Kompensationskursen auch an den Hauptschulen außerhalb eines Gesamtschulverbundes denkbar und möglich. Dazu müßten allerdings die gleichen personellen und organisatorischen Voraussetzungen geschaffen werden, wie sie in bezug auf ein Gesamtschulmodell angedeutet wurden.

Wenn man für den Jugendlichen die Möglichkeit schafft, beim ersten Auftreten von im normalen Unterrichtsablauf nicht mehr individuell abbaubaren Lernstörungen Therapie- und Kompensationskurse zu besuchen, so stellt dies zwar eine erhebliche Verbesserung dar gegenüber der Situation einer Therapie und Kompensation n a c h der Pflichtschulzeit; dennoch bleibt es ein nachträglicher Korrekturversuch von bereits vorhandenen Schwächen und Störungen. Eine solche Situation, wenn sie tatsächlich realisiert werden könnte, wäre bereits ein Optimum dessen, was mittel- und langfristig auf der Grundlage organisatorischer Veränderungen erreicht werden kann. Gleichzeitig muß aber auch überlegt werden, ob nicht Möglichkeiten bestehen, eine solche Maßnahme durch prophylaktische Bemühungen zu ergänzen, die - zumindest in einem Teil der Fälle - das Entstehen von Fehlentwicklungen im Lern- und Verhaltensbereich verhindern helfen.

Natürlich kann dieser gesamte Problemkreis an dieser Stelle nicht im entferntesten ausdiskutiert werden. Es sollte hier auch nur darum gehen, einige grundsätzliche Überlegungen darüber anzustellen, inwieweit die Realisierung bestimmter grundsätzlicher pädagogischer Konzeptionen und didaktischer Konstellationen eine im Hinblick auf den Umfang der Gruppe der Lernbehinderten und -gestörten und bezüglich der Intensität der bei diesen vorliegenden Beeinträchtigungen günstigere Situation schaffen könnte, als sie heute besteht und für die nächsten Jahre zu erwarten ist.

Als Grundthese bei der Untersuchung einer solchen Frage muß gelten, daß substantielle Veränderungen nur dann effektiv werden können, wenn sich diese ganz entscheidend im i n h a l t - l i c h e n Bereich vollziehen; Fragen einer institutionellen Reform sind grundsätzlich dem nachzuordnen, da sie sich erst nach einer Entscheidung über inhaltliche Veränderungen sinnvoll beantworten lassen. Die Diskussion um die Gesamtschule etwa befindet sich in der ständigen Gefahr, sich bei der Frage nach prophylaktischen oder therapeutischen Behandlungsmöglichkeiten von eventuell auftretenden Fällen von Lernbehinderungen oder -störungen auf weitgehend organisatorische Maßnahmen (etwa Errichtung von Liftkursen, Leistungsgruppen u.ä.) zu konzentrieren und dabei völlig zu übersehen, daß solche formalen Strukturveränderungen allein wenig nützen, wenn sie nicht inhaltlich abgesichert sind.

3. Die fachdidaktische Dimension

Untersucht man die Inhalte schulischen Unterrichts, so stehen dabei naturgemäß die fachdidaktischen Probleme zunächst einmal im Vordergrund. Sie müßten zunehmend und mehr als bisher die bei dem "Durchschnittsschüler" vorliegenden lernpsychologischen Voraussetzungen für die Vermittlung und gedankliche Aufnahme der in dem jeweiligen Fach vorgesehenen Inhalte mitreflektieren.

Lernzielbestimmungen dürfen sich nicht nur aus dem ergeben, was ein Schulfach an immanenten Strukturen aufweist und in welcher Weise die ihm innewohnenden Lernziele durch tradiertes oder aktuelles Selbstverständnis der Fachdidaktiker determiniert werden. Mindestens gleichgewichtig bei der Entwicklung didaktischer Ansätze sollte der Aspekt des in der betreffenden Alters-, Leistungs- und Bildungsstufe vorhandenen Lern- und Motivationspotentials der Schüler behandelt werden.[251]

Dieser Gesichtspunkt scheint mir in der didaktischen Diskussion der vergangenen Jahre etwas vernachlässigt worden zu sein. So ist beispielsweise der Aspekt der Fertigkeitenschulung zu sehr in den Hintergrund gedrängt worden zugunsten des Versuches, emanzipatorische Erkenntnisprozesse bevorzugt zu thematisieren und einige Lernbereiche - freilich nach Altersstufen differenziert - mehr zu verwissenschaftlichen. Als Beispiel hierfür kann die didaktische Diskussion um den Mathematikunterricht an Grund- und Hauptschulen herangezogen werden, die einen Trend hin zur "Mathematisierung" von Inhalten und Methoden hervorgerufen hat, der - in dem grundsätzlich wünschenswerten Bemühen um Zurücknahme des im vormaligen "Rechenunterricht" vorhandenen "Drills" - inzwischen zumindest in der Grundschuldidaktik über das Ziel hinausgeschossen zu sein scheint.[252]

Eine ähnliche Entwicklung könnte auch im Fach Deutsch Platz greifen, wenn die Bedeutung der Rechtschreibung als anzustrebendes Lernziel im Fertigkeitenbereich immer mehr in den Hintergrund treten würde. Natürlich ist es unsinnig, die Rechtschreibfähigkeiten als einen der wesentlichsten bildungsmäßigen Selektionsgegenstände einzustufen. Wenn jedoch - anstatt als realistisches Ziel dieses in unserem Schulsystem noch weitgehend vorhandene Selektionsprinzip abzubauen - das Lernziel der Fähigkeit zum möglichst fehlerlosen Schreiben in der Hauptschule als weitgehend peripher eingestuft würde, hätte dies eine Vertiefung der sozialen Kluft zur Folge zwischen einerseits den weniger privilegierten Bildungsschichten - wie etwa den Hauptschulabsolventen - und andererseits solchen, die alle Bildungsprivilegien von der höheren Schule bis hin zur Hochschule realisieren können.

Bevor man darangeht, Lernziele, die bestimmte Schwierigkeiten im Vollzug des Schulalltags mit sich bringen, die aber gesellschaftlich von Bedeutung sind[253], durch neue zu ersetzen, sollte man erst prüfen, ob sie bisher überhaupt mit adäquaten Mitteln und im erforderlichen Umfang angestrebt wurden. Eine solche Überlegung müßte, auf das Fach Deutsch bezogen, zu dem Ergebnis kommen, daß etwa bei weitem nicht genug dafür getan wird, solche Fälle von Rechtschreibschwäche, die tatsächlich und zwangsläufig zu einer unverhältnismäßig starken bildungsmäßigen und sozialen Diskriminierung führen, mit den uns bisher zur Verfügung stehenden Mitteln zu behandeln: es geht dabei um die häufig mit dem Begriff "Legasthenie" bezeichnete Lese-Rechtschreibe-Schwäche, deren Auftreten bei mindestens 12 % der Grund- und Hauptschüler anzutreffen ist.[254]

Eine ganze Reihe von Kindern scheitert bereits in der Grundschule bei normaler oder sogar relativ guter Intelligenz allein an einer solchen Lese-Rechtschreibe-Beeinträchtigung, weil sie nicht entsprechend behandelt wird. Eine solche Schwäche führt bei Unterlassung einer Therapierung nahezu zwangsläufig zu Lernstörungen und späteren -behinderungen; auch eine Einweisung in eine Sonderschule bringt hier nicht immer Abhilfe, vor allem, wenn sie zu spät vorgenommen wird. Die Errichtung von Förder- und Therapiekursen für Legastheniker an so vielen Grundschulen, daß alle potentiell infragekommenden Kinder dort gefördert werden können, würde jedoch zu einem ganz enormen Rückgang dieser Fälle führen können.[255] Dies wäre ein ganz wesentlicher Beitrag zur Herabsetzung der Zahlen der in der Schule versagenden Kinder und Jugendlichen, der vor allem schulorganisatorische, aber auch inhaltliche Veränderungen der heutigen Grundschulsituation erforderlich macht. Nicht zuletzt spielt hier natürlich - wie bei allen Fragen einer inhaltlichen Schulreform - der Komplex der Lehrerbildung hinein.

4. Therapie als pädagogische Prophylaxe

Auch im Bereich der Methodik, also der unterrichtstechnischen Umsetzung von vorgegebenen Lernzielen, sollte nach Möglichkeiten gesucht werden, einen Beitrag zur Verminderung der Zahl der schulversagenden Kinder und Jugendlichen zu leisten. Dies soll unter dem Blickwinkel erfolgen, daß die Wahl methodischer Mittel die lernpsychologische, gruppendynamische und motivationale Steuerung von Lernprozessen wesentlich determiniert.

Es wäre unter diesen Voraussetzungen durchaus bedenkenswert, einmal die Möglichkeit zu überprüfen, den Vollzug des Unterrichts auch für "normal" Lernfähige mit heilpädagogischen Implikationen zu versehen. Die methodische Leitlinie, die sich aus der Realisierung heilpädagogischer Ansätze ergibt, braucht ja nicht unter allen Umständen als Therapie verstanden zu werden, die lediglich dann angesetzt werden kann, wenn bereits eine Lernstörung oder fachspezifische Schwäche vorliegt. Sehr viel sinnvoller wäre vielmehr ihre Anwendung im Sinne einer Prophylaxe. Das würde bedeuten, in den Unterricht Elemente einzubauen, die der möglichen Entstehung von Lernstörungen - soweit diese durch den Unterricht überhaupt beeinflußbar sind - vorbeugen. Die - bereits dargelegten - Prinzipien eines therapieorientierten Unterrichts[256] beinhalten ohne Ausnahme durchaus auch für "normal" Lernfähige sinnvolle methodische Vorgehensweisen; ihr einziger potentieller Nachteil liegt in dem vermehrten Zeitaufwand, der zum Erreichen eines Lernzieles notwendig werden kann.

Dies schränkt die Übertragbarkeit einiger heilpädagogischer Methoden auf Grund- und Hauptschulen natürlich etwas ein; dennoch gibt es eine Vielzahl von methodischen Prinzipien, die relativ zeitneutral realisiert werden können und ja zum Teil auch durchaus etwa als wesentliche Bestandteile der allgemeinen Grundschulpädagogik gelten können. So haben etwa der Grundsatz der Anschaulichkeit, der gelenkten Selbstbetätigung, des Vorgehens in kleinsten Lernschritten, der Differenzierung, der intensiven personalen Zuwendung u.a.m. längst Eingang gefunden in die Methodikdiskussion des Grundschulunterrichts. Andere Prinzipien der Heilpädagogik jedoch gelten vielerorts - wie etwa dasjenige der Wiederholung, des handelnden Unterrichts, der Beachtung ordnungspädagogischer Aspekte - entweder als überholt, oder sie sind - wie etwa der Gesichtspunkt der Operationalisierung von Lernzielen, des Vertrautmachens mit adäquaten Lerntechniken, der Hinführung zu einer bewußten Problemlösungsorientierung - von der Grund- und Hauptschulpädagogik noch nicht voll rezipiert und verarbeitet worden.

Es soll hier keineswegs einer "Heilpädagogisierung" der gesamten Schulpädagogik das Wort geredet werden. Wenn man einmal von den hier genannten Prinzipien absieht, die ohnehin für "normal" Lernfähige wie für Lerngestörte und -behinderte gleichermaßen Geltung haben müssen, so verbleiben jedoch immer noch eine Reihe von heilpädagogisch ausgerichteten Aspekten, deren Realisierung im Unterricht an Grund- und Hauptschulen zwar einiger vermehrter Anstrengungen bedarf, die dann aber auch jedem Schüler, unabhängig von seinem Leistungs- und Lernvermögen, zugute kommen können. Es muß ja davon ausgegangen werden, daß bei einer

Vielzahl von Kindern und Jugendlichen Lernstörungen erst im Laufe ihrer Schulbesuchszeit entstehen und auftreten; nur in einer Minderheit von Fällen späterer Lernbehinderungen etwa zeigen sich die ersten Lernstörungen vom ersten Schultag an. Prophylaktische Maßnahmen im Sinne der Heilpädagogik - vor allem im Grundschulbereich - würden sicherlich die Zahl der Lernstörungen und Lernbehinderungen um einiges vermindern helfen.

In der Hauptschule könnte dem Einsatz heilpädagogischer Mittel partiell sogar die therapeutische Funktion zugeordnet werden, die sich aus dem klassischen Verständnis des Therapiebegriffes als Heilung und Befreiung von vorhandenen Störungen ergibt. Hier ist ja teilweise - wie wir gesehen haben - tatsächlich bereits von Schülern auszugehen, die Lernanfälligkeiten bis hin zu echten Behinderungen zeigen. Natürlich wird man der Situation, die heute an den Hauptschulen vor allem in den Ballungsgebieten vorzufinden ist, in keiner Weise gerecht, wenn man die Anwendung heilpädagogischer Prinzipien als eine Lösungsmöglichkeit hinstellen wollte, die dem Auftreten von Lernstörungs- und Lernbehinderungssymptomen allein entgegenwirken könnte.

Nur sehr bedingt etwa können motivationale Störungen einzelner Jugendlicher (und solche sind, nicht nur bei Lerngestörten und -behinderten, eines der schwierigsten pädagogischen Probleme, vor die sich ein Hauptschullehrer gestellt sieht) innerhalb eines großen Klassenverbandes von 30 oder gar 40 Schülern durch therapeutische Maßnahmen behoben werden; dazu fehlen alleine bereits die notwendigen äußeren Bedingungen. Eine mittelfristig sich vollziehende Aufarbeitung und Rezeption therapeutischer Ansätze und Methoden innerhalb der Hauptschulpädagogik könnte jedoch eine Entwicklung anbahnen, die der unter der Schülerschaft von Grund- und Hauptschulen gegenwärtig zu verzeichnenden Zunahme von Symptomen der Angst vor dem Versagen und ihrer Verdrängung entgegenwirkt; die zunehmende Hinwendung zu aggressiver physischer Gewaltanwendung oder ihrer Androhung innerhalb und außerhalb der Schule etwa ist ein Beispiel dafür, wie diese Angst oftmals kompensiert und "kanalisiert" wird.[257]

5. Arbeitslehre und polytechnischer Unterricht

Aus den Überlegungen einer pädagogischen Neuorientierung der Grundlagenbildung für eine hochtechnisierte Industriegesellschaft heraus begann Ende der fünfziger Jahre die Diskussion um eine Reform des Volksschulwesens.[258] Sie fand gewissermaßen ein bildungspolitisches Resümee in den Empfehlungen des Deutschen Ausschusses zur Einführung der Hauptschule, deren tragendes didaktisches Prinzip in einer unterrichtsintegrierten Hinführung des Schülers zur Arbeits- und Wirtschaftswelt bestehen sollte.[259] Von diesem inhaltlichen Reformimpetus ist in der heutigen Hauptschulpraxis nicht mehr allzu viel übriggeblieben. Das Fach "Arbeitslehre", zunächst als konstitutiver Bestandteil projektorientierter und fächerübergreifender Unterrichtseinheiten gedacht, ist heute zwar in den Fächerkanon der Hauptschule integriert, nicht aber in der vorgesehenen prägenden Weise in das gesamte curriculare Konzept.

Eine Rückbesinnung auf diese damals formulierten inhaltlichen Reformansätze erscheinen mir heute nötiger denn je. Denn die Basis der Argumente, die bisher bereits für eine grundlegende Neuorientierung der pädagogischen Zielvorstellung der damaligen Oberstufe der Volksschule sprachen, ist inzwischen in einem wesentlichen Punkt verbreitert worden: nämlich um den Komplex der schulversagenden Jugendlichen, also der Lernbehinderten und -gestörten, die allein von ihrer Zahl her heute als bildungspolitisches Problem ersten Ranges angesehen werden müssen. Wenn man, wie aufgezeigt wurde, davon ausgehen muß, daß das - soweit noch vorhandene - Motivations- und Interessenpotential einer Mehrheit von Hauptschülern, besonders aber der Lernbehinderten und -gestörten, primär auf die Arbeits- und Berufswelt gerichtet ist, und wenn man weiterhin den therapeutischen, motivationsstimmulierenden Effekt gezielter manueller Betätigung gerade bei bildungsmäßig benachteiligten Jugendlichen - aber nicht nur bei diesen - berücksichtigt, erscheint ein erneuter Anlauf in Richtung auf eine inhaltliche Hauptschulreform dieser Prägung nicht nur sinnvoll, sondern schlechterdings notwendig. Dies würde natürlich eine nun endgültige Abkehr von jenem Bildungsideal bedeuten, das historisch und philosophisch auf den deutschen Idealismus zurückzuführen ist und den Bildungsbegriff auf eine ausschließlich zweckfreie, rein geistige und ästhetisierende Betätigung verkürzt; die aus diesem Ansatz sich ergebende Gleichsetzung von "Bildung" und "Allgemeinbildung" im Gegensatz zur zweckorientierten, praxisbezogenen "Ausbildung" muß überwunden werden.

Ein Hauptschulunterricht der hier geforderten Ausrichtung müßte um drei zentrale didaktische Größen herum gruppiert werden. Es sind dies

1. die technische Elementarbildung (werkpädagogische bzw. -praktische Bildung),
2. die technologisch-betriebswirtschaftliche Bildung,
3. die ökonomisch-gesellschaftlich-politische Bildung.[260]

Das bedeutet, daß neben der praktischen Betätigung des Schülers - jeweils gleich gewichtig - Unterrichtsprojekte betrieblicher Orientierung (z.B. in Verknüpfung mit Betriebspraktika) sowie die Verarbeitung der dort gewonnenen Einsichten auf der Ebene gesellschafts- und wirtschaftspolitischer Reflexionen erfolgen sollen; die Hinführung zur Arbeits-, Berufs-, Wirtschafts- und Sozialwelt würde sich somit auf drei verschiedenen Abstraktionsniveaus vollziehen.

Ein Aspekt, der in alle drei Ebenen integriert werden müßte, soll hier extra angesprochen werden: es ist derjenige der berufskundlichen Orientierung des Hauptschülers. Eine solche Orientierung sollte spätestens mit Beginn der 5. Klasse, wenn nicht schon in der Grundschule erfolgen und würde der späteren Berufswahl ein weit sichereres Fundament verschaffen, als es noch so gut gemeinte Einzelberatungen der Arbeitsämter kurz vor Schulabschluß vermöchten.

Entscheidend vor allem im Hinblick auf eine Verringerung der Zahl der Schulversager und ebenso einer Abnahme der Schulmüdigkeit auch "normal" Lernfähiger ist die gleichberechtigte Integration manueller Betätigungseinheiten in das Unterrichtsprogramm. Dies würde die Möglichkeit für die Schüler eröffnen, Erfahrungen zu machen, die in Verbindung mit Einsichten in betriebliche und gesamtwirtschaftliche Zusammenhänge erst die Basis dafür schaffen, Probleme aus der Welt des Sozialen und Wirtschaftlichen erfassen und seine eigene Position darin verstehen und überdenken zu können. So kann auch Motivation dazu freigelegt werden, sich vermehrt theoretische Kenntnisse und Fertigkeiten anzueignen, weil deren Bedeutung für die Stellung im Berufsleben erfahren und eingesehen wurde.

Diese Thematisierung der praktischen manuellen Betätigung legt es nahe, in diesem Zusammenhang an den Begriff des polytechnischen Unterrichts zu denken. Wenngleich dieser Terminus zumindest in der Bundesrepublik negativ vorbelastet ist, scheint er mir durchaus ein sinnvolles Etikett für das zu sein, was an Inhalten hier postuliert wird. Entscheidend dabei ist vor allem, daß es nicht darum gehen kann, etwa die Stellung der Arbeitslehre als F a c h auszubauen; vielmehr muß es - und dies eben sollte der dafür verwendete Begriff auch zur Aussage bringen - um eine grundlegende Neuorientierung der Schulpädagogik in der Bundesrepublik gehen. An theoretischen Diskussionsbeiträgen (die teilweise schon wieder in Vergessenheit geraten sind) fehlt es nicht; der gegenwärtigen bildungspolitischen Diskussion allerdings mangelt es an Konzentration auf solche Reformansätze im i n h a l t l i c h e n Bereich. Eine Rückbesinnung auf den ursprünglichen Ausgangspunkt vieler Reformbestrebungen im schulischen Bereich wäre sicherlich heilsam.

6. Gesamtresümee

Allererste Priorität im bildungspolitischen Maßnahmekatalog sollte der Errichtung von schulkompensatorischen und berufsqualifizierenden Einrichtungen für lerngestörte und -behinderte Schulabgänger zukommen, wie sie im III. Kapitel vorgeschlagen werden. Da diese Maßnahmen in die zukünftige Struktur des berufsbildenden Schulwesens eingepaßt werden können, sind hierzu keine grundlegenden Strukturveränderungen erforderlich; von daher ist der zu leistende Aufwand auch bei relativ rascher Verwirklichung der Vorschläge zu vertreten.

Sollen die Zahlen der in der Grund- und Hauptschule versagenden Jugendlichen zurückgehen, so sind mittel- und langfristige Veränderungen vor allem im inhaltichen Bereich unumgänglich. Reformen dieser Art, wie sie hier nur angedeutet werden konnten, dürften auch den Bereich der Fachdidaktiken nicht aussparen. Neben einigen schulorganisatorischen Maßnahmen, die vor allem die Quote der auf die Sonderschule wechselnden Kinder verkleinern würden (z.B. die Einrichtung von Therapie- und Förderkursen in der Grundschule für lerngestörte Kinder), könnte vor allem auch die Einarbeitung heilpädagogischer Ansätze in die allgemeine Grund- und Hauptschulpädagogik die Chancengerechtigkeit in unserem Schulwesen vergrößern.

Entscheidend wird sein, welche grundlegende Lernzielorientierung einem zukünftigen Schulsystem im primaren und berufsqualifizierenden sekundaren Bereich zugeordnet wird. Eine Reihe von Aspekten sprechen dafür, daß eine Umorientierung der allgemeinen Schulpädagogik, vor allem derjenigen der Hauptschule, auf eine Integration der Erfahrungsbereiche manuell-technischer Tätigkeiten, betrieblicher und gesamtökonomischer Einsichten und grundsätzlicher Einblicke in Fragen des Arbeits- und Berufslebens generell notwendig ist; dies findet seine Begründung sowohl in der motivationalen Situation der Mehrzahl der "normal" lernfähigen Hauptschüler im allgemeinen als auch der lernbehinderten und -gestörten im besonderen.

A N M E R K U N G E N

1 Zwar sehen die kultusministeriellen Verfügungen in einigen Bundesländern vor, den Sonderschulabschluß dem Hauptschulabschluß gleichzustellen, doch kommt dies in der Praxis der Vermittlung von Jugendlichen in Ausbildungsverhältnisse kaum zum Tragen. Hier gelten die Sonderschüler - und dies ja objektiv zurecht - als bildungsmäßig beeinträchtigt und als für qualifizierte Ausbildungsberufe nicht geeignet. Das Risiko, einen Sonderschüler in einen dreijährigen Ausbildungsberuf aufzunehmen, ist den meisten Betrieben zu groß, da das theoretische Fertigkeitenniveau, die Auffassungsgabe und andere wichtige Eigenschaften, die zum Durchstehen und Bestehen einer Berufsausbildung nötig sind, bei Sonderschülern in der Regel nicht genügend ausgebildet sind.

2 Jugendliche, welche die Hauptschule verlassen, ohne die 9. Klasse erfolgreich absolviert zu haben, erhalten nach Erfüllung ihrer Pflichtschulzeit lediglich ein Abgangszeugnis. Der erfolgreiche Besuch der Hauptschule wird dagegen durch die Zuerkennung eines Abschlußzeugnisses honoriert.

3 In diesen Fällen handelt es sich um Schüler, die ohne ein Versetzungszeugnis in die 10. Klasse die Schule nach Erfüllung ihrer neunjährigen Pflichtschulzeit verlassen.

4 Bis 1964 trug diese Schulart die Bezeichnung "Hilfsschule".

5 Die größte und weitest verbreitete Gruppe von Einrichtungen dieser Art wird durch die Bundesanstalt für Arbeit (BA) finanziert. (Vgl. hierzu S. 105 ff).

6 Bei entsprechenden Förderungsmöglichkeiten ist davon auszugehen, daß weit über die Hälfte aller als lernbehindert und -gestört einzustufenden Jugendlichen einen wesentlichen Teil ihrer Defizite kompensieren können.
(Vgl. hierzu Zahlen und Lösungsvorschläge im II. und III. Kapitel).

7 Differenzierung nach H.Bach, Grundprobleme der Berufsbildung behinderter Jugendlicher, in: H.Bach, J.Baumann u.a., Berufsbildung behinderter Jugendlicher, Bonn-Bad Godesberg 1971, S. 11, und W.Bachmann, Lernbehinderte in der Berufsschule, Berlin-Charlottenburg 1969, S. 9.

8 Bachmann, 1969, S. 9.

9 Vgl. Statistisches Bundesamt (Hg.), Fachserie A (Bevölkerung und Kultur), Reihe 10 (Bildungswesen), I. Allgemeinbildende Schulen 1969, Stuttgart - Mainz 1972, S. 27. In der genannten Zahl sind die Schüler von Sonderschulklassen an Volksschulen enthalten.

10 Vgl. hierzu etwa Hinweise von K.-J.Klauer, Lernbehindertenpädagogik, Berlin-Charlottenburg 1967 (2.Aufl.), S. 2.

11 Bachmann gibt an, daß die Mehrzahl der Lernbehinderten einen IQ zwischen 80 und 90, manchmal auch darüber aufweisen. (Bachmann, 1969, S. 12).
Ähnliche Beobachtungen referierte P.Müller auf der 12. Tagung der Deutschen Vereinigung für Jugendpsychatrie, die im Oktober 1971 in Würzburg stattfand. Danach wiesen von 600 untersuchten Sonderschülern in Göttingen 41 Prozent einen IQ über 80, 26 Prozent sogar über 85 auf. (Zitiert nach einem Bericht in der Süddeutschen Zeitung vom 7.10.1971).
In der schulpsychologischen Praxis wird davon ausgegangen, daß unterhalb eines IQ-Wertes von 80 eine Intelligenzbeeinträchtigung vorliegt, die in der Regel zu Lernbehinderungen führt.

12 Vgl. hierzu und für Teile des folgenden: Bundesanstalt für Arbeitsvermittlung und Arbeitslosenversicherung (Hg.), Berufe für behinderte Jugendliche, Wiesbaden 1968 (2.Aufl.), S. 248 und S. 267 ff.
Als Grenze "nach unten" ist hier der Grenzbereich der Gruppe der "Imbezillen" zu sehen, die auch umgangssprachlich häufig als "Praktisch Bildbare" bezeichnet werden. (Vgl. Bachmann, 1969, S. 22).

13 Bundesanstalt für Arbeitsvermittlung und Arbeitslosenversicherung (Hg.), 1968, S. 248.

14 Ebda. wird ausgeführt, daß "diese Störungen (...) meist organisch bedingt" seien. Dies erscheint mir jedoch zu einseitig gesehen; in der Mehrzahl der Fälle liegt hier mit Sicherheit eine Wechselwirkung zwischen psychischen und physischen Beeinträchtigungen vor, wobei physische Störungen im Sinne einer psychosomatischen Diagnostik zumeist in leichten bis mittleren psychischen Fehlentwicklungen, die noch nicht als neurotisch bezeichnet werden können, ihre Ursachen haben.

15 Ebda. werden Jugendliche mit diesen Fehlhaltungen der Gruppe der Schwererziehbaren zugerechnet.

16 Vgl. hierzu S. 34.

17 Die hier und im folgenden verwendeten Begriffe des "Normalen" und "Abnormalen" werden mit allen Vorbehalten und als rein pragmatisch strukturierte Termini in dem Sinne gebraucht, daß empirisch erfaßbare bestehende oder geforderte Durchschnittswerte und -zustände wertungsfrei zugrundegelegt werden.

18 Bundesanstalt für Arbeitsvermittlung und Arbeitslosenversicherung (Hg.), 1968, S. 249.

19 Zitat aus ebda, S. 248 (vgl. Anmerkung 15).

20 Bachmann, 1969, S. 59.

21 Dieser Anteil ergibt sich aus der Angabe von Bachmann (1969, S. 57), daß 1965 mindestens 550.000 Kinder eine Sonderschule hätten besuchen müssen.

22 Bundesanstalt für Arbeitsvermittlung und Arbeitslosenversicherung (Hg.), 1968, S. 249.

23 Vgl. etwa Bach, 1971, S. 11.

24 Die jüngsten verfügbaren nach Abgangsklassen differenzierten Zahlen für das gesamte Bundesgebiet stammen aus dem Jahre 1967. Die Vollzeitschulpflicht endete damals allerdings noch in verschiedenen Bundesländern bereits nach dem 8. Schuljahr, so daß die Angaben nicht uneingeschränkt auf heute übertragen werden können.
Dennoch seien sie hier genannt: Insgesamt wurden 1967 nach Beendigung der neunjährigen Vollzeitschulpflicht 90.629 Jugendliche (= 100 %) aus den Volksschulen der Bundesrepublik ohne Hauptschulabschluß entlassen. Davon kamen aus der 1. - 3. Klasse 60 Schüler (= 0,1 %), aus der 4. Klasse 197 (= 0,2 %), aus der 5. Klasse 1186 (= 1,3 %), aus der 6. Klasse 6019 (= 6,6 %) und aus der 7. Klasse 22.683 (= 25,0 %). Die restlichen zwei Drittel wurden aus der 8. und 9. Klasse ohne Abschluß entlassen.
(Quelle: Statistisches Bundesamt (Hg.), Fachserie A: Bevölkerung und Kultur, Reihe 10: Bildungswesen, I. Allgemeinbildende Schulen, Stuttgart - Mainz 1971)
Vgl. auch S. 27 f.

25 Klauer, 1967, S. 1 f.

26 Bach, Grundprobleme der Berufsbildung behinderter Jugendlicher, a.a.O., 1971.

27 Ebda, S. 9.

28 Bachmann, 1969, S. 22. Hervorhebungen ebda.

29 Bach, 1971, S. 9.

30 Bach, 1971, S. 9 ff und J.Münch, U.Reischauer u.a., Schulversuche zum Berufsgrundschuljahr in Rheinland-Pfalz (hg. vom Kultusministerium Rheinland-Pfalz), Mainz 1963, S. 50.

31 Vgl. hierzu S. 48 ff.

32 Vgl. hierzu S. 35 ff.

33 Es darf darüber hinaus auch nicht vergessen werden, daß sich unter den Schulentlassenen ohne Abschluß aus der Hauptschule nicht nur lerngestörte, sondern auch eine Vielzahl von lernbehinderten Jugendlichen befinden.

34 Dies gilt für ehemalige Sonderschüler noch mehr als für Hauptschulentlassene ohne Abschluß.

35 Bach spricht in diesem Zusammenhang von "sekundären Fehlhaltungen", die durch "jahrelange Mißerfolgserlebnisse und negative Umweltreaktionen" erworben werden. (Bach, 1971, S. 11).

36 Vgl. etwa R.Günther, Probleme der beruflichen Eingliederung für Lernbehinderte. In: Berufliche Bildung 19 (1968), S.200 ff.

37 In der Hauptschulpraxis werden immer noch häufig "Faulheit" u.ä. als Ursache für Schulversagen angenommen und die Diagnose "Lernbehinderung" oder auch "Lernstörung" nur auf wenige schwerwiegende Fälle angewandt.

38 Die im folgenden zitierten Tabellen 1 - 15 sind in dem auf S. 69 ff sich befindenden Tabellenteil aufzufinden.

39 In den Jahren 1956 - 61 muß allerdings die Möglichkeit einer Fehlerquote von 1 - 2 % in betracht gezogen werden, da Angaben über Sonder- und Hilfsschulklassen an Volksschulen hier fehlen. Es wäre denkbar, daß eine kleine Anzahl von Abgängern aus Sonder- und Hilfsschulklassen von Volksschulen in den Zahlen der Abgänger aus den Volksschulen enthalten sind. Dies würde die angegebenen Relationen aber nur unwesentlich beeinflussen.

40 Nordrhein-Westfalen und Berlin (West) liegen in der Regel in ihrem Anteil der Schulentlassenen ohne Abschluß weit über dem Bundesdurchschnitt, Bayern einige Punkte darunter.

41 Die Zahlen von Rheinland-Pfalz lagen in den Jahren 1968 und 1970 jeweils genau im Bundesdurchschnitt.

42 Das Saarland liegt in der Regel in seinem Anteil an Hauptschulabgängern ohne Abschluß niedriger als der Bundesdurchschnitt.
Man muß sich allerdings fragen, warum seit 1968 immer wieder ein oder mehrere Bundesländer dem Statistischen Bundesamt nur lückenhaftes Material zur Verfügung gestellt haben. Erhebungen von Schülerzahlen sollten doch heutzutage keine solch großen organisatorischen und technischen Probleme mehr aufwerfen, daß einige Bundesländer hierdurch schlechterdings überfordert sein müssen.

43 Die statistische Abteilung des Kultusministeriums von Nordrhein-Westfalen stellte mir die noch nicht veröffentlichten Zahlen von 1971 und 1972 freundlicherweise zur Verfügung.

44 Zählt man diejenigen, die aus der 10. Klasse Hauptschule entlassen worden sind, zu den Abgängern aus der 9. Klasse des vorhergegangenen Jahres (diese Jugendlichen sind ja erfolgreiche Absolventen des 9. Schuljahres Hauptschule des vorhergehenden Jahres), so ergibt sich ein Anteil der Jugendlichen ohne Abschluß von 24,4 % (bei insgesamt 128.433 aus der Hauptschule entlassenen Jugendlichen) für 1970 und 25 % (bei insgesamt 135.969 Entlassenen) für 1971. Bei dieser Berechnungsmethode läge dann das Maximum der Entwicklung dieses Anteils etwas niedriger.

45 Ständige Konferenz der Kultusminister der Länder der Bundesrepublik Deutschland (Hg.), Vierter Bericht der Arbeitsgruppe Bedarfsfeststellung: I. Vorausberechnung der Schüler- und Absolventenzahlen 1970 bis 1985 (vervielfältigt), März 1972 (Dokumentation Nr. 34).

46 Es heißt im Textteil der Publikation lediglich ganz allgemein, daß "über eine reine Trendfortschreibung hinaus die bildungspolitischen Maßnahmen der einzelnen Länder berücksichtigt (wurden), soweit deren Realisierung schon absehbar war." (ebda, S. II).

47 Zahlenangaben nach ebda, S. 33 f.

48 Vgl. ebda, S. 34 (Anmerkung).
Dies würde also bedeuten, daß die aus der 10. Klasse Entlassenen außer acht blieben.

49 Zahlenangaben für 1970 nach: Statistisches Landesamt Nordrhein-Westfalen (Hg.), Beiträge zur Statistik des Landes Nordrhein-Westfalen, Heft 274: Das Bildungswesen in Nordrhein-Westfalen 1970, Teil 1: Allgemeinbildende Schulen. Düsseldorf 1971.
Zu den Angaben für 1971 und 1972 vgl. Anmerkung 43.

50 Eine weitere Kontrollmöglichkeit der KMK-Prognosen ergibt sich aus einer Angabe in der Studie "Schulversuche zum Berufsgrundschuljahr in Rheinland-Pfalz" (hg. vom Kultus-Ministerium Rheinland-Pfalz, a.a.O.), S. 51. Danach sind in Rheinland-Pfalz 1971 insgesamt 37.614 Schüler nach Beendigung der Volksschulpflicht aus der Hauptschule entlassen worden, davon 8.304 (= 22,1 %) ohne Abschlußzeugnis. Die KMK-Prognose ging von 37.200 Entlassungen aus, davon 8000 (= 21,5 %) ohne Abschluß. Auch hier wurde der Anteil der Abgänger ohne Abschluß - wenn auch nicht mit den Abweichungen wie für Nordrhein-Westfalen - etwas zu niedrig eingeschätzt.

51 Dies zeigt sich beispielsweise in der bereits teilweise verwirklichten Absicht, den Abschluß des 10. Hauptschuljahres der "mittleren Reife" bzw. Fachoberschulreife gleichzustellen. Darüber hinaus sind die Einführung einer Fremdsprache und inhaltliche Niveauverschiebungen in anderen Fächern ebenso Indizien hierfür wie etwa der Plan des nordrhein-westfälischen Kultusministers, die Rahmenpläne

der Haupt-, Realschule und der Gymnasien möglichst kongruent zu gestalten. (Vgl. hierzu den Bericht in der Westdeutschen Allgemeinen Zeitung vom 28.11.1973).

52 Bach,1971, S. 11.

53 Dies wird auch bestätigt durch Untersuchungen, deren Ergebnisse auf der 12. wissenschaftlichen Tagung der Deutschen Vereinigung für Jugendpsychiatrie in Würzburg referiert wurden. (Referent war P.Müller, Göttingen. Die Angaben sind entnommen der Süddeutschen Zeitung vom 7.10.1971.) Demnach befanden sich unter einer Gruppe von 600 Göttinger Sonderschülern 41 % mit einem IQ über 80. Davon waren 69 % Jungen und nur 31 % Mädchen bei einem Verhältnis von 60 : 40 zwischen Jungen und Mädchen hinsichtlich der Gesamtzahl der Sonderschüler. Nun ist eine Kategorialisierung von Lernbehinderten und "normal" Lernfähigen anhand des IQ - wie bereits aufgezeigt - zwar sehr problematisch, aber das Ergebnis läßt doch immerhin erkennen, daß Jungen häufiger als Mädchen mit noch "normalen" Intelligenzleistungen auf die Sonderschule verwiesen werden, daß bei ihnen also eher psychische Störungen zur Einweisung in eine Sonderschule führen als ursächlich kognitive Beeinträchtigungen. Der Göttinger Untersuchung zufolge zeigen sich diese Ergebnisse aber nicht bei Jugendlichen aus unteren Sozialschichten; dort ist das Verhältnis zwischen Jungen und Mädchen, die auf eine Sonderschule verwiesen werden, ausgeglichen. Die Erklärung hierfür sieht Müller in der Resignation der Angehörigen dieser Schicht hinsichtlich der Verbesserung ihrer Situation und in der daraus folgenden niedrigeren Erwartungshaltung gegenüber ihren Kindern.

54 Vgl. Tabelle 9, S. 80.

55 Für 1976 nehmen die Autoren der KMK-Prognose das Maximum des Schülerbestandes an Sonderschulen mit insgesamt 448.000 an. (Ständige Konferenz der Kultusminister (Hg.), 1972, S.V).

56 Analoge Entwicklungen gingen aus den Berechnungen der KMK-Studie ja bereits hinsichtlich des Anteils der Hauptschulabgänger ohne Abschluß an der Gesamtzahl der aus der Hauptschule Entlassenen hervor. (Vgl. S. 24).

57 Dies liegt wohl an der Einführung des 9. Hauptschuljahres in Bayern in diesem Jahr.

58 Dabei bleibt die Zahl derer noch unberücksichtigt, die aus Realschulen und Gymnasien nach Erfüllung der Vollzeitschulpflicht entlassen werden, ohne das Versetzungszeugnis in die 10. Klasse und damit eine dem Hauptschulabschluß adäquate Abschlußqualifikation erreicht zu haben.

59 Lernbehinderungen und -störungen mit diesen Bedingungsfaktoren wurden in der einschlägigen Forschung bis vor einigen Jahren als "sozialer Schwachsinn" gekennzeichnet. (Vgl. etwa Bachmann, 1969, S. 22, und K.-J. Klauer, Berufs- und

Lebensbewährung ehemaliger Hilfsschüler, Berlin 1963, S. 153).

60 Vgl. S. 110 ff.

61 Allein der steigende Anteil der Schulentlassenen ohne Abschluß, gemessen an den Gesamtzahlen aller aus der Haupt- und Sonderschule für Lernbehinderte entlassenen Jugendlichen, spricht dafür, daß das Problem der Lernbehinderungen und -störungen komplexerer Natur ist, als daß es auf soziale Bedingungsfaktoren allein zurückgeführt werden könnte.

62 Dies ist als bloße Feststellung zu verstehen, welche die Frage nach Verantwortung oder gar "Schuld" einzelner oder Gruppen für diese Situation völlig außer acht läßt.

63 Dies kann - muß aber nicht immer - mit legasthenischen oder teillegasthenischen Störungen zusammenhängen. Eine Vielzahl von Legasthenikern bleiben ja bekanntlich - erkannt oder unerkannt - in den Grund- und Hauptschulen, erhalten im Fach Deutsch schlechte Zensuren und fallen dann, mutlosig geworden, auch in anderen Fächern leistungsmäßig ab. "Bekannt ist die Entwicklungslinie Legasthenie, Hausarbeitsaversion, Schulabneigung, Schulschwänzen, Jugendkriminalität." (Bundesanstalt für Arbeitsvermittlung und Arbeitslosenversicherung (Hg.), 1968, S. 272).

64 Dies entspricht zumindest den Erfahrungen, die eine Vielzahl von Förderungslehrgängen der heutigen Bundesanstalt für Arbeit (BA) mit den von ihnen aufgenommenen Abgängern aus der Hauptschule gemacht haben und machen. Speziell die Rechtschreibfertigkeit gerade der dort geförderten Hauptschulabgänger aus der 8. und 7. Klasse wird allgemein als nahezu katastrophal beschrieben.

65 Vgl. hierzu S. 27 f sowie Tabelle 10 (S. 81).

66 Die speziellen Sozialisationsbedingungen der Mädchenerziehung, die sich natürlich auch in lern- und verhaltenspsychologischen Dispositionen niederschlagen, können nicht im einzelnen erörtert werden. Es soll hier lediglich der Hinweis auf ihre Auswirkungen hinsichtlich der Symptomatologie von Lernbehinderungen und -störungen bei weiblichen Schülern erfolgen.
Vgl. hierzu auch S. 61.

67 Erinnert sei hier etwa an die bildungsmäßige und soziale Selektionsfunktion der sprachlichen Sozialisation (in ihrer negativen Abgrenzung unter dem Stichwort "Sprachbarrieren" bekannt geworden).

68 Die folgenden Angaben über die Zusammensetzung der Gruppe und die Erhebungsergebnisse sind entnommen aus: K.-P.Klein und K.Schulz, Die arbeitspsychologisch und sozialpädagogisch gelenkte Integration von Jungarbeitern in den Produktionsprozeß eines Industriebetriebes. Analyse eines Versuches. (Vervielfältigt), Bochum 1973.

69 Außer den beiden genannten Aufgaben sollten die Jugendlichen noch zwei weitere aus dem Gebiet der Prozentrechnung sowie einige Zahlenaufgaben (Bruch- und Dezimalzahlenrechnung) bearbeiten. An Zeit standen hierfür maximal 90 Minuten zur Verfügung.

70 Diese Erhebung fand statt im Förderungslehrgang des Arbeitsamtes Essen im Jugenddorf Zehnthof (Essen-Kray) und wurde von mir zusammen mit einigen Kollegen dort druchgeführt.

71 Man darf allerdings auch nicht übersehen, daß bei Durchführung des gleichen Tests mit Hauptschülern, die aufgrund ihrer Schullaufbahn zu den "normal" Lernfähigen gerechnet werden müssen, durchaus immer noch Fehlerquoten zutagetreten würden, die zwar sicherlich nicht den Umfang der beiden zitierten Erhebungsgruppen erreichen würden, aber doch noch genügen, jeden Beobachter unserer Schullandschaft bedenklich zu stimmen. Insofern relativieren sich die genannten Zahlen etwas, ohne allerdings des Gesamtproblem der kognitiven Voraussetzungen von lernbehinderten und -gestörten Schulabgängern damit zu lindern.
(Vgl. etwa auch die Ergebnisse einer Erhebung bei 1.650 Hauptschülern zu Beginn des 5. Schuljahres, vorgenommen in den Jahren 1968/69 im Auftrage des Kultusministers des Landes Nordrhein-Westfalen im Rahmen der "Forschungsgruppe Hauptschule" an der Pädagogischen Hochschule Westfalen-Lippe in Münster, deren Ergebnisse wiedergegeben sind bei A.Mitschka, Schülerleistungen im Rechnen zu Beginn der Hauptschule. Eine empirische Untersuchung. Hannover 1971. Da sich die dort wiedergegebenen Erhebungsergebnisse auf Schüler der 5. Klasse Hauptschule beziehen, sind sie zwar nicht vergleichbar mit denen der in diesem Zusammenhang interessierenden Hauptschulabgänger, lassen aber immerhin erkennen, daß hier auch über den Bereich der Lernbehinderten und -gestörten hinaus eine allgemeine Malaise beklagt werden muß.)

72 Nicht zuletzt beweisen dies die Ergebnisse vieler Förderungslehrgänge der Arbeitsverwaltung, die eine Vielzahl von Jugendlichen zum Haupt- bzw. Volksschulabschluß führen, auch wenn - wie noch zu zeigen sein wird - die von einzelnen Lehrgängen erreichten Zahlen zurückhaltend interpretiert werden müssen.

73 Genaueres zu Personenkreis und Aufgaben des Tests S. 43 ff.

74 Vgl. S. 19 f.

75 Bundesanstalt für Arbeitsvermittlung und Arbeitslosenversicherung (Hg.), 1968, S. 260.

76 Ebda.

77 Ebda.

78 Ebda.

79 Ebda.

80 Ebda, S. 262 ff.
Bedacht werden muß dabei, daß es in dieser Publikation der BA um Lernbehinderte im Sinne der Abgänger von Sonderschulen für Lernbehinderte geht; Hauptschulabgänger ohne Abschluß sind in die Überlegungen nicht einbezogen worden. Dies ist insofern von Bedeutung, als Sonderschulabgänger häufig - wie bereits aufgezeigt - eine größere Anpassungsbereitschaft zeigen als Hauptschulabgänger ohne Abschluß.

81 Ebda, S. 260

82 Ebda.

83 Ebda, S. 266

84 Ebda, S. 267

85 Eines dieser Modelle ist zweifellos die Stufenausbildung, wie sie in einzelnen Großbetrieben bereits praktiziert wird. Sie stellt sicherlich eine Möglichkeit dar, die berufliche Integrationssituation lernbehinderter oder -gestörter Jugendlicher zu verbessern. Auf sie wird noch einzugehen sein (vgl. S. 134 ff).

86 Der Begriff des "Jungarbeiters" umfaßt alle Jugendlichen, welche die Berufsschule besuchen, ohne in einem vertraglich geregelten Ausbildungsverhältnis zu stehen.

87 Vgl. D.Grieger, H.Knigge-Illner, D.Schmidt-Hackenberg, K.Schweikert, Berufliche Grundqualifikationen für den Sekundarbereich II, hier: Teilprojekt 1: Studie zur Bildungssituation von Jugendlichen ohne Ausbildungsvertrag, Projektbericht der Abt. Strukturforschung des Bundesinstitutes für Berufsbildungsforschung (vervielfältigt), Berlin 1973.
Vgl. auch H.Nolte, H.J.Röhrs, K.Stratmann, Die Jungarbeiter als Problem der Berufsschule. In: Kultusminister von Nordrhein-Westfalen (Hg.), Neuordnung des beruflichen Schulwesens NW, Ratingen 1973, S. 141 ff.

88 Zu den Zahlen der davorliegenden Jahre vgl. Tabelle 16 (S. 87).

89 Auch hier wird eine zweijährige Anlernzeit, die vertraglich abgesichert ist, als Ausbildungsverhältnis gezählt.

90 Die Jungangestellten sind in dieser Erhebung nicht gesondert aufgeführt, sondern wohl in den Zahlen der ungelernten Arbeiter enthalten.

91 E. Kuhlmeyer, O.Blume, Die Ungelernten - ihre Herkunft, ihre Arbeit. Göttingen 1966.

92 Ebda, S. 19.

93 Nach ebda, S. 24.

94 Wo das eine Prozent geblieben ist, das bei der Gesamtzahl der Mädchen fehlt, ist allerdings nicht ganz klar.

95 Vgl. Nolte, Röhrs, Stratmann, 1973, S. 150.
Dazu muß gesagt werden, daß die absoluten Zahlen der abgebrochenen Ausbildungsverhältnisse ebenso im Steigen begriffen sind wie ihr relativer Anteil an der Gesamtzahl aller Ausbildungsverhältnisse. Dabei ist interessant, daß in der überwiegenden Mehrzahl Ausbildungsverhältnisse erst nach Ablauf der Probezeit aufgelöst werden, ein Hinweis darauf, daß Eignung und Neigung eines schulentlassenen Jugendlichen zu einem Beruf erst nach einer längeren Phase der Betätigung in ihm erkennbar wird (vgl. ebda, S. 151); dies spricht für eine forcierte Praktizierung des Prinzips der beruflichen Grundbildung oder sogar darüber hinaus der Berufsfindung in Einrichtungen, in denen der Jugendliche verschiedene Berufsfelder durchlaufen kann.

96 D.v.Laak, Berufsbewährung ungelernter Jungarbeiter aus Volks- und Hilfsschule. In: K.-J.Klauer (Hg.), Berufs- und Lebensbewährung ehemaliger Hilfsschulkinder, Berlin 1963, S. 35 ff.

97 Selbst im 3. Lehrjahr brachen nach der zitierten Erhebung noch 1,4 % der aus der 7. und 8., 1,9% der aus der 5. und 6. Volksschulklasse Entlassenen und 0,3 % der Hilfsschulabgänger ihre Ausbildung ab. (Ebda, S. 41).

98 Eine solche Argumentationsweise wird von den Autoren der Studie des Bundesinstitutes für Berufsbildungsforschung vertreten und dabei auch noch fälschlicherweise Nolte, Röhrs und Stratmann unterstellt (vgl. Grieger, Knigge-Illner, Schmidt-Hackenberg, Schweikert, 1973, S. 35).
Sie läßt jedoch völlig außer acht, wieviele der abgebrochenen Lehrlinge aufgrund ihres formalen und inhaltlichen Schulbildungsstandes zum Zeitpunkt des Beginns ihres Lehrverhältnisses als lernbehindert bzw. -gestört zu gelten hatten. Soweit diese Beeinträchtigungen bei der Aufnahme in ein Ausbildungsverhältnis unberücksichtigt bleiben, führen sie zumeist im Verlauf des ersten und zweiten Lehrjahres zur Lösung des Ausbildungsvertrages.

99 Auf diese geschlechtsspezifische Divergenz weisen besonders Nolte, Röhrs, Stratmann, 1973, S. 147 ff hin.
Es sei in diesem Zusammenhang noch darauf verwiesen, daß in der zitierten Gruppe der 42 angehenden Jungarbeiter, deren kognitives Fähigkeitenpotential einem hier dargelegten Test unterzogen wurde (vgl. S. 42 f), sich zwei Mädchen befanden, die trotz vorhandenem Hauptschulabschluß auf eine Berufsausbildung verzichteten. Obwohl die Jungen in dieser Gruppe in der Überzahl waren, befand sich unter ihnen keiner mit der gleichen Ausgangslage. Dies ist zwar keineswegs repräsentativ für die geschlechtsspezifischen Berufsdispo-

sitionen von Schulabgängern, kann aber als relativ typisch angesehen werden im Hinblick auf die Neigung der weiblichen Schulentlassenen, trotz günstiger schulischer Voraussetzungen eher auf eine Berufsausbildung zu verzichten als Jungen mit der gleichen Vorbildung.

100 Die Haltung des Mädchens gegenüber der Arbeitswelt ist bis zum Berufswahlalter häufig von Indifferenz und danach von einem den gesamten psychischen Apparat in Anspruch nehmenden Eskapismus geprägt. Ehe und Familie werden so häufig zum Ziel der Flucht aus Arbeit und Beruf. Diese psychische Situation des Mädchens bei Beginn seiner Ehe ist nun wieder Ausgangspunkt für die Erziehung der nachwachsenden Kinder, darunter möglicherweise auch Mädchen. Diese durchlaufen dann wiederum den nämlichen Sozialisationszirkel, der so ein über die Generationen hinweg wirksamer circulus vitiosus wird.

101 v.Laak, a.a.O., 1963, S. 44.
Zu den Zahlen in der folgenden Tabelle vgl. ebda.

102 Vgl. hierzu die Beschreibung solcher Einrichtungen nach dem Arbeitsförderungsgesetz auf S. 105 ff.

103 Vgl. hierzu die Ergebnisse des im einzelnen auf S. 42 ff beschriebenen Tests.

104 Münch, Reischauer u.a., 1973 (Hg.: KM Rheinland-Pfalz), S. 52.

105 Richtlinien zum Berufsgrundschuljahr (RdErl. d. Kultusministers v. 3. 4. 1973 - III A 4.36 - 11/2 - 1194/73). In: Gemeinsames Amtsblatt des Kultusministeriums und des Ministeriums für Wissenschaft und Forschung des Landes Nordrhein-Westfalen 4/1973, S. 214 f.

106 Mir ist hierzu ein Schulversuch im Kreis Steinfurt bekannt.

107 Hierzu existieren einige Versuche in Köln.

108 Berufsbildungskommission beim Minister für Kultus, Unterricht und Volksbildung des Saarlandes: Empfehlungen zur Gestaltung des Berufsgrundbildungsjahres (Berufsgrundschuljahr) - BGJ, Az.: V/B - 4 - BBK - 2524 vom 28. Juni 1973 (vervielfältigt).

109 Richtlinien zum Berufsgrundschuljahr für das Land Nordrhein-Westfalen, § 4, Abs. 4, a.a.O. 1973, S. 215.
Im Zeugnis, das der Jugendliche erhält, unterbleibt jedoch ein darauf verweisender Passus.

110 Dabei wird nicht das spezielle Modell eines Bundeslandes, sondern die allgemeinen Grundzüge dieser Einrichtungen hinsichtlich der Lernziele, des Zeitaufwandes und der methodisch-didaktischen Möglichkeiten zugrundegelegt.

111 Es handelt sich um eine 9. Klasse an einer Euskirchener Sonderschule, deren Leiter mir dankenswerterweise Einsicht in die von der Schulbehörde genehmigten Stoffverteilungspläne gewährt hat.

112 Um dies an einem Beispiel zu konkretisieren: Die 9. Hauptschulklasse stellt in den Mittelpunkt des Faches Mathematik die Anwendung erworbener Fähigkeiten im Sachrechnen. Da diese bei Sonderschülern jedoch nicht vorausgesetzt werden können, muß weitaus tiefer angesetzt werden; so muß das eigentliche Sachrechnen auf die letzten acht Wochen des Schuljahres zusammengedrängt werden.

113 G.Gießel, G.Raschke, Bericht über einen "Schulversuch 10. Klasse" an der Schule für Lernbehinderte. In: Zeitschrift für Heilpädagogik 24 (1973), S. 615 ff.

114 Ebda., S. 615.

115 Veröffentlicht 1969 im BGBl. I, S. 582 ff.

116 Anordnungen des Verwaltungsrates der BA tragen demnach den Charakter einer Rechtsverordnung und werden materielles Recht.

117 Dies ist die Anordnung des Verwaltungsrates der Bundesanstalt für Arbeit über die individuelle Förderung der beruflichen Ausbildung (A Ausbildung) vom 31. Oktober 1969, veröffentlicht in: Amtliche Nachrichten der Bundesanstalt für Arbeit 1970, S. 213 ff; zuletzt geändert durch die 4. Änderungsanordnung zur A Ausbildung vom 4. Oktober 1972, veröffentlicht in: Amtliche Nachrichten der Bundesanstalt für Arbeit 1972, S. 1009 ff.

118 Ebda, § 1.

119 Ebda, § 7, Abs. 2

120 Bundesanstalt für Arbeit (Hg.), Geschäftsbericht 1972, Bad Honnef 1973, S. 26.

121 Ebda.

122 Vgl. ebda.

123 Dies ist in dem Sinne zu verstehen, daß durch die individuelle Förderung der Berufsausbildungsbeihilfe die Lehrgangsgebühr, welche die Lehrgangsteilnehmer aufbringen müssen, kostendeckend aus den Mitteln der Bundesanstalt erbracht werden.

124 Anordnung des Verwaltungsrates der Bundesanstalt für Arbeit über die Förderung von Einrichtungen der beruflichen Bildung (A institutionelle Förderung) vom 31. Oktober 1969, veröffentlicht in: Amtliche Nachrichten der Bundesanstalt für Arbeit 1970, S. 81 ff. Dort § 2, Abs. 1.

Danach hat der Träger eine angemessene Eigenbeteiligung zu erbringen (ebda § 5).

125 Ebda, § 3.

126 Ebda, § 7.

127 Anordnung des Verwaltungsrates der Bundesanstalt für Arbeit über die Arbeits- und Berufsförderung Behinderter (A Reha) vom 2. Juli 1970, veröffentlicht in: Amtliche Nachrichten der Bundesanstalt für Arbeit 1970, S. 637 ff.

128 Ebda, § 7, Abs. 1.

129 Ebda, § 10, Abs. 5.

130 Grundausbildungslehrgänge werden z.Zt. nicht durchgeführt, da diese - aus den Erfahrungen von 1966/67 - in den Maßnahmekatalog aufgenommen wurden, um bei eventuell eintretenden volkswirtschaftlichen Rezessionserscheinungen Schulabgänger, die beschäftigungslos bleiben, aufzunehmen und mit beruflichen Grundqualifikationen zu versehen.

131 Zitat aus den Anlagen der jährlichen Runderlasse der BA an ihre Dienststellen, in denen sie über die Durchführung von Förderungslehrgängen und Lehrgängen zur Verbesserung der Eingliederungsmöglichkeiten des jeweiligen Lehrgangsjahres berichtet. (Vgl. auch Anmerkung 139)

132 Die Entscheidung über die Aufnahme in einen Lehrgang wird zumeist aufgrund psychologischer Gutachten gefällt, die vom psychologischen Dienst des zuständigen Arbeitsamtes angefertigt werden. In Einzelfällen werden auch ärztliche Gutachten herangezogen.

133 Die Angaben sind entnommen aus den über jeden der 5 Lehrgänge vorhandenen "Abschlußberichten" des Förderungslehrgangs im Jugenddorf Essen-Kray, die mir in vervielfältigter Form vorliegen.

134 Sämtliche Teilnehmer an diesen Lehrgängen waren internatsmäßig untergebracht.

135 Die Angaben sind entnommen aus: Christliches Jugenddorfwerk Deutschlands (Hg.), Die Information 2/1973, S. 5 f.

136 Die absoluten Zahlen der jeweils männlichen und weiblichen Teilnehmer sind nicht aufgeführt; der Anteil der Mädchen an der genannten Gesamtzahl der Lehrgangsteilnehmer liegt jedoch unter 50 %.

137 Christliches Jugenddorfwerk Deutschlands (Hg.), a.a.O., S. 5.

138 Angaben aus den "Abschlußberichten" dieser Lehrgänge.

139 Diese sowie alle andern Zahlenangaben über Förderungslehrgänge und deren Teilnehmerkreis sind den Anlagen zu folgenden Runderlassen der Bundesanstalt für Arbeit entnommen:

1. RdErl. vom 2. Februar 1970 - Ib2 - 6514.1/6510/4252/(1010): Ergebnisse im Berichtsjahr 1968/69.
2. RdErl. vom 14. Mai 1971 - IIa3 - 6514.1/6510/4252/(1010): Ergebnisse im Berichtsjahr 1969/70
3. RdErl. vom 7. April 1972 - IIa3 - 6510/6514.1/5391.3/4252/(1010): Ergebnisse im Berichtsjahr 1970/71
4. RdErl. vom 7. Mai 1973 - IIa3 - 6432/6433/5391.3/4252/(1010): Ergebnisse im Berichtsjahr 1971/72.

140 Die Tabelle befindet sich auf S. 114.

141 Die Zahlenangaben für 1972/73 sind Cirka-Zahlen und entnommen aus: Bundesanstalt für Arbeit (Hg.), Geschäftsbericht 1972, a.a.O., S. 26.

142 Der Sitz der Zentrale des Jugendsozialwerks befindet sich in Frankfurt/Main.

143 Die Zentrale des CJD hat ihren Sitz in Faurndau/Göppingen.

144 Das CJD kommt in seinen Jugenddorf-Lehrgängen dabei zu Teilnehmerzahlen, die weit über dem Durchschnitt der übrigen Träger liegen. Während die durchschnittliche Teilnehmerzahl im Lehrgangsjahr 1971/72 ohne die Lehrgänge des CJD 32,4 Jugendliche pro Lehrgang betrug, förderte das CJD in seinen Lehrgängen zwischen 50 und 300 Jugendliche, im Schnitt etwa 142. Die dort insgesamt vorhandene Zahl von Jugendlichen macht fast genau die Hälfte aller internen Teilnehmer an Förderungslehrgängen in der Bundesrepublik und Berlin-West aus.

145 Diese können ja mit Hilfe der institutionellen Förderung der BA erstellt werden. (Vgl. S. 106 f.)

146 Diese Angaben sind einem vervielfältigten Kurzbericht über die im Diözesanverband Essen des Kolping-Bildungswerkes durchgeführten Lehrgänge gemäß dem AFG entnommen.

147 Dabei durchliefen die Jungen teilweise andere Berufsfelder als die weiblichen Lehrgangsteilnehmer.

148 In der autorisierten Zusammenfassung eines Referates von VDir Kost von der BA, gehalten bei der Tagung der Bundesarbeitsgemeinschaft Jugendaufbauwerk, die vom 2. bis 4. April 1973 in Dortmund stattfand (unveröffentlichtes, vervielfältigtes Manuskript, dort S. 13) werden folgende Fächer als mögliche Förderungsgegenstände genannt: Werkstoff-Arbeitskunde, Werkrechnen, Werkzeichnen, Spracherziehung, Deutsch mit Geschäftskunde und Rechtschreiben, Schriftverkehr, Wirtschaftsgeografie, Raumlehre, Sozialkunde mit Schwerpunkt der Rechte und Pflichten als Staatsbürger, während der Ausbildung und im Arbeitsleben.

149 Dies geschieht zumeist im Widerspruch zu den Vorstellungen der vorgesetzten Behörden, wenngleich auch in gutgemeinter Absicht.

150 Viele Betriebe wollen das Risiko eines zeitweiligen oder völligen Scheiterns des Jugendlichen in der Berufsschule oder in der theoretischen Prüfung nicht eingehen und verlangen deshalb auch von Absolventen eines Förderungslehrgangs den Nachweis schulischer Qualifikation in Form des Volks- bzw. Hauptschulabschlußzeugnisses.

151 In Nordrhein-Westfalen wird vom Kultusminister bis 1974 noch die Möglichkeit eingeräumt, die Prüfung zur Erlangung des Volksschulabschlußzeugnisses abzulegen; diese gilt als einfacher und weniger umfangreich.

152 Bildungswerk der Deutschen Kolpingsfamilie - Diözesanverband Essen e.V. (Hg.), Zwischen Schule und Beruf. Lehrgänge zur Vorbereitung Jugendlicher auf Arbeit und Beruf. o.O., o.J., S. 17. (Zitat ist von einem Druckfehler bereinigt worden.)

153 Vgl. hierzu Christliches Jugenddorfwerk Deutschlands, (Hg.), a.a.O., 1973, S. 6

154 Zitat aus S. 6 der Zusammenfassung des Referates, das in Anmerkung 148 erwähnt wurde. Hervorhebungen sind von dort übernommen.

155 Der Fächerkanon der Lehrgänge des Kolpingwerkes, Diözesanverband Essen, ist mit der folgenden Fächerliste - das Fach Sport ausgenommen - praktisch identisch (vgl. Bildungswerk der Kolpingsfamilie (Hg.), zwischen Schule und Beruf, a.a.O., S. 17) und kann daher als mit Einschränkungen repräsentativ für eine Vielzahl von Förderungslehrgängen angesehen werden.

156 Die Angaben sind entnommen aus den Anlagen zu den in Anmerkung 139 zitierten Runderlassen der BA.

157 Die Erhebung kann natürlich nicht als repräsentativ angesehen werden; darüber hinaus sind ihre Daten unvollständig und wenig differenziert. Dennoch seien sie hier kurz ausgebreitet.
Die Daten erfassen die Teilnehmer des Förderungslehrgangs des CJD in Essen aus dem Jahre 1968/69 und wurde durchgeführt im Jahre 1972, also 3 Jahre nach Beendigung des Lehrgangsbesuches. Die Angaben hierzu sind entnommen dem "Abschlußbericht über den 4. Berufsförderungslehrgang der Berufsberatung des Arbeitsamtes Essen im Jugenddorf Zehnthof-Essen des Christlichen Jugenddorfwerks Deutschlands e.V. vom 15.8.1971 - 30.6.1972" (vervielfältigt). Von den insgesamt 120 männlichen Jugendlichen, die den Lehrgang besucht hatten, konnten noch 100 schriftlich oder persönlich erreicht werden. (15 Briefe kamen als unzustellbar zurück, 5 Jugendliche antworteten nicht.) Nach Beendigung des Lehr-

gangs 1969 waren 92 Jungen (= 76,7 %) in ein Ausbildungsverhältnis, 25 (= 20,8 %) in ein Arbeitsverhältnis und 3 (= 2,5 %) an eine weiterführende Schule vermittelt worden.

Die Erhebung ergab folgendes Bild: Von den 100 noch erreichbaren Teilnehmern hatten 56 ihre Ausbildungszeit mit Erfolg beendet (Erlangung des Facharbeiterbriefes). Weitere 30 Jugendliche machten eine dreieinhalbjährige Ausbildung und konnten zum Erhebungszeitpunkt keine Angaben über den abschließenden Erfolg ihrer Ausbildungszeit machen. Immerhin hatte bis dahin jeder der 30 ohne Wiederholung einer Berufsschulklasse die drei Jahre erfolgreich überstanden. 4 der antwortenden Jugendlichen hatten die schriftliche Gesellenprüfung nicht bestanden. Insgesamt wechselten nur 10 % der Jugendlichen den Ausbildungsbetrieb, gaben aber Gründe an, die außerhalb ihrer Verantwortung lagen, wie Berufskrankheiten oder Geschäftsaufgaben. Damit war auch zumeist ein Berufswechsel verbunden (z.B. vom Konditor zum Großhandelskaufmann, vom Tischler zum Einzelhandelskaufmann oder zum Bundesbahnbeamten etc.). Von den zum Erhebungszeitpunkt bereits mit erfolgreich abgeschlossener Ausbildung versehenen Jugendlichen waren 6 % nach Beendigung der Ausbildungszeit in einen Betrieb übergewechselt, in dem sie mehr Geld verdienen konnten.
Während von den 92 Lehrgangsteilnehmern, die in ein Ausbildungsverhältnis eingemündet waren, noch 90 den Erhebungsbogen zurückgesandt hatten, waren von den 25 Jugendlichen, die nach Beendigung des Lehrgangs ein Arbeitsverhältnis aufgenommen hatten, nur noch 10 erreichbar. Diese 10 immerhin hatten die ihnen zugewiesenen Arbeitsstellen bis zum Erhebungszeitpunkt nicht gewechselt. Gleichwohl sagt diese Zahl wenig aus, da unter den 15 nicht erfaßbaren Jugendlichen ein gewisser Anteil an Arbeitsstellen- und Berufstätigkeitenwechslern vorhanden gewesen sein kann, der das positive Bild im Hinblick auf die Arbeitsplatzkontinuität stark relativieren hätte können.

158 Das Fehlen von umfassenden Daten zur Frage der Bewährung von ehemaligen Teilnehmern an Förderungslehrgängen macht allerdings auch das Versäumnis aller für diesen Bereich Verantwortlichen deutlich, keine Erfolgskontrollen über das bloße Erfassen von Vermittlungszahlen hinaus durchgeführt und auf der Grundlage empirischer Untersuchungen strukturelle Verbesserungen der Lehrgänge und mittelfristige Bedarfsplanungen vorgenommen zu haben. Die Vergabe eines Forschungsauftrages zur Erhebung solcher Daten wäre das mindeste gewesen, was man hätte erwarten müssen.

159 Bildungswerk der Kolpingsfamilie (Hg.), a.a.O., S. 17

160 Vgl. Christliches Jugenddorfwerk Deutschlands (Hg.), a.a.O., S. 6.
Das Erreichen der Hauptschulabschlußqualifikation wird dort beschrieben als "Zusatzergebnis", das die Schüler "nach Beendigung ihres Berufsvorbereitungsjahres zusätzlich noch (...) erlangen" konnten. Dies sei ermöglicht worden

durch "die fachtheoretische Unterweisung, die den werkpraktischen Bereich ergänzte und zusätzlich noch weitere Kenntnisse in den Kulturtechniken vermittelt (...)". Die so beschriebene Praxis steht allerdings in eklatantem Widerspruch zu den angegebenen Zahlen hinsichtlich der Jugendlichen, die innerhalb des einen Jahres im, wie es heißt, "Berufsvorbereitungsjahr" auf einen dem Hauptschulabschluß adäquaten Stand gebracht worden seien. Ganz abgesehen davon, daß es von völliger Unkenntnis der einschlägigen Terminologie zeugt, einen auf allgemeinbildende Kompensation ausgerichteten Unterricht als "fachtheoretische Unterweisung" zu kennzeichnen, leuchtet es selbst jedem Laien ein, daß bei einer solchen Praxis des zusätzlichen und nicht im Zentrum der Förderung stehenden Angebots, das Hauptschulabschlußniveau zu erreichen (ein ohnehin - wie noch zu zeigen ist - zweifelhaftes Unternehmen bei der zur Verfügung stehenden Zeit von nur einem Jahr), nicht bis zu 90 % der als lernbehindert und -gestört einzustufenden Jugendlichen auf ein solches Niveau gebracht werden können. In Wirklichkeit steht die schulische Förderung auf den Abschluß hin weitaus mehr im Mittelpunkt, als dies häufig genug zugegeben wird, begründet mit der sicherlich richtigen und realistisch gesehenen Aussicht auf eine Verbesserung der Berufs- bzw. Ausbildungschancen der Jugendlichen. Daß dies nicht oder nur mit Einschränkung öffentlich zugegeben wird, liegt an der verzwickten, bereits aufgezeigten rechtlichen Situation, wie sie insbesondere von der BfA interpretiert wird.

161 Zumindest lassen die in der Tabelle 1a (S. 49) zum Ausdruck kommenden Defizife zum Zeitpunkt des Beginns eines solchen F-Lehrgangs an eine solche Möglichkeit denken.

162 Häufig treten solche Beeinträchtigungen auch kombiniert auf.

163 Terminologie der BA, wie sie aus den zitierten Runderlassen (vgl. Anmerkung 139) ersichtlich wird.

164 Pädagogische Mitarbeiter dieser Betriebe haben sich zusammen mit Lehrern an Berufs- und Sonderschulen und Vertretern kommunaler Behörden zu einem Duisburger Arbeitskreis "Berufe für Behinderte" zusammengeschlossen.

165 Dieses Modell ist niedergelegt in: Duisburger Arbeitskreis "Berufe für Behinderte" (Hg.), Studie: Untersuchungen und Vorschläge für die Erweiterung und Verbesserung der Ausbildungsmöglichkeiten für Behinderte, Duisburg 1971.

166 Vgl. S. 109 ff.

167 Vgl. Tabelle 2a, S. 113.

168 Für 1968/69 und 1969/70 liegen über den Verbleib der Teilnehmer an E-Lehrgängen keine Zahlen vor.

169 Die BA begegnet diesem und anderen der Kritik ausgesetzten Tatbeständen mit dem Hinweis, sie sehe ihre Aufgabe in der Förderung der Teilnahme Jugendlicher an Förderungslehrgängen lediglich als "Überbrückungsfunktion", solange die Schule noch nicht in der Lage ist, mehr Jugendliche auf die Anforderungen des Berufslebens vorzubereiten.

170 Im Rahmen der Bundesarbeitsgemeinschaft Jugendaufbauwerk soll zwar im Laufe der nächsten Jahre eine gewisse Koordination der Lehrgänge verschiedenster Träger erfolgen. Man muß aber abwarten, was daraus wird.

171 Vgl. etwa J.Laser, Die Hinführung zur Arbeitswelt in der Sonderschule für Lernbehinderte, Bonn-Bad Godesberg 1970, S. 74 ff.
Ebenso O.Peters und H.Gollhardt (Hg.), Jahrbuch für Wissenschaft, Ausbildung, Schule (WAS) 72/73, Köln 1972, S. 32.

172 F.Krupp (Hg.), Krupp-Rahmenplan zur Stufenausbildung. Arbeitsunterlagen, 1. Teil, Gewerbliche Berufsausbildung. Essen 1965.

173 Veröffentlicht am 14. August 1969 im BGBl. I, S. 1112 ff mit einer Novelle vom 12. März 1971 (BGBl. I, S. 185 ff).

174 Vgl. H.G. Bärsch, Didaktisch-methodische Probleme der Stufenausbildung. In: E.-M.Dennebaum, A.Pieper (Bearbeiter), Ausbildung der Ausbilder. Sechstes und siebtes Studiengespräch zur Rationalisierung betrieblicher Bildungsarbeit. Köln 1970, S. 21 und 24.

175 Ebda, S. 21.

176 Ebda.

177 Diese und die folgenden Angaben über die inhaltliche Ausrichtung der Stufenausbildung bei Krupp sind dem Aufsatz von Bärsch, a.a.O., 1970, S. 21 ff entnommen.

178 Jeder Abschnitt der 1. Stufe dauert 4 Monate.

179 Bärsch, 1970, S. 22.

180 Ebda, S. 23.

181 Ebda.

182 Ebda, S. 24. Erfreulicherweise unterstützt die IHK Essen das Experiment der Stufenausbildung bei Krupp mit der Erlaubnis an die Jugendlichen, noch im 8. Monat nach Ausbildungsbeginn einen Wechsel des Ausbildungsberufes vorzunehmen.

183 H.-G.Greve, Objektivierte Verhaltens- und Leistungsbeurteilung von Auszubildenden aufgrund bewährungsbedeutsamer Faktoren. In: E.-M.Dennbaum, A.Pieper (Bearbeiter), Ausbildung der Ausbilder, a.a.O., 1970, S. 31 ff.
Vgl. dort auch den Anhang sowie den Ausbildungsplan der

Fried. Krupp GmbH., Bd. 3: "Anleitung für die Verhaltens- und Leistungsbeurteilung".

184 Angefangen vom Lehrgang der "Allgemeinen Grundausbildung" über die Lehrgänge "Drehen", "Fräsen", "Bohrwerkdrehen", "Verlegen, Verbinden", "Schalten I, II, III" bis hin zu Lehrgängen der Elektronik und Hydraulik.

185 Bärsch, a.a.O., 1970, S. 27.

186 Ebda, S. 28.

187 Die Zahlen sind einer unveröffentlichten Statistik der "Stabsabteilung Personalarbeit, Referat Personalentwicklung" der Fried. Krupp GmbH. entnommen (Stand: Mai 1973).

188 Laser, 1970, S. 76.

189 Ebda. Hervorhebungen dort.

190 Lediglich das Jahrbuch für Wissenschaft, Ausbildung und Schule (hg. von O.Reters und H.Gollhardt), a.a.O., weist auf S. 32 auf "Erfahrungen einzelner Unternehmen mit der betriebsinternen Ausbildung von 'Jungarbeitern' u.ä." hin, ohne diese näher zu erläutern.

191 Eine solche Untersuchung wird seit Oktober 1973 im Auftrag des Ministeriums für Bildung und Wissenschaft von einem Münchener Forschungsinstitut unternommen.

192 Diese Form der Schulung gemäß AFG ist ja bereits in dem vorhergehenden Abschnitt behandelt worden.

193 Vgl. etwa die Initiative verschiedener Großunternehmen im Duisburger Raum (vgl. S. 127).

194 Dies bezieht sich primär auf die Raumfrage in Form von Lehrwerkstätten. Es liegt auf der Hand, daß zu einer intensiven Jungarbeiterschulung jedoch besonders personelle Kapazitäten vonnöten sind.

195 Zumindest sind mir keine Vorschläge mit realistischen und finanzierbaren Zielprojektionen bekannt.

196 Die folgenden Angaben sind entnommen aus: Klein, Schulz, Die arbeitspsychologisch und sozialpädagogisch gelenkte Integration von Jungarbeitern, a.a.O., 1973.

197 Der betreffende Betrieb produziert Nähmaschinennadeln und hat einen sehr komplizierten und diffizilen Produktionsablauf, hervorgerufen durch die Notwendigkeit großer Präzision des äußerlich unscheinbaren Endprodukts. Jedes Jahr werden etwa 50 Jungarbeiter und -innen eingestellt, die, direkt von der Schule kommend, als größtenteils lernbehindert bzw. -gestört einzustufen sind. Diese Jugendlichen finden sich psychisch und von der materialen Orientierung

her in dem komplexen Ablauf meist nicht zurecht und gefährden so die nötige Präzision der Arbeitsabläufe und des Endprodukts. Die Folge: häufiges Versagen und Resignieren bereits nach wenigen Tagen, oftmaliger Wechsel des Arbeitsplatzes innerhalb des Betriebes, viele Betriebswechsler, wachsende Aversion der Vorarbeiter und Meister gegenüber den "Hilfsschülern" und daraus wieder resultierende zusätzliche Mißerfolgs- und Angstgefühle bei den Jugendlichen.
Eine Verbesserung dieser Eingangsvoraussetzungen sollte mit dem beschriebenen Versuch eines Einführungskurses angestrebt werden. Er wurde von 48 Jugendlichen (darunter 17 Mädchen) mitgemacht und von mir zusammen mit einem Kollegen durchgeführt.

198 Ein wichtiges Ziel des Einführungskurses sollte auch darin bestehen, die Präferenzen und Eignungen der Jugendlichen für die verschiedenen zur Verfügung stehenden Arbeitsplätze herauszufinden. Damit sollte die Zahl derer verringert werden, die wegen "Nichteignung" von einem Arbeitsplatz zum anderen abgeschoben werden. Aus diesem Grunde wurden auch pädagogisch orientierte Arbeitsplatzanalysen gemacht; die Eignung der Jugendlichen für bestimmte Arbeitsplatzarten sollte durch Kurztests und Beobachtungen sowie durch gezielte Einzelbefragung der Jugendlichen eruiert werden. (Es war von Anfang an allen Beteiligten bewußt, daß dies in der Kürze der Zeit lediglich in sehr begrenztem Maße erfolgen konnte.)

199 Daß einem Meister bei der Einarbeitung des Jugendlichen erzieherische Funktionen zukommen, war eine der grundlegenden Vorüberlegungen, die bezeichnenderweise zunächst auf Unverständnis bei Teilen dieses Personenkreises stieß.

200 Die vorläufige Auswertung dieses Experiments ergab, daß die Zuweisung von Arbeitsplätzen bis auf 3 Fälle zur Zufriedenheit der Meister und Jugendlichen erfolgt war (dies war in den Jahren zuvor einer der problembeladensten Punkte gewesen), daß demzufolge kaum Arbeitsplatzwechsel innerhalb des Betriebes nötig waren und daß darüber hinaus die Leistung und Leistungsbereitschaft der Jugendlichen und in Rückkopplung auch ihre Motivation und Befriedigung im Arbeitsprozeß größer waren als in den Jahren zuvor. Die Zahl der Betriebswechsler unter diesen Jugendlichen nahm ab; vor allem konnten die qualifizierteren unter ihnen gehalten werden, da sie von Anfang an aufgrund der Test- und Beobachtungswerte an Arbeitsplätze gestellt wurden, die ihrem Fähigkeitenpotential angemessen waren und ihnen innerbetriebliche Aufstiegschancen eröffneten, deren erste Stufe in einigen Fällen schon nach wenigen Wochen realisiert werden konnte.

201 Zu den Richtlinien für den Unterricht an Sonderberufsschulen und -klassen für Rheinland-Pfalz vgl. H.Bach, Berufsbildung lernbehinderter Jugendlicher. In: H.Bach,

J.Baumann u.a., Berufsbildung behinderter Jugendlicher, Bonn-Bad Godesberg 1971, S. 23 ff.

202 Auch Bach, der noch 1967 die Errichtung von Klassen bzw. Abteilungen für Lernbehinderte an allgemeinen Berufsschulen ins Auge gefaßt hatte (H.Bach, Zur Ordnung des Unterrichts an Sonderberufsschulen. In: Zeitschrift für Heilpädagogik 18 (1967), S. 229 ff) plädiert inzwischen uneingeschränkt für die Errichtung von zwei- bis dreijährigen Vollzeitberufsschulen für behinderte Jugendliche (vgl. u.a. Bach, Grundprobleme der Berufsbildung behinderter Jugendlicher. In: Bach u.a., 1971, S. 15).

203 Dieser Aspekt soll hier in seiner Bedeutung nicht verkannt werden. Bach behauptet zurecht, daß die Errichtung von Sonderberufsschulen "ein bemerkenswerter Entwicklungsschritt auf einem bislang vielerorts und keineswegs nur in der BRD noch wenig beachteten sonderpädagogischen Anliegen" sei (Bach, 1971, S. 26). Dennoch muß hier klar darauf verwiesen werden, daß ein Ansatz, der konkrete Situationsverbesserungen für den beschriebenen Kreis von Jugendlichen mit sich bringen soll, wesentlich umfassender sein muß und nicht nur die vorhandenen Strukturen (insbesondere die der Teilzeitberufsschule) aufpolieren oder leicht "heilpädagogisieren" darf.

204 Laser, 1970, S. 83, bezieht sich auf einen kurzen Aufsatz von H.Schulte am Hülse, Gedanken zur Berufsschulbetreuung ehemaliger Hilfsschüler. In: Zeitschrift für Heilpädagogik 9 (1958), S. 488 ff.

205 Das dort auch aufgeführte "Dortmunder Berufsvorbereitungsjahr" im Jugenddorf Dortmund-Oespel des CJD ist ein durch die BA finanzierter "Förderungslehrgang" und gehört als solcher nicht in diese Aufzählung.

206 Zum BGJ in Lehrgangsform vgl. S. 159 f.

207 Eine Abgeltung der eventuell von der BA aus dem Haushaltstitel der institutionellen Förderung geleisteten Sachinvestitionen müßte dann wahrscheinlich in irgendeiner Form erfolgen.

208 Damit lehnt sich die Vorklasse in der Zielgruppe, die sie ansprechen soll, in etwa an die der Förderungslehrgänge der BA an.

209 Bei entsprechender finanzieller Eigenbeteiligung können diese ja Schulungsgebäude mit Geldern der BA bauen.

210 Die Erfahrungen aus der Arbeit der F-Lehrgänge der BA zeigen, daß die Wirkung eines zusätzlichen heim- bzw. sozialpädagogischen Ansatzes auf die Gesamtförderung keineswegs unterschätzt werden darf.

211 Nach § 2, Abs. 1 der Berufsgrundbildungsjahr-Anrechnungs-Verordnung des Bundesministers für Wirtschaft und Finanzen vom 4.7.1972 (BGBl. I, Nr. 63 vom 8.7.1972) muß der erfolgreiche Besuch des BGJ bei Aufnahme eines Berufes aus dem im BGJ unterwiesenen Berufsfeld als 1. Ausbildungsjahr anerkannt werden, wenn mindestens 24 Wochenstunden Unterricht in fachbezogenen Fächern erteilt worden sind. Dem steht die Behauptung vieler Ausbildungsbetriebe entgegen, die Jugendlichen kämen bei weitem nicht mit dem Stand aus dem BGJ, den vergleichbare Jugendliche mit betrieblichem 1. Ausbildungsjahr aufweisen. Dies sollte weder generell in Abrede gestellt noch in toto akzeptiert werden, da hier von Berufsfeld zu Berufsfeld und von Schule zu Schule andere Verhältnisse und Bedingungen gegeben sind und die Klagen der Betriebe daher von unterschiedlicher Berechtigung sind. Um einer sinnvollen Integration vor allem der bisherigen Lernbehinderten und -gestörten willen sollte dieses Problem von schulplanerischer Seite her nochmals überprüft und berechtigten Einwänden gegenüber Abhilfe geschaffen werden. Eine materiale Anerkennung des BGJ durch die Privatwirtschaft muß im übrigen als conditio sine qua non der beruflichen und ausbildungsmäßigen Integration von Lernbehinderten und -gestörten angesehen werden.

212 Für einen Jugendlichen, der direkt nach dem Besuch der Vorklasse in einen Beruf einsteigt, ohne ein BGJ mitgemacht zu haben, entfällt demzufolge die Möglichkeit einer Anrechnung auf die Ausbildungszeit.

213 Es sollte dabei auch bedacht werden, daß gerade in diesem Kreis von Jugendlichen häufig aus materiellen Gründen auf eine Berufsausbildung verzichtet wird, da sich bei Aufnahme eines Arbeitsverhältnisses als "Ungelernter" sofort mehr Geld verdienen läßt.

214 Für bestimmte Berufsfelder sollte auch eine einjährige Förderungszeit erwogen werden. Ein solch geringerer Zeitaufwand ist aber nur dann zu vertreten, wenn tatsächlich die Lernziele, welche die Betriebsreife konstituieren, in 10 - 12 Monaten gut erreicht werden können.

215 Vgl. Anmerkung 127.

216 Ein Forschungsvorhaben zur Ermittlung der genannten Kriterien sollte in jedem Fall unter wesentlicher Beteiligung von an der "Basis" arbeitenden Praktikern, etwa aus Betrieben, Sonderschulen, Berufsschulen und Lehrgängen der BA durchgeführt werden.

217 In solchen Fällen (etwa bei Vorliegen einer, wenn auch weit zurückliegenden Hirnhautentzündung) sollte unbedingt ein Arzt hinzugezogen werden.

218 Inwieweit Teile der von der BA entwickelten Eignungsuntersuchungsbatterie für Hauptschüler (EUB) als Ausgangs-

punkt für Weiterentwicklungsarbeiten in dieser Richtung geeignet sind, sollte überprüft werden.

219 Vgl. S. 48 ff.

220 In solchen Fällen wäre es auch denkbar, den Jugendlichen erst einem BVL zuzuweisen und ihn nach dem dortigen ersten Jahr, in dem er u.U. zusätzlich abendliche VHS-Kurse besuchen könnte, in die Vorklasse zum BGJ umzuschulen. Dies wäre einer der Ausnahmefälle, für die eine solche Durchlässigkeit gedacht sein könnte.

221 Zu den folgenden 8 Prinzipien vgl. W.Radigk, Arbeitsmittel und Arbeitshilfen im Unterricht der Sonderschule für Lernbehinderte, Berlin-Charlottenburg 1968.

222 Zu fragen ist dabei, ob diese genannten 8 Prinzipien nicht letztlich grundlegende Aspekte der allgemeinen Schulpädagogik sein, also auch für die "normal" lernfähigen Schüler Gültigkeit haben sollten. Sicherlich würde eine Besinnung der Grund- und vor allem der Hauptschulpädagogik auf heilpädagogische Grundsätze und Verfahrenstechniken manchen Jugendlichen vor auftretenden Lernstörungen bewahren oder diese schneller überwinden lassen.

223 Das Kapitel "Mengenlehre" in der Grundschule und die Erfahrungen, die im Schuljahr 1972/73 mit ihrer obligatorischen Einführung in verschiedenen Bundesländern gemacht wurden, ist nur eines der offensichtlicheren diesbezüglichen Problemfelder. Aufgrund meiner persönlichen Erfahrung im Unterricht mit schulentlassenen lernbehinderten und vor allem lerngestörten Jugendlichen neige ich zu der Vermutung, daß über solche auch in der Öffentlichkeit bekannten didaktischen Streitfragen hinaus in vielerlei Bereichen didaktische Entwicklungen eingesetzt haben, welche die Gefahr von zunehmendem Schulversagen in sich bergen.

224 Es sei auch angemerkt, daß die nun folgenden Darlegungen keiner bestimmten didaktischen oder lernpsychologischen Schule folgen, sondern daß ihnen eine durch persönliche Erfahrungen des Autors gefilterte Rezeption und Verarbeitung verschiedener Ansätze und Theorien zugrundeliegt; dennoch werden natürlich Schwerpunkte sichtbar. Es ist jedoch darauf verzichtet worden, in eine grundsätzliche didaktische Auseinandersetzung mit verschiedenen hier mitverarbeiteten Ansätzen einzutreten. Dies müßte einer eigenen Untersuchung vorbehalten bleiben.

225 "Das kann ich sowieso nicht, das habe ich noch nie gekonnt" ist eine ständige Redewendung von Jugendlichen aus dieser Gruppe.
Manchmal ist aus Äußerungen von in der Schule versagenden Jugendlichen auch eine Überschätzung ihrer Leistungsmöglichkeiten herauszuhören; dies erklärt sich oft aus dem unbewußten Versuch, die subjektiv tief empfundene Versagerrolle vor sich selbst zu überdecken und in einer Art

"Flucht nach vorn" zu kompensieren. Hieraus erklärt sich auch der vielfache Hang vor allem von Hauptschülern ohne Abschluß zu verbaler Kraftmeierei.

226 Zur Fixierung der Lernbehinderten und -gestörten auf die Berufs- und Arbeitswelt vgl. S. 39.

227 Diese Argumentation bezieht sich natürlich primär auf lerngestörte Jugendliche, die über die Vorklasse ins BGJ kommen.

228 Gemeint ist hier die Möglichkeit, fachtheoretischen wie allgemeinbildenden Unterricht in einer Gruppe von Jugendlichen durch die gleiche Person erteilen zu lassen.

229 Dies ergaben zumindest die auf S. 42 ff z.T. beschriebenen Tests, die auch einige einfache Zahlenaufgaben in den 4 Grundrechnungsarten enthielten.

230 Letzteres wird an den Schwierigkeiten deutlich, welche die Mehrzahl der lerngestörten und -behinderten Jugendlichen beispielsweise im Fach Raumlehre hat: Selbst nach monatelangem Üben und Erklären einfachster Flächenberechnungen (Quadrat, Rechteck) kommt es immer wieder vor, daß ein Jugendlicher plötzlich "vergessen" hat, welche "Formel" er zur entsprechenden Flächenberechnung benötigt. Er ist so fixiert auf die Vorstellung, das Verfügen über die Formel hänge davon ab, diese "auswendig zu lernen", daß er nicht in der Lage ist, etwa durch einen nachvollziehenden Denkakt die Formel wieder zu erarbeiten. Er hängt dem vergessenen "Auswendiggelernten" nach, bemüht sich, die Formel assoziativ wieder herbeizuholen, und blockiert somit jede Möglichkeit, auf dem Verständnisweg der Formel, oder besser: des Denk- und Rechenwegs habhaft zu werden.

231 Diesem Prinzip folgt ein im Förderungslehrgang Essen-Kray des CJD entwickeltes Lernprogramm für den Bereich der Schlußrechnung, das speziell auf die Zielgruppe der leicht lernbehinderten bis -gestörten Schulabgänger zugeschnitten wurde (W.Corell, K.D.Heil, K.-P.Klein, H.Loschelder, W.A. Springer: Schlußrechnung, Lektionen 1 - 8. Ein Lernprogramm des Christlichen Jugenddorfwerks Deutschlands. Essen 1972 f. Vervielfältigt, steht demnächst zur Veröffentlichung an).

232 Dies ist natürlich wiederum idealtypisch formuliert und funktioniert realiter nur mit vielen Einschränkungen.

233 Dies ist als Hypothese zu verstehen, die sich von der lernpsychologischen Konsequenz dessen her, was als ordnungspädagogisches Prinzip hier entwickelt wurde, aufdrängt. Sie entspricht auch eigenen Erfahrungen des Autors, kann aber - dies sei zugegeben - weder belegt noch anderweitig abgesichert werden.

234 Verwiesen sei hier nur auf die im deutschen Sprachraum wohl grundlegende Abhandlung hierzu von U.Oevermann, Schichtenspezifische Formen des Sprachverhaltens und ihr Einfluß auf die kognitiven Prozesse. In: H.Roth (Hg.), Begabung und Lernen, Stuttgart 1968.

235 Vgl. S. 173 f.

236 Vgl. S. 157 ff.

237 Dies ist von Bundesland zu Bundesland verschieden. Vielleicht läßt sich jedoch im Interesse der Gleichbehandlung aller jugendlichen lerngestörten Schulabgänger eine schrittweise Synchronisation erreichen.

238 Als Beispiel sei hier genannt etwa im Fachbereich Biologie das Gebiet, das als "Gesundheitslehre" bezeichnet werden könnte.

239 Hierzu schließt sich wieder die Forderung an nach handelndem Unterricht, etwa in Form von alltäglichen Dialogszenen, von Schülern entwickelt und durchgeführt etc.

240 "Lesbarkeit" ist nicht im Sinne lesbarer Schrift, sondern im Sinne lesbarer Satzstrukturen gemeint. Dies ist das Gebiet, das neben der Frage eingeschränkten Wortschatzes der wichtigste Bereich dessen ist, worin sich das Problem der "Sprachbarrieren" ausdrückt. Da diese Unsicherheit im Gebrauch von Satzstrukturen die Ordnungsfunktion der sprachlichen Mitteilung des Jugendlichen so einengt, daß semantische Kommunikationsbarrieren in Form von Unfähigkeit zu sinnvoller Artikulation von Gedachtem auftreten können, muß dieses Problem bei einem kompensationspädagogisch orientierten didaktischen Ansatz forciert behandelt werden.

241 Prüfungsangst wird es ohnehin auch unter diesen Voraussetzungen geben.

242 Letzteres wendet sich gegen die beispielsweise an allgemeinbildenden Schulen Nordrhein-Westfalens gehandhabte Praxis, eine "1" nur dann zu erteilen, wenn Leistungen erbracht werden, die über den bei der entsprechenden Altersstufe zu erwartenden Leistungsmöglichkeiten liegen. Dies führt in der Praxis zwangsläufig zur Verkleinerung der Zensurenskala auf realiter nur 5 erreichbare Notenstufen und wirkt nun nicht gerade motivationsfördernd.

243 Vgl. S. 189 oben.

244 Gleichwohl können hier Lernziele sehr sinnvoll verfolgt werden, wie etwa die schon erwähnten der Sprachstrukturstabilisierung und Aufsatzfertigkeit.

245 Die folgenden Angaben zu den Inhalten der Förderung und Schulung lehnen sich an die "Studie" des Duisburger Arbeitskreises "Berufe für Behinderte", a.a.O., 1971, an.

246 Auch hier gilt, was zur Abhaltung von Prüfungen bezüglich der lerngestörten Jugendlichen in Vorklasse und BGJ gesagt wurde (vgl. S. 192 f).

247 Duisburger Arbeitskreis "Berufe für Behinderte", a.a.O., 1971, S. 21.

248 Das erste Jahr soll ihm ja aufgrund seiner BVL-Zeit erlassen werden.

249 Als solche Gemeinschaftsbelastungen können etwa verstanden werden betriebliche Kosten durch häufige Arbeitsplatz- und Betriebswechsel, Arbeitslosenunterstützung, Umschulungs-, Rehabilitations- und Resozialisierungskosten sowie Kostenfaktoren, die sich indirekt aus bildungsbedingten sozialen Randgruppenproblemen ergeben.

250 Dies beinhaltet, daß die jetzige Zahl dieses angemessene Maß bei weitem übersteigt.

251 Die Gefahr mancher Entwicklung im Bereich der Fachdidaktiken und Curriculumsdiskussionen liegt ja wohl auch darin, ein abstraktes und idealisiertes Menschen- bzw. Schülerbild zugrundezulegen und dadurch dazu zu neigen, die Mehrheit der Jugendlichen gerade in der Hauptschule hoffnungslos zu überfordern. Es ist sicher berechtigt, das in jedem Jugendlichen vorhandene Lern- und Leistungsreservoir bis zu einem Optimum zu mobilisieren. Die Abgrenzung dessen, was als Optimum anzusehen ist, darf jedoch nicht durch das vom einzelnen Fach und vom ideologisch vorgeformten Menschenbild her gesehen Wünschbare bestimmt werden; vielmehr muß sie entscheidend geprägt sein von dem, was realisierbar ist, ohne daß ein unverantwortlich großer Teil von Jugendlichen dabei entweder bereits während der Schulzeit auf der Strecke bleibt oder auch möglicherweise erst später den gesellschaftlichen Anforderungen nicht nachzukommen in der Lage ist und dadurch einem sozialen Abstieg ausgesetzt wird.

252 Es sei hier nochmals auf den Komplex "Mengenlehre" verwiesen, dessen Einführung in die Grundschule sich vielerorts leider in keiner Weise pädagogisch integrativ und absorptiv vollzog, weil hier den rein fachlichen Aspekten absolute Priorität vor den lernpsychologischen und pädagogischen Überlegungen eingeräumt wurde. Dabei gibt es eine Menge von auch lernpsychologisch inspirierten Argumenten, die für eine Reform des Mathematikunterrichts an Grund- und Hauptschulen unter Hinzuziehung von mengentheoretisch orientierten Strukturelementen sprechen. Wäre man diesen von Anfang an gefolgt und hätte die daraus sich ergebenden Relativierungen an einer "großen Lösung" der mengentheoretisch "reinen Lehre" vorgenommen, so wären mit Sicherheit viele Schwierigkeiten bei der Einführung eines mit mengentheoretischen Elementen angereicherten Unterrichts vermieden worden; zumindest ein Teil der in diesem Zusammenhang bereits vollzogenen und noch bevorstehenden

Modifikationen und Umstellungen hinsichtlich grundlegender didaktischer und methodischer Fragen, die zwangsläufig eine zunehmende Verunsicherung und Neigung zur "Reformunwilligkeit" bei Lehrern, Schülern und Eltern mit sich bringen, hätte sich damit erübrigt.

253 Die gesellschaftliche Relevanz der Fähigkeit möglichst aller Mitglieder einer Sprachgemeinschaft, sich mittels allgemein gebräuchlicher schriftlicher Zeichen untereinander verständlich machen zu können, dürfte wohl außerhalb aller Zweifel stehen. Nicht nur technische, ökonomische und kulturelle Werte stehen dabei auf dem Spiel, sondern ebenso ganz grundsätzliche Dinge des menschlichen Selbstverständnisses wie das der individuellen und kollektiven Kommunikationsfähigkeit.

254 Vgl. U.Bleidick, Legasthenie. In: Pädagogisches Lexikon, Bd. II, hg. von W.Horney, J.P.Ruppert, W.Schultze, Gütersloh 1970, S. 178.
Bleidick unterscheidet dort zwischen echter Legasthenie (Leseschwäche), die lediglich bei ca. 1 % der Kinder an Grundschulen auftritt, und dem "normalschulischen Leseversagen (Lese-Rechtschreibe-Schwäche i.w.S.)", auf das sich die im Text gemachte Häufigkeitsangabe bezieht.

255 In der Stadt Dortmund ist meines Wissens ein solches Modell weitgehend realisiert. Kinder mit einer Lese-Rechtschreibe-Schwäche bekommen dort in der Grundschule ein oder zwei Jahre lang keine Deutschzensur und besuchen dafür an verschiedenen Nachmittagen in der Woche Therapiekurse, die an bestimmten, über das gesamte Stadtgebiet verstreuten Schulen stattfinden.

256 Vgl. S. 173 ff.

257 Die allgemeine gesellschaftliche Entwicklung hat hierzu natürlich auch beigetragen; es dürfte außer Frage stehen, daß etwa der Einfluß der Massenmedien, vor allem von Kino und Fernsehen, alles andere als mäßigend auf die teilweise feststellbaren Brutalisierungen jugendlichen Bewußtseins gewirkt hat und weiter wirkt. Zu fragen ist aber auch, ob nicht ein häufig fälschlicherweise als "Demokratisierung" bezeichnetes gesellschaftliches Laissez-faire in Erziehungsfragen (vor allem in denjenigen der sog. "funktionalen" Erziehung) zu einem solchen Betreuungsdefizit geführt hat, daß Verwilderungs- und Verwahrlosungserscheinungen einerseits und Unbeholfenheit bei der Ausfüllung von Freiheitsräumen und Wahrnehmung von Mitverantwortung andererseits eine unausweichliche Folge war. Das pädagogische Defizit unserer Tage jedenfalls scheint mir in gesellschaftlichen Tatbeständen begründet zu sein.

258 In der grundlegenden Fragestellung handelt es sich eigentlich eher um eine Wiederaufnahme der Diskussion, die spätestens 1908 von Kerschensteiner mit seiner Publikation

"Begriff der Arbeitsschule" eröffnet wurde und die pädagogische Publizistik vor allem der zwanziger Jahre wesentlich beschäftigte.

259 Empfehlungen und Gutachten des Deutschen Ausschusses für das Erziehungs- und Bildungswesen. Folge 7/8: Empfehlungen zum Aufbau der Hauptschule, Stuttgart 1961.

260 Vgl. W.Christian, F.Heinisch, W.Markert, Arbeitslehre und polytechnische Bildung. In: J.Beck, M.Clemenz u.a., Erziehung in der Klassengesellschaft, München 1970, S. 195. Die Autoren favorisieren den letzten der drei Punkte als in ihrem Verständnis einzig sinnvolle Orientierung einer Arbeitslehre, da sie in den beiden anderen Möglichkeiten die Tendenz zu "affirmative(r) Bildung und Erziehung" (S. 197) und zur Erziehung "zur Fungibilität der wirtschaftlich benötigten Arbeitskraft" (S. 196) sehen. Daß eine der Gesellschaft verpflichtete Erziehung ohne solche Teilziele auskommt, würde ich bezweifeln. Richtig ist natürlich, daß etwa die bloße Ausrichtung erzieherischer Prozesse auf ökonomische Prinzipien der materiellen Verwertbarkeit hin als pädagogisch und bildungspolitisch völlig verfehlt anzusehen ist. Die Suche nach einer Lösung jedenfalls muß auf einem mittleren Kurs vorgenommen werden, der sachlich nötige und menschlich verantwortbare Affirmation mit menschlich nötiger und sachlich möglicher Emanzipation zu verbinden versucht.

Liste der im Text enthaltenen Tabellen 1a - 10a.

Verzeichnis der im Text verwendeten Abkürzungen

AFG = Arbeitsförderungsgesetz

BAFöG = Bundesausbildungsförderungsgesetz

BA = Bundesanstalt für Arbeit

BGJ = Berufsgrundschuljahr

BVL = Berufsvorbereitungslehrgang

CJD = Christliches Jugenddorfwerk Deutschlands

E-Lehrgang = Lehrgang zur Verbesserung der Eingliederungsmöglichkeiten

F-Lehrgang = Förderungslehrgang

KMK = Kultusministerkonferenz

VHS = Volkshochschule

Schriften der Kommission für wirtschaftlichen und sozialen Wandel

Band 1: **Berufliche Leistungsfähigkeit im mittleren und höheren Erwachsenenalter**
Eine Analyse des Forschungsstandes
von Prof. Dr. Hans Thomae und Prof. Dr. Ursula Lehr unter Mitarbeit von Dr. Gernot Dreher und Dr. Werner Opgenoorth
1973. XVI/98 Seiten. Kart. 18,— DM. ISBN 3-509-00615-1

Band 2: **Organisation für Innovationsentscheidungen**
Das Promotoren-Modell
von Prof. Dr. Eberhard Witte
1973. X/74 Seiten. Kart. 13,50 DM. ISBN 3-509-00616-X

Band 3: **Regionale Strukturpolitik in der Bundesrepublik**
Kritische Bestandsaufnahme
von Prof. Dr. J. Heinz Müller
1973. X/40 Seiten. Kart. 8,80 DM. ISBN 3-509-00592-9

Band 4: **Alternative Verwendungsmöglichkeiten wachsender Freizeit**
Ökonomische und sozialpolitische Implikationen
von Prof. Dr. Bernhard Külp und Dipl.-Ökonom Robert Mueller
1973. VIII/166 Seiten. Kart. 22,80 DM. ISBN 3-509-00591-0

Band 5: **Herausforderungen des deutschen Managements und ihre Bewältigung**
untersucht von Booz-Allen & Hamilton, Unternehmensberatung, Düsseldorf mit einer kritischen Stellungnahme von Prof. D. Heinz Hartmann, Münster
1973. VI/112 Seiten. Kart. 19,— DM. ISBN 3-509-00629-1

Band 6: **Anforderungen an ein Berufsbildungssystem**
Aus gesellschaftlicher, individueller und betrieblicher Sicht
von Dr. W. Dietrich Winterhager
1973. VIII/118 Seiten. Kart. 19,50 DM. ISBN 3-509-00649-6

Band 7: **Der Lernerfolg im Erwachsenenalter**
Ergebnisse psychologischer, soziologischer und didaktischer Forschung
von Prof. Dr. Alois G. Brandenburg
1974. X/142 Seiten. Kart. 21,50 DM. ISBN 3-509-00651-8

Band 8: **Umweltbelastung — Sozialökonomische Gegenkonzepte**
Zur Internalisierung externer Nachteile
von Prof. Dr. Konrad Littmann unter Mitarbeit von Dipl.-Volksw. Berend Krüger, Dipl.-Volksw. Volkmar von Obstfelder und Dipl.-Volksw. Rudi Ulbrich
1974. VIII/108 Seiten. Kart. 22,80 DM. ISBN 3-509-00665-8

Band 9: **Tätigkeitsspezifische Eignungstests**
Entwicklungs- und Anwendungsprobleme
von Dr. Wolfgang Schneider, Dipl.-Psych. Harald Heim und Dr. Peter A. Wacker, Institut Mensch und Arbeit, München
1974. ca. VIII/144 Seiten. Kart. ca. 23,— DM. ISBN 3-509-00755-7

Verlag Otto Schwartz & Co., Göttingen

Schriften der Kommission für wirtschaftlichen und sozialen Wandel

Band 10: **Patentwesen und technischer Fortschritt**
Kritische Würdigung der Zusammenhänge in ausgewählten Branchen der Bundesrepublik Deutschland anhand empirischer Untersuchungen
Ifo-Institut für Wirtschaftsforschung, München

Teil I: *Die Wirkung des Patentwesens im Innovationsprozeß*
von Dipl.-Holzwirt Dr. Klaus Grefermann, Dipl.-Volkswirt Dr. Karl-Heinrich Oppenländer, Julius Kruse, Dipl.-Ing. Dr. Elfried Peffgen, Dipl.-Kfm. Dr. Karl Röthlingshöfer, Dipl.-Kfm. Hans Schedl, Dipl.-Volkswirt Lothar Scholz
1974. XIV/232 Seiten. Kart. 22,— DM. ISBN 3-509-00754-9

Teil II: *Patent- und Lizenzpolitik der Unternehmen*
von Dipl.-Holzwirt Dr. Klaus Grefermann und Dipl.-Kfm. Dr. Karl Röthlingshöfer
1974. XIV/186 Seiten. Kart. 22,— DM. ISBN 3-509-00772-7

Band 11: **Struktur und Finanzierung der Aus- und Weiterbildung**
Eine Untersuchung zum Zusammenhang von Finanzierung und sachlicher Steuerung
von Prof. Dr. Friedrich Edding (Projektleiter), Dr. Ulrich Boehm, Gisela Dybowsky und Dr. Hedwig Rudolph
1974. XII/174 Seiten. Kart. 23,50 DM. ISBN 3-509-00662-3

Band 12: **Perspektiven des technischen Wandels und soziale Interessenlage**
Eine empirische Untersuchung über die Einstellung zum technischen Wandel von Spitzenmanagern, Naturwissenschaftlern und Ingenieuren aus industrieller Forschung und Entwicklung und kaufmännischen Angestellten der Industrieverwaltung
v. K. Barck, M. A., Dipl.-Ing. O. Mickler, Dr. M. Schumann und Mitarbeitern
1974. VIII/160 Seiten. Kart. 23,— DM. ISBN 3-509-00746-8

Band 13: **Analyse mobilitätshemmender Motivationen**
von Dipl.-Soz. Dr. Manfred Werth, Institut für Sozialforschung und Sozialwirtschaft, Saarbrücken
1974. X/300 Seiten. 37 Seiten Anhang. Kart. 18,— DM.
ISBN 3-509-00756-5

Band 14: **Freizeit und Alltag**
Probleme der zunehmenden Freizeit
von Dipl.-Soz. Felizitas Lenz-Romeiß
1974. VIII/80 Seiten. Kart. 14,— DM. ISBN 3-509-00763-8

Band 15: **Motive und Steuerungen von Ausbildungsentscheidungen in verschiedenen sozialen Schichten**
von Dr. Karl-Michael Kuntz
1974. VIII/52 Seiten. Kart. 12,— DM. ISBN 3-509-00771-6

Band 16: **Bestimmungsgründe für die Bereitschaft zur Investition in neue Technologien**
von Prof. Dr. Alois Günter Brandenburg, Peter Brödner, Prof. Dr. Hans-Wilhelm Hetzler und Gerd Schienstock unter Mitarbeit von Ingeborg Arndt, M. R. Felde und Dipl.-Ing. Friedrich Hamke
1974. ca. 215 Seiten. Kart. ca. 20,— DM. ISBN 3-509-00777-8

Verlag Otto Schwartz & Co., Göttingen

Schriften der Kommission für wirtschaftlichen und sozialen Wandel

Band 17: **Verbraucherinteressen und Verbraucherpolitik**
von Prof. Dr. Gerhard Scherhorn u. a.
1974. ca. 240 Seiten. Kart. ca. 28,— DM. ISBN 3-509-00778-6

Band 18: **Rationalisierungsschutzabkommen**
von Prof Dr. Burkart Lutz und Dipl.-Soz. Fritz Böhle, Institut für sozialwissenschaftliche Forschung, München
1974. ca. 100 Seiten. Kart. ca. 20,— DM. ISBN 3-509-00776-X

Band 19: **Aktuelle Probleme regionaler Mobilität**
— Ergebnisse und Lücken der Forschung —
von Prof. Dr. Rainer Mackensen (Projektleiter), Dipl.-Soz. Monika Vanberg und Dipl.-Kfm. Klaus Krämer
1974. ca. 300 Seiten. Kart. ca. 18,50 DM. ISBN 3-509-00779-4

Band 20: **Die Entwicklung neuer Formen der Arbeitsorganisation**
von Lisl Klein B. A., Tavistock Institute for Human Relations, London
1974. ca. 100 Seiten. Kart. ca. 18,— DM. ISBN 3-509-00780-8

Band 21: **Technologie und Innovation in der industriellen Produktion**
— Theoretischer Ansatz und empirische Analyse am Beispiel der Mikroelektronik —
von Dr. Lothar Scholz
1974. XVI/322 Seiten. Kart. 19,40 DM. ISBN 3-509-00781-6

Band 22: **Berufsbildung in Großunternehmen**
Eine Untersuchung der Bildungsmaßnahmen in ausgewählten Unternehmen
von Dipl.-Sozialwirt Lore Seifert und Dipl.-Hdl. Heinz Uebele, Deutsche Gesellschaft für Personalführung e. V., Düsseldorf
1974. III/67 Seiten. 40 Seiten Tabellen. Kart. 12,60 DM.
ISBN 3-509-00782-4

Band 23: **Betriebliche Personalplanung**
Eine Literaturanalyse
von Prof. Dr. Eduard Gaugler unter Mitarbeit von Dipl.-Kfm. Karl-Heinz Huber und Dipl.-Kfm. Christoph Rummel
1974. XIV/356 Seiten. Kart. 19,40 DM. ISBN 3-509-00783-2

Band 24: **Methoden und Informationserfordernisse der technologischen Vorausschau**
von Dipl.-Ing. Erhard Ulrich und Ing. grad. Manfred Lahner
1974. III/88 Seiten und 20 Übersichten. Kart. 12,60 DM.
ISBN 3-509-00784-0

Band 25: **Die Garantie des Rechts auf Arbeit**
von Dr. Michael Rath
1974. ca. 170 Seiten. Kart. 16,— DM. ISBN 3-509-00785-9

Schriften der Kommission für wirtschaftlichen und sozialen Wandel

Band 26: **Arbeitsmarktstrukturen und öffentliche Arbeitsmarktpolitik**

Eine kritische Analyse von Zielen und Instrumenten
von Prof. Dr. Burkart Lutz und Dr. Ph. D. Dipl.-Soz. Werner Sengenberger, Institut für sozialwissenschaftliche Forschung, München
1974. VI/152 Seiten. Kart. 16,— DM. ISBN 3-509-00786-7

Band 27: **Politische Planung im Regierungssystem der Bundesrepublik Deutschland**

von Prof. Dr. Heribert Schatz
1974. 114 Seiten. Kart. 12,60 DM. ISBN 3-509-00787-5

Band 28: **Politische Durchsetzbarkeit innerer Reformen**

von Prof. Dr. Fritz W. Scharpf unter Mitarbeit von Lutz Mehwald, M. A. und Dipl.-Verw.-Wiss. Rainer Schmitges
1974. IV/138 Seiten. Kart. 12,60 DM. ISBN 3-509-00789-1

Band 29: **Chancen und Probleme der beruflichen Integration von Schulabgängern ohne Hauptschulabschluß**

Untersuchungen zu Art, Umfang und pädagogischer Orientierung berufsfördernder Schulungsmaßnahmen für Lernbehinderte und -gestörte
von Klaus-Peter Klein
1974. VI/246 Seiten. Kart. 16,— DM. ISBN 3-509-00789-1

Band 30: **Gesellschaftsbezogene Unternehmensrechnung**

von Prof. Dr. Peter Eichhorn
ca. 140 Seiten. Kart. ca. 12,60 DM. ISBN 3-509-00790-5

Band 31: **Die Organisation des betrieblichen Vorschlagswesens**

Aufbereitung und Darstellung der bisherigen Erkenntnisse
von Dipl.-Kfm. Richard Bessoth, Institut für Sozialforschung und Sozialwirtschaft, Saarbrücken

Band 32: **Umweltbelastungen und ihre Verteilung auf soziale Schichten**

von Prof. Dr. Harald Jürgensen, Dipl.-Volksw. Kai-Peter Jaeschke und Dipl.-Volksw. Jan Jarre

Band 33: **Umweltpolitik — Begrenzung oder Voraussetzung für wirtschaftliches Wachstum**

von Privatdozent Dr. Erich Hödl

Band 34: **Vermögenspolitische Konzepte in der Bundesrepublik Deutschland**

Analyse der Ziele, Mittel und Wirkungen
von Dr. Wolfgang J. Mückl, Institut für angewandte Wirtschaftsforschung, Tübingen

Band 35: **Erschließung neuer Quellen für Risikokapital**

von Dipl.-Ing. Friedrich Hamke

Verlag Otto Schwartz & Co., Göttingen